爱上古诗文

——初中必读古诗文赏析

陈 尘 编著

中国华侨出版社

·北京·

图书在版编目（CIP）数据

爱上古诗文：初中必读古诗文赏析 / 陈尘编著. --
北京：中国华侨出版社，2023.11
ISBN 978-7-5113-8833-9

Ⅰ.①爱… Ⅱ.①陈… Ⅲ.①古典诗歌—中国—初中
—教学参考资料②文言文—初中—教学参考资料 Ⅳ.
①G634.303

中国版本图书馆CIP数据核字（2022）第 112143 号

爱上古诗文：初中必读古诗文赏析

编　　著：陈　尘

责任编辑：桑梦娟

经　　销：新华书店

开　　本：787 毫米 × 1092 毫米　　1/16开　　印张：25.5　字数：310 千字

印　　刷：北京鑫益晖印刷有限公司

版　　次：2023 年 11 月第 1 版

印　　次：2023 年 11 月第 1 次印刷

书　　号：ISBN 978-7-5113-8833-9

定　　价：59.80 元

中国华侨出版社　　北京市朝阳区西坝河东里77号楼底商5号　　邮编：100028

编辑部：（010）64443056-8013　　传　真：（010）64439708

网　　址：www.oveaschin.com　　E-mail：oveaschin@sina.com

如发现印装质量问题，影响阅读，请与印刷厂联系调换。

出版说明

《爱上古诗文》系列内容，遵循"全、精、高"三个标准：

"全"，既指内容全，包括全日制一年级至九年级语文教材（人民教育出版社）凡中国古代文人的古诗词及文言文，又指知识面全——围绕一篇作品，尽可能多地涵盖相关文学及历史知识，拓宽诗词、文章的阅读和讲解空间。

"精"是逐篇精讲，每篇从诗词的字义词意开始，追溯汉字源头，厘清汉字的渊源与传承，事半功倍地去理解汉语言；在诗句、词章以及全文阶段，结合诗词本体与学生的理解能力，铺陈精解，使之掌握应考技能和学习方法。

"高"是指本书的着眼会高于单纯的应考，带领阅读者通过古诗词和文言文，展开审美修养的熏陶；提供延伸阅读，讲授文学常识、文学史知识、历史典故、人物传奇，带领阅读者进入古诗词和古文的天地，进而了解古代文化的丰富世界，并爱上它。

其中《爱上古诗文——小学必读古诗词赏析》一册，偏重知识领域的眼界拓展以及学习方法的养成，结合小学生特点循序渐进，按教材顺序，讲解每一首古诗词，包括：

1. 重点字讲解。

2. 诗句诗意的理解。

3. 教孩子学会体验与感知诗歌的魅力。

4. 诗歌所涉及时代和作者的故事。

核心在欣赏，在美育养成。文字有趣，拒绝说教，打破常规的条框分割，切忌用割裂诗歌的办法来讲解"翻译"。

《爱上古诗文——初中必读古诗文赏析》一册古诗词部分，较小学内容增加解读，包括字句的解读、古诗文体和修辞知识的解读、诗歌与其历史的内在关联解读等；在赏析的基础上侧重"解析"和解惑，开阔学生视野。

《爱上古诗文——初中必读古诗文赏析》一册文言文部分则力求：

1. 从字、词、句、段各环节，详解文章，同时融汇古汉语知识入门方法。

2. 结合篇目感受作者与时代，体验中国古代文学、历史的丰富性和伟大光辉。

3. 对每篇文章出处，对作者及著作详解，增加知识面。

4. 注重书本知识之外的美育和德育作用。

序 一

陈尘，我师弟，20世纪90年代最后几年，我们做过几年同事。当年的汇文中学历史教研组文笔好的有两位：一位是潘洪其，另一位就是他了。所谓文笔好是有标准的，好到了能养活自己。潘洪其经常在各大报刊发文章，没两年就调到《北京青年报》去做写头版的评论员了。陈尘不仅给报刊写专栏，还常年给电视台写脚本，也是没干两年就辞职了。陈尘是个自负的人，前几年通过一次电话，我顺便夸了一句他的字写得越来越好了，他回了一句：嗯！我也这么觉得。聊天聊死了。但自负的人一般都有些真本事，这次是写的又一本书要出版了，让我给写个序。我挺惶恐，也挺为难。惶恐、为难的是序言里总要评价一下书的内容，而我不太懂古诗文，充其量算个爱好者，不知如何下笔。好在学校有研究古诗文非常有功力的老师，我就把书稿给了语文组彭薇博士，她给出了专业意见，我直接放在了这里。

本丛书特点之一是著述方式的传统回归。

本丛书在古诗文的意义注释方面用力非常深，为每篇古诗文进行了几乎是逐字逐句的解释，对于那些古今含义不同的字词，或者因创作背景而有深层内涵的词句，则不厌其烦地指出其来龙去脉。此外，本丛书还围绕古诗文补充了文学体裁、作者生平、创作背景、文学源流等大量相关知识。

这种近于传统评注的著述方式，看似不够新颖，却恰能以其详尽扎实为中小学生进一步的古诗文赏析奠定基础，体现出著者严谨的学术追求。

其特点之二是细腻深入的审美观照。

著者立足古诗文的文学特质，欣赏音韵，品评词句，解析修辞，把古诗文中的韵之美、字之美、景之美、情之美、理之美一一指点给读者看。那些形神兼备、情景交融、含蓄蕴藉的古典美学追求，在字里行间被渐渐打开，形成一个可以让人浸润其中、静静感受美好的场域，读者的精神生命与情感生命将在此走向完善。

同时，丛书的赏析语言亦典雅古朴，与古典诗文相得益彰，让我们进一步感受到著者"以文化人"的殷切期待。

其特点之三是富于史学趣味的价值追求。

在本丛书中，古诗文不是孤立的个体，而是被放置于历史的尺度下进行观照：小至某处字词的语义来历、诗文的诞生背景，大至诗文或其作者在较长历史时期里的价值与意义等。在历史的纵深里，微观的文本被赋予了宏观的诠释，古诗文学习的空间得以拓展，读者对古诗文的理解得以丰富和深化。

尤其值得称道的是，著者既述且评，常基于对古诗文和古人的"了解之同情"，结合自己的生命体悟，对古诗文或古人发表看法。那些看法或许是一家之言，却显示出贯通古今的视野和对古典诗文之现代意义的强烈关怀。

学习古诗文最好的方式不是让它成为书斋里的研究对象，而是让它成为我们生活的一部分，由此入心，自然深爱。陈尘这套丛书所作的正是这样的努力，所契合的亦是当下教育对于"核心素养"的追求。

郭　杰

北京汇文中学校长、

汇文教育集团董事长

序 二

这套《爱上古诗文》诗文赏析，我是跟着作者经年的写作足迹，一篇一篇慢慢读过来的。如今成书，拿在手里，厚重的一大册，徐徐翻开，生出一点新的感慨。

这些中小学生耳熟能详的古代诗文，在今天的语境里犹如瑰宝，世人知其价高，但不知其所以高。陈兄以这样深入浅出的讲解，点破其中价值所在，无疑是给包括小朋友在内的普通人一种难得的福利。

另外一层有意思之处，是这种写作本身也具有特殊的价值。古诗文是作为原始文本存在的。其解读文字，用一个不太贴切的比喻，就像指挥家还原一部古典乐曲，把原本人们只能"看"的音乐，用更直观的听的方式去欣赏。这种带着解读者个人风格的演绎，无疑给古典诗文以新的生命。读好的解析文字，就像欣赏指挥大师的音乐演绎，充满熟悉而又新鲜的享受。我读此书，感受即是如此。

李 浩

STEAM 青少年教育研究专家

★ STEAM（Science，Technology，Engineering，Art and Math）是一种重实践和技术驱动的超学科教育概念，有别于传统的单学科、重书本的教育。

目　录

七年级·上册

七年级·下册

古诗词篇目

文言文篇目

课外诵读篇目

八年级·上册

古诗词篇目

文言文篇目

课外诵读篇目

八年级·下册

古诗词篇目

文言文篇目

九年级·上册

九年级·下册

文言文篇目

课外诵读篇目

爱上古诗文——初中必读古诗文赏析

七年级·上册

俯者深泉 仰聽風彩

縈風韻合笙鏞 如何不

把瑤琴寫為是無人姓是

　鍾　唐寅

〔明〕唐寅 《看泉听风图》

古诗词篇目

［元］ 佚名 《秋山行旅图》

《观沧海》

观 沧 海

［汉］曹　操

东临碣石，以观沧海。

水何澹澹，山岛竦峙。

树木丛生，百草丰茂。

秋风萧瑟，洪波涌起。

日月之行，若出其中；

星汉灿烂，若出其里。

幸甚至哉，歌以咏志。

初中教材课内古诗词的第一篇，从曹操的《观沧海》开始。

曹操是东汉末年政治家、军事家、文学家。东汉晚期，大规模的社会动荡再度爆发，战乱席卷整个国家，有实力的军事将领们各自厮杀争抢地盘，形成割据势力。混乱的时局也为豪杰人物提供了施展才能的舞台，曹操就是这一时期杰出的英雄。曹操统治的中原地区，在与各地对手的对峙中占据优势；虽然未能在军事上实现国家的统一，但曹操奠定的北方优势对未来历史产生决定性的影响。曹操本人还是一位了不起的诗人，他的诗，不为作诗而作，只有胸怀博大的人物才具有如此才华：仿佛信手拈来，出口成章即是佳作，读来令人荡气回肠。

《观沧海》是一首四言乐府古诗，写于曹操率军征讨乌桓之后，实际是组诗《步出夏门行》的第一章。曹军凯旋回师，途经秦始皇和汉武帝先后登临过的碣石山，曹操在此写就《观沧海》。诗中描绘的景物气势磅礴，字里行间流露着诗人气吞宇宙的胸怀。

"沧海"一词，概指大海，"沧"字本意是深绿色的水，大海无边无际，深而呈暗绿色，故称"沧海"，来显示海的幽邃。"观"即观看，曹操观海之地，在今渤海岸边。

东临碣石，以观沧海。

"临"：到达。

"碣"：本意是石碑。"碣石"，指此处海中有模样像石碑一样的巨大礁石。据史籍《汉书》记载，古时有大碣石山，或许就是远古人们对这一海面岛礁的想象。

诗文大意：向东到达海中碣石的岸边，来观望这深邃的大海。

水何澹澹，山岛竦峙。

"何"：多么。

"澹"：水波晃动。"澹澹"，即形容水波摇荡的样子。

"竦"和"峙"：两个字的意思都是耸立、直立。

诗文大意：海水荡漾，多么辽阔，海中岛礁，如山势般威武直立。

树木丛生，百草丰茂。

"丛生"：草木聚集生长。

"丰"：多的意思。"丰茂"，指多而茂盛。

诗文大意：脚下的大地，树木聚集，草类繁多而茂盛。

海礁遥对的岸边，通过考古发现，这里先后出土了秦和西汉的大型宫殿建筑遗址，据考证，分别为秦始皇东巡的"碣石宫"和汉武帝登临的"汉武台"遗址。也正是曹操观海站立之处。

秋风萧瑟，洪波涌起。

"萧瑟"最初是古汉语的拟声词，指风吹落叶的声响。后多用作形容词。"秋风萧瑟"，指草木被秋风吹过，萧瑟有声。

"洪波"指巨大的波涛、波浪。"洪"，本有"大"的含义。

"涌"是水自下而上泛起的意思。

这两句写秋风掠过，草木瑟瑟有声，海面波涛滚滚。意象苍劲，无悲戚之感，有雄壮之声。

日月之行，若出其中；星汉灿烂，若出其里。

"行"，可以理解为运行。

"若"是就像的意思。

"出"，出自。

"其"，代词，此处即指大海。

"星汉"，指天上的星辰汇聚成浩瀚银河。

"灿"和"烂"均有光彩明亮的意思，二字复合连用，表示光彩夺目。

第二个"其"仍是代大海。

"里"，中间。

诗文大意：太阳和月亮万古运行，好像来自这浩瀚的海中；银河星光灿烂，仿佛一样是从这浩瀚的海里生成。

这两句由山海写到宇宙，写大海吐纳日月星辰，何等的胸怀才能写出如此波澜壮阔！其中的气度恢宏，非常人所能及。此处看似写大海吞吐万物，实则显示的是诗人征服天下的雄心壮志。

幸甚至哉，歌以咏志。

"幸"是值得庆幸的意思。

"甚"是非常。

"至"，到达极点。

"哉"是语气词，表示感叹，近似现代汉语"啊"的用法。

"歌"即指诗歌。

"咏志"，是抒发心中志向之意。

这一句式常见于乐府四言古诗的结尾，是结束句的固定写法，有时与诗歌本意并无太大关联。大致为一句感慨：多么幸运至极啊，就用这首诗歌来表达内心志向。

诗歌与时代、与英雄人物可以相互成就，这首四言古体乐府诗，便是如此。

　　四言乐府承接了《诗经》四言诗的传统，又建立在汉乐府诗的特色之上，既古意盎然，又接近生动叙事，独自照耀了古代诗歌的一片天空。曹操尤其擅长这一诗歌体例，四言诗的厚重和力量感，正可匹配曹操的英雄气质。

　　曹诗是四言乐府的顶尖水准，诗歌气度尤其苍凉慷慨。曹操生活的时代是东汉建安年间，这一时期的诗歌因为如此特色，被后世赞称为"建安风骨"。曹操的诗歌，便是"建安风骨"的标志。

《闻王昌龄左迁龙标遥有此寄》

闻王昌龄左迁龙标遥有此寄

〔唐〕李　白

杨花落尽子规啼，闻道龙标过五溪。

我寄愁心与明月，随君直到夜郎西。

这是李白写给好友王昌龄的诗。

关于李白，对这位唐代乃至整个中国历史上最优秀的诗人，我们已经熟知。同样我们也知道，王昌龄是与李白同时代的诗人。

听到王昌龄被贬去龙标当地方官，李白赶不上亲自来送行了，就写了这首《闻王昌龄左迁龙标遥有此寄》当作送别，远远寄来思念。

题目中，"左迁"，是降低官职的意思。"迁"是改变，汉代以右为高贵，以左为低下，所以"左迁"字面意思是变得低下，意即官职被贬。"龙标"是古地名，唐时，在湖南怀化地区设龙标县（今湖南洪江西）。王昌龄被安排去做龙标县尉。"遥有此寄"的意思是：从远方发来这样的托付和惦念。

杨花落尽子规啼

"杨花"，诗中实际应为柳絮。首先，从植物学上讲，杨、柳同科，杨树结出的杨花和柳树结出的柳絮样子十分接近，都是白色茸状的小毛团，都在春天的风中飘来飘去。其次，古代有折柳树枝条送别的风俗，在诗歌里，与柳有关的一切都具有送别的象征意义。从植物生长的地理分布看，李白作此诗时人在扬州，扬州位于长江流域，白杨树应不多见，而随处可见更多为柳树。古人所称"杨柳"，其实也概多指柳树。而且从感官印象上，杨树高大而柳树婀娜，后者更容易使人人有怜惜之感，符合送别这样的特定情感需要。总之，此"杨花"当不应是今日北方各地常见的漫天飞舞、容易引起过敏、令人避之不及的杨树茸毛。"杨花落尽"，则表明春天就要结束了。

"子规"即杜鹃鸟，又叫作布谷鸟。这种鸟在古诗中亦有专门含义，既代表春天耕作季节的来临，又有"子规啼血"的传说来象征情感丰富。

这一句诗既表明此时季节是春末，又以赠别的杨花和多情的子规叫声，来烘托离别与飘零之感。

闻道龙标过五溪

"闻"是听，"道"是说，"闻道"即听人说起之意。

"五溪"是湘黔边界五条溪流的总称，此处代指偏远之地。

诗文大意：听人讲去龙标这个地方，要经过偏远的五溪之地。

此处点明去途蛮荒遥远，左迁之苦不言而喻。

我寄愁心与明月

"寄"是托付的意思。

"与"是给予。

诗文大意：我把忧愁的心思托付给了明亮的月光。

明月象征高尚的情感，诗人常把明月当作寄托，当需要表现深厚的情感时，诗人常常会想到它。也只有明月，能够同时照见自己和远方的友人，月光覆盖下，同一个世界才不那么遥不可及。

随君直到夜郎西

"夜郎"，汉代以贵州地区为中心，有夜郎国，成语"夜郎自大"就与此有关。唐代在夜郎国故地的基础上，设有夜郎县。此处诗人以"夜郎"代指王昌龄所去之地。

诗文大意：随君同去的，是我的心意，愿它能一路陪你，到夜郎以西那样的远方。

　　送别诗是古代诗歌多见的选题，无数诗人留下精彩纷呈的篇章。李白这一首的妙处，是把情谊与景色、情境以及时间和空间等都交织在一起，这些真实和想象共同构成情景交融的意境，营造出诗歌独特的美感来。

　　这样的送别，历经千年时空变幻，情感依旧动人。

《次北固山下》

次北固山下

〔唐〕王　湾

客路青山外，行舟绿水前。
潮平两岸阔，风正一帆悬。
海日生残夜，江春入旧年。
乡书何处达？归雁洛阳边。

北固山在今江苏镇江北，位于长江南岸，由于北临长江，形势险固，得名"北固山"。诗题"次北固山下"，"次"的意思是旅途中所停留居住之所。所以，诗题的意思为：旅行途中，住在北固山下。

客路青山外，行舟绿水前。

"客路"即指旅途，身为行路之客所赶赴、经历的路程。

此一句写的是，路途继续向着青山之外进发，小船在碧绿的江水上前行。与后面"乡书""归雁"，形成呼应，可以读出人在旅程中的漂泊感。

潮平两岸阔，风正一帆悬。

"潮平"，指春潮涨起，江面几乎与岸齐平。只有如此，才能使得船上的人视野变得开阔，两边江岸与江水仿佛浑然一体。

"风正"，指行船之时遭遇到顺风，而且风力恰好。这样方能达到"一帆悬"的效果。

"悬"是悬挂，帆没有因为风力十足而鼓起，正好是垂落悬挂的角度。当然也有可能风帆画面并非如此，是诗人为了诗句的对偶整齐遣词造句而已。

海日生残夜，江春入旧年。

"生"，指朝阳升起，用一"生"字，诗人笔下的世界如同新生。

"江春"，指江水带来的春意。

"入"，是进入的意思。

暗夜将逝，远方海上已经旭日东升；江水把春天的气息带进旧的一年里，来驱走残冬。

后世评价此一联中多有"炼字"，就是说诗人在这句里反复打磨锤炼字眼，已求精致。"生""入"的用法，能看出作者花费了心思。

乡书何处达？归雁洛阳边。

"乡书"，即家信。此处应指寄往家乡的书信。

"达"是送达。

"归雁"是向北飞的大雁。大雁是候鸟，人们普遍认为大雁的家乡在北，每年秋天飞往南方过冬，春天再飞回北方。古代有"鸿雁传书"之说，即用大雁来传递书信。

乡书、归雁，都带有强烈的象征，体现诗人思念故乡的心事。

这句是说，诗人惦念着寄去家乡的书信不知会送往什么地方，能否被家人收到。希望北归的大雁飞过洛阳时，可以代我问候那里的亲人。

作者王湾乃洛阳人氏，此诗作于北固山下，北固山至洛阳，今日直线距离约八百公里，折合唐时长度单位，超两千里。诗人只能把怀乡之情，托寄给"归雁洛阳边"了。

《天净沙·秋思》

天净沙·秋思

［元］马致远

枯藤老树昏鸦，小桥流水人家，古道西风瘦马。夕阳西下，断肠人在天涯。

这是一首元代的散曲作品。

我们经常听到"唐诗、宋词、元曲"的说法。"元曲"的"曲"字，本意为戏曲或戏剧；称"元曲"，则是因产生于元代而得名。严格来讲，元曲包括散曲和杂剧两大类别，杂剧是戏剧，散曲则可看作诗歌。散曲又有具体分类，其中有一类叫作"小令"的，最接近诗词，比如这一首《天净沙·秋思》。

既然名为"小令"，可知文字多是短小精致。小令有和词相似的地方，比如，词有"词牌"，小令也有"曲调"，或叫"曲牌"，都是用来规定写作的字数和格式。"天净沙"就是曲牌之一。《天净沙·秋思》是元曲名家马致远所作，词句典雅，几乎与诗词无异。"秋思"是这首小令的标题，写的是人在秋日，心头涌起的思绪。巧妙的是，这些思绪，全用各种眼前所见景象搭建而成。

枯藤老树昏鸦，小桥流水人家，古道西风瘦马。

前三句这十八个字，勾勒出九个画面，三组场景——

第一句有三幅画面，构成场景一。

"枯藤"："藤"是蔓生植物，通常攀缘在树木、墙壁上生长。"枯"是干枯、枯萎。秋季草木枯萎，枯藤一词，能显示出秋的萧索意味。

"老树"：树称"老"，便有了沧桑感。藤在未枯时攀爬在老树上，入秋干枯了，依然与树缠绕，把秋的气息也传递给了树。

"昏鸦"：鸦即乌鸦，昏鸦是黄昏时分飞过的乌鸦。黄昏里，太阳离去令人心情变得失意，乌鸦的叫声往往也会生出寂寥的气氛，昏鸦掠过头顶，正好搭配秋天的落寞。

第二句"小桥""流水""人家"这三处组成了场景二。

这里看似没有第一组景物那般意象凄清，小桥下流水潺潺，岸上人家炊烟袅袅，宁静祥和，尤其会令漂泊在外的人们心驰神往吧。恰恰是这些平常景物，给后面文字的氛围埋下伏笔。

第三个场景是第三句的"古道西风瘦马"。

"古道"：再次回到苍凉的意象上来，只说"道"或"路"，本不带情感色彩，而加一"古"字却使人禁不住去想象斑驳的石板、参差不齐的台阶、石缝中冒出头的野草，甚至还有一截截隐没的残破石墙，蜿蜒伸展，一眼望不到尽头……这就是古道应有的模样吧。

"西风"：如果是明艳的春天，必然是东风相伴，而此刻秋风萧索，西风才是主角。风吹过，能触摸到的，竟然也是一缕悲凉。

"瘦马"：马的形象，大多与矫健、强壮、奔腾这些充满力量感的词汇相关。而一匹骨瘦如柴的马，带来的是孤单、无助、寂寞诸如此类的想象。瘦马走上古道，在西风中缓缓前行，每一步都踏着秋天的忧伤。

夕阳西下，断肠人在天涯。

这是全篇最终的画面，也是整个作品点睛之处。

"断肠"，形容伤心悲痛到了极点。

在夕阳西沉这样一个瞬间，有这样一个忧伤至极的游子，只身一人，浪迹天涯，漂泊在秋天的惆怅里。

这首作品就像把一幅幅的画陈列在一起，再通过意象关联起来。枯藤、老树、昏鸦、小桥、流水、房舍、古道、瘦马、夕阳——它们都怎么样呢？不需要说，只把它们逐个摆放，诗词的意境就出现了。看上去只是词语的排列，但字句之间气质相通形成勾连。

　　这篇《天净沙·秋思》是中国古典诗歌最为成熟的作品之一，是散曲作品中优雅精致的代表。散曲字句通俗，句式散漫，口语化明显，在表达情感体验时也较直接，很容易朗读歌唱，于是流传颇广。元曲自然也成为特定时代里诗词歌赋的新宠儿。

文言文篇目

題文會圖

儒林華國古今同
吟詠飛毫醒醉中
多士作新知人轂
畫圖猶喜見文雄

　白原謹依
韻和進

明時不與百堂同
八表人歸大道中
丁癸年平十八士
經綸誰是出羣雄

［宋］赵佶　《文会图》

《世说新语》二则

《世说新语》二则

咏 雪

选自《世说新语·言语》

谢太傅寒雪日内集，与儿女讲论文义。俄而雪骤，公欣然曰："白雪纷纷何所似？"兄子胡儿曰："撒盐空中差可拟。"兄女曰："未若柳絮因风起。"公大笑乐。即公大兄无奕女，左将军王凝之妻也。

陈太丘与友期行

选自《世说新语·方正》

陈太丘与友期行，期日中。过中不至，太丘舍去，去后乃至。元方时年七岁，门外戏。客问元方："尊君在不？"答曰："待君久不至，已去。"友人便怒曰："非人哉！与人期行，相委而去。"元方曰："君与家君期日中。日中不至，则是无信；对子骂父，则是无礼。"友人惭，下车引之。元方入门不顾。

　　《世说新语》，产生于距今约一千六百年的中国南北朝时期，由南朝的刘宋王朝临川王刘义庆（403—444年）组织文人编写而成，书中记载了包括汉代、三国至东晋时期许多名人的言谈、逸事，古代称这一类作品为"笔记小说"，既然是小说，文字中就会有艺术加工的成分，不过人物以及各自的特点，还有他们所处的时代，都是真实的。

　　　　谢太傅寒雪日内集，与儿女讲论文义。俄而雪骤，公欣然曰："白雪纷纷何所似？"兄子胡儿曰："撒盐空中差可拟。"兄女曰："未若柳絮因风起。"公大笑乐。即公大兄无奕女，左将军王凝之妻也。

　　上面这个故事，出自《世说新语》一书的《言语》篇。

　　《世说新语》共分成三十六篇，每篇内有数量不等的若干则故事组成。每一篇有不同主题，如《咏雪》这一则，因为记录了文中人物即兴而有趣的话语，所以归在《言语》篇里。每段故事没有单独的题目，"咏雪"这一标题是教材的编者所加。"咏"是写诗来歌唱或描写的意思，"咏雪"，说的就是一个写诗描写雪的时候发生的小故事，在这段不到百字的文字里，传递出来关于才华、关于人物、关于时代等许多有意思的信息。下面我们就逐字逐句解析下。

　　"谢太傅"名叫谢安，太傅是官职。古代人看重职位，习惯以官职来称呼某人。不过谢安在世时并没有做过太傅，这个职位是在他死后朝廷追授的。文中后面出现的"公"，都是指谢安，"公"是尊称。

　　文中其他人物还有"兄子胡儿""兄女"。"兄"就是哥哥，"兄子"就是哥哥的儿子，现代叫侄子。谢安这位侄子，文中只提到他的小名叫胡儿。"兄女"今称作侄女，是谢安另一个哥哥谢无奕的女儿谢道韫。后文专门有说明是"公大兄无奕女"。在这一段最后，还补充道，谢道韫后来嫁给左将军王凝之做妻子。王凝之何许人也？大书法家王羲之的次子，左将军也是级别很高的将领头衔。

　　谢家人很多，是当时数一数二的大家族；王家同样如此，所以后人有"旧时王谢堂前燕"的诗句，感叹王、谢两个家族曾经如日中天。这样的名门望族，有才华者自然不少，比如谢道韫。

　　"寒雪日"：一个寒冷的下雪天。

　　"内集"："内"指家里，"集"是聚集，意思是把家人叫在一起。

　　"与儿女讲论文义"：此处的儿女应该不只胡儿和谢道韫二人，还包括谢家众多的子女。"讲论"是指讲解谈论,"文义"指写文章的各种学问。

"俄而":不一会儿,很快的意思。

"骤":本意是马快跑,引申为"迅速、急快"。

"欣然曰":"欣"是愉快,"然"是样子,"欣然"就是高兴开心的样子;"曰"就是说,"欣然曰"就是高兴地说道。

"何所似":"何",什么;"似",像,相似;"何所似"就是与什么相似呢?

"差可拟":"差",有略微的意思,"拟"是相比,"差可拟"就是差不多可以相比吧。

"未若":不如,比不上。

"因风起":"因",凭借,"因风起"是乘风吹起的意思。

"大笑乐":十分欢笑喜悦。

谢安只是高兴地大笑,并没有品评两个晚辈的诗句高下。但是文中特意补充提到了谢道韫的身份,显然讲故事的人更欣赏和偏爱"柳絮因风起",历史上也因此留下一个"咏絮才"的典故,称赞的就是如谢道韫般的机敏才华。

本文译作现代汉语,大致如下:

一个寒冷的雪天,太傅谢安把家人聚在一起,和孩子们谈论文章学问。很快雪越下越急,谢安愉快地问道:"这样纷纷的白雪,与什么相似呢?"谢安的侄子胡儿说:"差不多可以比作在天上撒一把白盐吧。"谢安的侄女答道:"不如说是柳絮乘风飞舞。"谢安高兴地大笑起来。这位侄女就是谢安大哥谢无奕的女儿,后来成为左将军王凝之的妻子。

陈太丘与友期行,期日中。过中不至,太丘舍去,去后乃至。元方时年七岁,门外戏。客问元方:"尊君在不?"答曰:"待君久不至,已去。"友人便怒曰:"非人哉!与人期行,相委而去。"元方曰:"君与家君期日中。日中不至,则是无信;对子骂父,则是无礼。"友人惭,下车引之。元方入门不顾。

这一则故事,教材编者直接使用了文中第一句话做标题,这种取名方式在古文中也很常见。

本篇故事出自《世说新语》的《方正》篇,记述的是汉朝人陈纪儿时与来客对话时的场景。"方正",意思是正直、有规矩。

"陈太丘"是东汉人陈寔，因为他做过太丘这个地方的县官，古人有以为官之地代称其人的习俗，所以称陈寔为"陈太丘"。这依旧是看重官位的一种心态，比如后来的唐代大诗人杜甫，做过"工部主事"，也被叫作"杜工部"。

后文中的"元方"，是故事的主角、陈寔的儿子陈纪。"元方"，是陈纪的字，"字"是中国古代一个重要的文化传统，是人姓名组成的一部分，古人一般有姓、名以及字。举个例子：三国大将关羽，姓关，名羽，字云长。

"期"，是约定，"行"，走路；"期行"，约好时间出行的意思。

"日中"：太阳在中间的时刻，即正午时分。

"至"，到；"过中不至"，过了中午还没有到。

"舍"，放弃，舍弃；"去"，离开。

"去后乃至"："乃"，才。这一句省略掉了两个主语：陈太丘走后，友人才到来。

"时年"：当时的年龄。

"戏"：玩耍，做游戏。

"尊君在不"："尊"是敬辞，"尊君"是对谈话对方父亲的礼貌称呼。"不"，这个字在这里与"否"通用，"在否"就是现代汉语的"在吗"。

"待君久不至"："君"也是尊称，称呼对方本人，类似"阁下"，或者"您"。"待"，等候的意思。这句也省略了主语，完整的句子应为：我父亲等您许久，您都没有到。

"便"：于是、就的意思。

"非人哉"："非"，不是；"哉"，感叹用字。"非人哉"显然不是一句好听的话。

"相委而去"："委"是抛弃，"相"指对方对己方做出某事，文中意思就是这位友人向元方抱怨：你爸丢下我跑了。

"家君"：陈纪向别人提到自己父亲时使用的谦辞。

"则是无信"："则"，这就是；"无信"，没有信用。后面的"无礼"，是没有礼仪。信用和礼仪都是古人认为十分重要的操守和德行，说人无信、无礼，是很严重的批评。

"惭"：羞愧。

"引之"："引"是拉住，"之"是代词，指元方。

"顾"：回头看。

元方虽然还是七岁孩子，但态度端正，思路清晰，表达有理有据。史书记载，这位陈纪以道德高尚著称，这段故事归在《方正》篇，应该是有道理的。陈太丘也很有意思，文中虽然着墨不多，但他过时不候的耿直，充满个性；包括那位友人的形象，短短几笔，也活生生如在眼前。这正是《世说新语》一书的文字精彩之处。

本篇译成现代汉语可以这样说：

陈太丘与友人约好时间一同出行。约定的时刻是正午，过了正午，友人还没有来，陈太丘就自己先走了。他走了以后，那位友人才到。陈寔的儿子元方这时候七岁，正在家门外玩耍。这位友人就问元方："你父亲在吗？"元方答道："我父亲等了您许久，您都没有来，他已经走了。"友人就发怒了，说："真不是君子啊！和人约好一起走，却丢下我离开！"元方说："您与我父亲约定的时间是正午，正午您没有按时到，就是没有信用；对着人家的儿子骂他父亲，这是不懂礼仪。"这位友人被说得羞愧，下车想拉住元方。可元方转身就进门回家了，头也不回。

附录：关于《世说新语》

组织撰写《世说新语》的，是南朝的一位王子，叫刘义庆。他的叔叔取代了东晋最后一位皇帝，开启了南朝的刘宋王朝。而东晋，以及之前的西晋、三国，还有更久远一些的东汉，都是《世说新语》这本书中人物们活跃的历史舞台。书里的主角有朝廷要员，有民间楷模，有风流文人，有高人隐士，总之都是"名士"。在刘义庆看来，这些自带光环的人物，他们的言行举止都值得记录下来。所以就有了这部千年前的"微博"，虽然都是小品文字，但文笔精微，信息量博大。

三国和两晋时尤其盛产名士，这些名士为这段历史贡献了一个词语："魏晋风流"。"风流"这个词，在这里是美好的代表，是风采，是风度，是优雅，是才华，是不受约束的灵魂，是溢彩流光的历史回忆。

时代总会变，再生猛的历史，也像后代诗人说的那样："风流总被雨打风吹去。"今天我们读《世说新语》的益处，除了学习文言文，可能更在于：认识了一些有意思的人，知道了一些有趣的事，学到那些古今四海皆准的好品行，懂得今天的文明里，流淌着中国古代文化的优秀基因……听上去这样也挺不错的。

如果你喜爱中国语言和历史，喜爱那些遥远而鲜活的个性，这本《世说新语》就值得反复品读，值得读一辈子。

《论语》十二章

《论语》十二章

选自《论语》

子曰："学而时习之，不亦说乎？有朋自远方来，不亦乐乎？人不知而不愠，不亦君子乎？"（《学而》）

曾子曰："吾日三省吾身：为人谋而不忠乎？与朋友交而不信乎？传不习乎？"（《学而》）

子曰："吾十有五而志于学，三十而立，四十而不惑，五十而知天命，六十而耳顺，七十而从心所欲，不逾矩。"（《为政》）

子曰："温故而知新，可以为师矣。"（《为政》）

子曰："学而不思则罔，思而不学则殆。"（《为政》）

子曰："贤哉，回也！一箪食，一瓢饮，在陋巷，人不堪其忧，回也不改其乐。贤哉，回也！"（《雍也》）

子曰："知之者不如好之者，好之者不如乐之者。"（《雍也》）

子曰："饭疏食，饮水，曲肱而枕之，乐亦在其中矣。不义而富且贵，于我如浮云。"（《述而》）

子曰："三人行，必有我师焉。择其善者而从之，其不善者而改之。"（《述而》）

子在川上曰："逝者如斯夫，不舍昼夜。"（《子罕》）

子曰："三军可夺帅也，匹夫不可夺志也。"（《子罕》）

子夏曰："博学而笃志，切问而近思，仁在其中矣。"（《子张》）

《论语》这部书，绝大部分记录的是孔子的言行。

孔子是谁？他叫孔丘，字仲尼，生活在春秋时期。按照中国古代的礼仪，有学问、值得尊敬的先生，被尊称为"子"，孔子当之无愧。

孔子去世后，他的弟子们收集、整理孔子生前的谈话记录，编写成《论语》这部书。《论语》有十分之一左右的内容，是孔子弟子的谈话，这些谈话也都与孔子的思想有关，与孔子有关。

孔子都说了什么呢？《论语》共20篇，总共492章，内容涉及思想、教育、哲学、文学、学习方法、做人、处世、政治主张等许多方面。每一则《论语》就像一块拼图，组合起来，呈现出一个生动、完整的孔子形象。

子曰："学而时习之，不亦说乎？有朋自远方来，不亦乐乎？人不知而不愠，不亦君子乎？"（《学而》）

《论语》绝大多数章节，都以"子曰"开头，"子"就是孔子，"曰"是说。

"学"：这是一个我们非常熟悉的字，"学"的本意就是接受教育，得到知识。

"时"：在孔子的时代，"时"的本意是：在适当的时候。

"习"：可以理解为"温习""复习"，就是学过之后继续反复记忆，达到熟练的程度；也有学者认为孔子尤其强调实际训练，所以"习"也有实习、实际操作的含义。总之，学之后还需要习，这也是今天"学习"一词的真谛。

"不亦说乎"："亦"，也是；"说"，实际是"悦"，愉快的意思。在古代很长一段时间里，大约"说"和"悦"是同一个字。"不亦说乎"的意思就是：不也是很愉快的吗？这种"不亦……乎"的句式在后面出现三次，组成有趣、生动的反问排比。

所以第一句的意思是：

孔子说："学了，然后在合适的时候继续温习，不也是个很愉快的事情吗？"

"有朋自远方来"：关于朋，古代典籍里的解释是："同师为朋，同志为友。"就是说，学问相近，志同道合，算得上朋友。这可以让我们更深刻地去理解朋友这个词。

"不亦乐乎"：乐就是快乐。所以这第二句的意思是：

有志同道合的人从远方来，不也是很快乐的吗？

"人不知而不愠"："人"是指他人、别人；"知"是了解的意思；"愠"是怨恨、恼火、生气。别人不了解而不生气，这样理解好像哪里有问题——原来，知后面有所省略，孔子的本意是说自己：人不知我，我不愠。

"不亦君子乎"：孔子对"君子"一词有许多解读，综合起来，就是"有才学、有道德的人"，这是孔子一生追求的理想人格。

所以第三句的意思是：

别人不了解我，我不生气，不也是有才德的人该有的样子吗？

以上这一章出自《学而》篇。《论语》各篇的标题就是这一篇第一章的前两个字，并没有特别的意义。"学而时习之"是《论语》的第一篇第一章，反映的正是孔子做学问、做人、追求理想这三个方面的基本态度。

曾子曰："吾日三省吾身：为人谋而不忠乎？与朋友交而不信乎？传不习乎？"（《学而》）

本章依旧来自《学而》篇。

曾子，是孔子的学生曾参。曾参在孔门弟子中地位很高，也因此获得了"子"的尊称。

"吾日三省吾身"一句——

"日"：每天。

"三"：并不一定是真的三次，而是泛指多次。三、九等数字，在古代都可能代表数量很多。

"省"，读作 xing，三声，本意是察看，引申为：检查自己的内心。"三省吾身"并不是检查自己的身体，而是对内心的反省。

"为人谋而不忠乎"一句——

"谋"的本意是考虑和解决困难，"为人谋"可以理解为替别人办事情。

"忠"是尽心尽力。

"乎"是语气助词，用法类似"了吗"。

"与朋友交而不信乎"一句——

"交"可以理解为交往，"信"是诚实。

"传不习乎"一句——

"传"是传授，这里指的是老师传授的知识。

"习"与"学而时习之"的用法相同。

所以这一则可以译为：

曾子说："我每天多次反省自己：替别人做事尽心尽力了没有？同朋友往来是不是诚实？老师传授给我的知识我复习了吗？"

子曰："吾十有五而志于学，三十而立，四十而不惑，五十而知天命，六十而耳顺，七十而从心所欲，不逾矩。"（《为政》）

这一节孔子谈到的，是自己人生不同阶段的各种努力。

"十有五"：此处数字表示年龄，就是十五岁，这里的"有"等同于"又"。古代记录数字，十是整数，五是零数，零是零散的意思，在整数和零数之间，用一个"又"字连接，表示"加上"的意思。所以"十又五"代表的是十加上五。

"志于学"："志"是志向、愿望，"志于学"就是立志做学问。

"立"：本意是站立，引申为能有所成就。

"不惑"："惑"是迷惑、困惑，"不惑"则是不再有困惑。

"知天命"："知"是知道、懂得；"天"是上天，古人认为天是具有神性的，能主宰万物；"命"是命令，"天命"可以理解为来自上天的旨意。

"耳顺"：一种解释是听得进不同意见，另一种理解是明辨是非。总归都是通情达理的境界。

"从心所欲"："从"是顺从、跟随，"欲"是愿望、想法。顺从心中所愿，可以理解为"随心所欲"，是一种明白各种道理之后的心里的平静。

"不逾矩"："逾"是越过、跨越，"矩"是规矩、法度。"不逾矩"就是不越出规矩。

这一段转换成白话文，是说：

孔子说："我十五岁，立志做学问；三十岁，能有所成就；四十岁时，做到了不再迷惑；五十岁，懂得了天命道理；六十岁，可以明是非，听进不同的意见；到了七十岁，可以随心所欲，任何想法都不超出规矩。"

这一章可以看作孔子对自己一生的总结。

子曰："温故而知新，可以为师矣。"（《为政》）

"温"是温习、复习。

"故"，本是形容词，旧的意思，用来指已经掌握的知识。

"新"的用法也一样，用形容词来代指新收获、新体会。

"为"，做，成为的意思。

"师"就是老师。

这一句的意思是：

孔子说："温习已经掌握的知识，能获得新体会、新发现，做到这一点，就可以当老师了。"

子曰："学而不思则罔，思而不学则殆。"（《为政》）

这一节讲的是"学"和"思"的关系。

"学"是掌握知识，有专家用"读书"来解读这里的"学"，更简洁。

"思"则是动脑思考。

"罔"与"惘"相同，意思是困惑、糊涂。

"殆"，疑惑。

这段大意是：

孔子说："只是读书，却不思考，会糊涂，无所得；只做空想，不去读书，会疑惑，一样没收获。"

总之，孔子的意思是，学和思，只注重其中一样，结果要么是罔，要么殆，都学不好。

子曰："贤哉，回也！一箪食，一瓢饮，在陋巷，人不堪其忧，回也不改其乐。贤哉，回也！"（《雍也》）

在这一章里，孔子称赞了自己的学生颜回。

"贤"：道德高尚，才学优异，可称"贤"。

"回"：人名，就是颜回，孔子最喜爱的学生。

"箪"：古代盛饭的竹器。

"瓢"：水瓢，用来盛水的容器，通常是半个葫芦制成，把一个葫芦纵向一劈为二，就可以做成两个瓢。箪和瓢都属于比较简陋的餐具。

"食""饮"：本为动词，是吃、喝的意思，文中此处代指食物和水。

"陋巷"："陋"是狭窄，"巷"是小街，"陋巷"就是狭窄的小街。显然不是高档社区。

"堪"：忍受的意思。

"忧"：烦恼、发愁。

孔子说："颜回是多么高尚啊！一碗饭，一瓢水，住在狭小的巷子里，别人会忍受不了这样的贫穷而烦恼发愁，颜回却并不改变他自有的快乐。颜回是多么高尚啊！"

颜回是孔子最优秀的学生，可惜不到四十岁就去世了。颜回之死，令孔子十分悲痛。

子曰："知之者不如好之者，好之者不如乐之者。"（《雍也》）

"知"是懂得、了解。

"好"是喜爱。

"乐"是以此为乐，享受其中的快乐。

"之""者"都是文言文里十分常见的字，在这里，"之"是代词，指的是孔子正在谈论的学问或是道理。"者"是"……的人"。所以这句话大致是：

孔子说："说到学问或是道理，懂得它的人，不如喜爱它的人；喜爱它的人，又不如以它为乐的人。"

子曰："饭疏食，饮水，曲肱而枕之，乐亦在其中矣。不义而富且贵，于我如浮云。"（《述而》）

"饭"：这里是动词，就是吃的意思。

"疏食"：指粗粮。

"饮水"：这与现代汉语的"饮水"不同，"饮"是动词，喝；"水"在文言文里指冷水，如果是热水就叫作"汤"了。疏食、冷水，都是简陋的食物。

"曲肱而枕之"："曲"就是弯曲，"肱"是胳膊的上半截，肘至肩的部分。"枕"，垫在头下。即弯着胳膊当枕头。

"义"是正当、公正的，"不义"则是不正当的手段；"富"是有钱，"贵"是有地位，"浮云"是天空飘过的云朵，没有分量，比喻不重要的东西。

这一章的意思是：

孔子说："吃粗粮，喝凉水，弯起胳膊当枕头，这里面也有乐趣。靠不正当的手段得来的钱财和地位，在我看来就像天上的浮云一样不重要。"

前面提到的颜回，与孔子有同样的志趣，难怪孔子偏爱他。

子曰："三人行，必有我师焉。择其善者而从之，其不善者而改之。"（《述而》）

"三人行必有我师"，这可能是《论语》里最为人所知的句子之一。

"行"是走路，"必"是一定，"焉"是一个介词，相当于"在这之中"的意思。

"择"是选择、挑选；"善者"，好的地方、长处的意思；"从"是跟随，有"向……学习"之意。

"改之"，"改"是纠正、改正的意思，"之"是代词，所代是孔子意识到的自己的"不善"之处，指的是纠正自己的不足，在文中更合理些。

所以这一章可以译为：

孔子说："几个人一起在路上行走，其中一定有我值得学习的人。我选择他们的长处来学习；他们不好的地方，如果我身上也有，我会纠正自己。"

子在川上曰："逝者如斯夫，不舍昼夜。"（《子罕》）

孔子面对奔流不息的大河，感叹时间流走、生命消逝，都是永远无法回头的。眼前的景物触动到孔子的内心深处，使得这句感慨充满诗歌的意境和美感，在整部《论语》里，这样的话语并不常见。

"川上"："川"是河流；"上"，在古汉语里也用来表示"边、畔"一类的方位，所以"川上"是指河岸上。

"逝"的本意是往，指去而不返，此处的"逝者"是指一切离去的、不再回来的事物。

"如斯夫"："如"，就像；"斯"，这样；"夫"是一个语气词，一般用在句子末尾，起感叹作用，类似"啊"。

"舍"，有"停止、休息"的意思，"昼"是白天，"夜"是夜晚。

不妨把这一句当作诗来读吧：

孔子站在河岸边说："世间逝去的一切，就像这大河奔流，日夜不停。"

子曰："三军可夺帅也，匹夫不可夺志也。"（《子罕》）

"三军"：孔子的时代，大国可以拥有左军、右军和中军这样三支队伍，所以"三军"就代指整个国家的军队。

"夺"：脱落、丧失。

"帅"：统帅，军队的指挥官。

"匹夫"：古代指平民男子，此处泛指平民百姓。

"志"：本意是"心意"，引申为"志向"。

孔子说："一国军队，可以丧失统帅；但普通人不能被逼迫丢弃志向。"

子夏曰："博学而笃志，切问而近思，仁在其中矣。"（《子张》）

"博学"：广泛地学习知识。

"笃志"："笃"是坚定，"志"是志向。

"切问"：恳切地提出问题来求教。

"近思"：思考当前的事情。

"仁"：仁是孔子学说里最重要的一个概念，也是孔子认为最高的道德标准，包括友爱、正义、同情、善良等诸多美好的品质。概括来说，"仁"可以理解为"仁德"。

子夏说："广泛地学习并且坚定自己的志向，恳切地求教并且多思考当下的问题，这样做，仁德就在这里面了。"

上面这十二章，仅仅是全部《论语》百分之二三的内容，远没有展现出《论语》以及站在书背后的孔子的全貌。

从两千多年前的汉朝开始，《论语》始终被当作经典，每一个古代的读书人，都会把《论语》读得烂熟。而孔子被尊为圣人，也长达千年以上。在中国古代历史上，还没有哪一部书，像《论语》这样，如同血液，流淌在中国传统文化的身体里；也没有哪一个人，如孔子这样，不断被谈论，被提及，被化为神，又被还原成人……这里面有趣的以及令人感慨的情节非常多。

《诫子书》

诫 子 书

[三国] 诸葛亮

夫君子之行，静以修身，俭以养德。非淡泊无以明志，非宁静无以致远。夫学须静也，才须学也，非学无以广才，非志无以成学。淫慢则不能励精，险躁则不能治性。年与时驰，意与日去，遂成枯落，多不接世，悲守穷庐，将复何及！

"诫"有警告、提醒、劝人警惕的意思；"书"就是信。这是一封父亲写给儿子的信，所以"诫"理解为"告诫"更恰当。

写这封信的人是诸葛亮，收信人是他的儿子诸葛瞻，信里讲的是培养情操修养和治学的道理。

熟悉三国故事的人，对诸葛亮这个名字绝不陌生。诸葛亮是三国时期出色的政治家，有一流的才学，所以一封短短的书信里佳句迭出，写得流光溢彩；诸葛亮是蜀国丞相，所以信的字里行间，就有一股权威感，当然这也符合"严父"的形象——在古代中国的家庭里，父亲总是严厉的，不轻易流露情感，更极少有与孩子打成一片的，这是古代文化的特色使然。不过这封《诫子书》的字间、句外，还是难得地流露出一位老父亲对孩子的关切和爱。毕竟诸葛亮一心扑在国家大事上，对孩子的教育只能更多地寄托在家信中，所以这封信写得一丝不苟，这样或许能稍微弥补这位了不起的政治家心里的遗憾吧。

夫君子之行，静以修身，俭以养德。

"夫"：是个发语词，用在句首，虽没有具体的实际字意，但可以起到加强语气的作用，类似现代人讲话时，会说"这个呀"，来引起听者注意。

"君子"：是古代人们心目中的楷模，只有道德以及学识领域的一流人物，才能配得上"君子"的称谓。

"行"：指品行。

"静"：本意是安静，引申为平和、专注的含义，此处，"静"尤其强调专心，排除杂念。

"以"：在这里是当作连词使用，有"为了、目的是"的含义。

"修身"："修身"一词出自中国古老的文化典籍《礼记·大学》，是"培养自身品德"的意思；"修"可以理解为修炼。"身"不仅仅指身体，而是包括了身体以及内心诸多方面，可以理解为个人的全方面。

"俭"：自我约束，不放纵的意思。

"养德"：培养品德。

文章首句，就直入做人的根本原则：要成为君子，做一个品行高尚的人。那么一个君子是怎样做的？君子是没有杂念的，是不放纵自己的，这样才能修炼和培养自己的德行。

非淡泊无以明志，非宁静无以致远。

"非"就是"不"，"无"是没有，"以"的解释很多，这里"无以"一起连用，可以理解为"没办法、不能够"。

"非……无以"是个双重否定的句式，相当于"不怎样就不能如何如何"。

"淡泊"：内心清净，不看重名利。

"明志"：明确志向。

"宁静"：内心平和，专注无杂念。

"致远"："致"是达到，"远"是远方，引申为远大理想。

这可能是本篇最著名的一句格言，常被后世简化为"宁静致远"和"淡泊明志"两个词。这句话强调了内心要抵制杂念纷扰有多么重要。

夫学须静也，才须学也，非学无以广才，非志无以成学。

"广才"："广"，本为形容词宽、大，引申作动词用，是增大、增长的意思。"才"，指才能、才干。

"成学"：成就学问，学有所成之意。

这一句再次深入强调：前面提出的"静"和"志"，是成就学习的先决条件和重要基础。

淫慢则不能励精，险躁则不能治性。

"淫"：过度，无节制，有放纵的意思。

"慢"：懒惰。

"励精"：振奋精神。

"险躁"：二字连用，可理解为"轻薄浮躁"。

"治性"："治"的本意有管理的含义，此处指培养性情。

这两句指出修炼心性的敌人有哪些。

年与时驰，意与日去，遂成枯落，多不接世，悲守穷庐，将复何及！

"年"指年龄、年岁，"时"是时光、岁月；"驰"本意是马奔跑，这里是说时光消逝就像骏马飞驰。

"意"指意志，"日"仍是指时光，"去"是离开，意志随同时间被消磨掉。

"遂"是"于是、就"的意思，"枯"是草木干死，"落"是树叶凋零，在这里枯落指的是人，无论肉体还是精神意志，都会衰萎。

"多"，是大多、大部分的意思；"接"，本意是用手交接，引申为产生关联的意思；"接世"，就是同世间、社会发生关联，有对社会做贡献的含义。

"悲"是悲哀、悲伤，"守"是留在某处不动，"穷庐"可以理解为破房子。

"将复何及"比较复杂："将"，副词，大致相当于"又"；"复"，再；"何"，怎么；"及"，来得及、赶得上。合在一起的意思是：又怎么还能再来得及呢！

结尾这一段，看似老生常谈，无非是"少壮不努力，老大徒伤悲"的古训，但出自阅世无数的诸葛亮之口，令人读来心生感慨。我们似乎能听到这位伟大人物心底的一声微微叹息。

全篇译成现代汉语，大意如下：

君子的品行，专注，目的是修炼心性；不放纵，目的是培养品德。不做到内心清净、抛弃名利，就不会明确志向；不内心平和、心无杂念，就不会完成远大的理想。学习必须心静，能力来自学习，不学习就无法增长才干，没有志向就不能学有所成。放纵和懒惰，不能振奋精神；轻薄和浮躁，不能修炼性情。年纪会随时光飞快逝去，意志会随岁月日渐消磨，人就成了枯枝落叶，大多不会对人间有贡献可言，最后只能悲伤地困守穷家破屋，到那时再想做些什么，又能来得及吗？

《诫子书》写于公元 234 年，这一年诸葛亮五十三岁，诸葛瞻只有八岁。所以诸葛亮在信中不厌其烦，讲了又讲，应是怕年幼的孩子读不懂，所以才反复嘱托。

这封家书恐怕是诸葛亮留给家人的最后一封信，同年十月，诸葛亮在率大军出征途中病逝。三十年后，蜀国遭魏国进攻。诸葛瞻带领蜀军在绵竹血战，成为保卫国家的最后一道屏障，最终战败殉国，蜀国亡。与诸葛瞻一同战死沙场的，还有他十六岁的儿子。

《狼》

狼

[清] 蒲松龄

一屠晚归，担中肉尽，止有剩骨。途中两狼，缀行甚远。

屠惧，投以骨。一狼得骨止，一狼仍从。复投之，后狼止而前狼又至。骨已尽矣，而两狼之并驱如故。

屠大窘，恐前后受其敌。顾野有麦场，场主积薪其中，苫蔽成丘。屠乃奔倚其下，弛担持刀。狼不敢前，眈眈相向。

少时，一狼径去，其一犬坐于前。久之，目似瞑，意暇甚。屠暴起，以刀劈狼首，又数刀毙之。方欲行，转视积薪后，一狼洞其中，意将隧入以攻其后也。身已半入，止露尻尾。屠自后断其股，亦毙之。乃悟前狼假寐，盖以诱敌。

狼亦黠矣，而顷刻两毙，禽兽之变诈几何哉？止增笑耳。

本文是清代作家蒲松龄创作的一篇小说。

蒲松龄是出身民间的文学家，他下笔生动，许多内容都写得真实、鲜活，比如教材收录的这一篇，写一个屠夫在乡间的晚上遭遇狼。除了写身边事，蒲松龄还创作了大量关于神鬼妖仙的离奇故事，这些故事合编成一部叫《聊斋志异》的大书，成为中国古代小说的经典之一。

《狼》就出自《聊斋志异》。此篇原标题是"狼三则"，是一连三则与狼有关的故事，教材所选，是其中的第二则。

一屠晚归，担中肉尽，止有剩骨。途中两狼，缀行甚远。

"屠"是屠夫，杀猪卖肉为生的人。

"晚"就是傍晚时候。

"归"是回来，指回家。

"尽"是指肉卖光了。

"止"相当于"只"。

"缀"是连接，有跟随、紧跟的意思。

一个屠户傍晚回家，担子里的肉卖光了，只有剩下的骨头。路上遇到两只狼，紧跟着屠户一直走了很远。

屠惧，投以骨。一狼得骨止，一狼仍从。复投之，后狼止而前狼又至。骨已尽矣，而两狼之并驱如故。

"惧"就是恐惧、害怕。

"投"是扔，"投以骨"，语序应该是"以骨投之"：意思是拿骨头扔给狼。

这段里的"止"，意思是停下来。

"并驱"是一起追过来。

屠户害怕了，拿起骨头扔给狼。一只狼得到骨头，停了下来，另一只仍旧跟着。屠户再继续扔出骨头，后等到骨头的这一只狼停下来，可先前的一只又来了。这时骨头已经没有了，而两只狼像原来一样一起追上来。

屠大窘，恐前后受其敌。顾野有麦场，场主积薪其中，苫蔽成丘。屠乃奔倚其下，弛担持刀。狼不敢前，眈眈相向。

"窘"，是受困，有感到为难的意思。

"敌"，在古汉语里有对抗、冲突的意思，这里理解为攻击。

"顾"是环视，向四周看。

"野"的本意是乡村土地，这里理解为田野就好。

"麦场"是农民收拾麦子的空地，在今天北方农村的一些地方仍可以见到。

"积"是聚集，"薪"是柴草。

"苫"是草帘子，用来遮盖；"蔽"是遮挡的意思；"丘"是小山。

"倚"就是背靠着。

"弛"是解除、卸下。

"眈眈"是凶狠注视的样子。

屠户感到非常为难，害怕前后同时受到狼的攻击。他环视四周，看到田野里有个麦场，场主人把柴草堆放在那里，上面覆盖着草帘，像个小山堆。屠户于是飞奔过去，背靠在柴草堆下，放下担子，手握住刀。狼不敢上前靠近，冲屠户凶狠地瞪着眼。

　　少时，一狼径去，其一犬坐于前。久之，目似瞑，意暇甚。屠暴起，以刀劈狼首，又数刀毙之。方欲行，转视积薪后，一狼洞其中，意将隧入以攻其后也。身已半入，止露尻尾。屠自后断其股，亦毙之。乃悟前狼假寐，盖以诱敌。

"径"的本意是直，"径去"，就是直接走开的意思。

"犬坐"，像狗一样坐下来。

"瞑"是闭眼睛，"暇"是悠闲。

"暴"，是突然而猛烈的样子。

"毙"的本意是死，此处作动词用，杀死的意思。

"方"，刚刚。

"洞"本是名词，窟窿或孔穴，这里用作动词，挖洞的意思。

"隧入"："隧"本意是地道，隧入就是从隧道进来。

"尻"是屁股，"股"是大腿。

"悟"是想明白，"寐"是睡觉。

"盖"是指大概，表示猜测。"诱敌"引诱敌人上当。

过了一会儿，一头狼直接走开了，另一头像狗一样蹲坐在屠户面前。过了很久，狼的眼睛像是闭上了，神态很是悠闲。屠户突然猛地跳起，用刀砍向狼的脑袋，又接连好几刀，把狼杀死。屠户刚刚要走，转头看见柴堆后面，另一只狼正在里面挖洞，试图想要钻进洞里攻击屠户的身后。狼的一半身子已经钻进了洞，只露出屁股和尾巴在外面。屠户从后面砍断了狼的大腿，这一只狼也被杀死了。屠户于是想明白：面前那只狼装作睡觉，大概是来引诱对手上当的。

狼亦黠矣，而顷刻两毙，禽兽之变诈几何哉？止增笑耳。

"黠"，狡猾。

"顷刻"：极短的时间内。

"禽"是飞鸟，"兽"是走兽，指地上跑的动物，禽兽泛指动物。

"变诈"，是变化和欺骗的意思。

"几何"：多少、怎样的意思。

"止"：又是"只"，仅仅、只不过的意思。

"笑"，动词嘲笑，转为名词，做"被嘲笑之处"来理解，也就是"笑料"。

"耳"，有"而已、罢了"的意思。

狼也很狡猾啊，可不到一会儿工夫两只狼就都被杀死，飞禽野兽这些变化、欺骗的手段能有多少呢？对人来说，只不过是增加笑料罢了。

这篇文字理解起来并不难，一是因为蒲松龄写得浅显、易懂，二是文言文发展到了清代，许多用法和表达习惯也在朝着更通俗的方向演变。清代的古文距离远古年代越来越远，而向近代汉语慢慢靠近了。

附录：《狼三则》的另两则

蒲松龄还写了另外两篇狼的故事，一则是说，屠户被狼紧追不舍，只好把肉挂在树上喂狼，狼贪吃，吞下了挂肉的钩子，把自己吊死了。屠户反而意外地得到了珍贵的狼皮。另一则写屠户被狼紧随，不得已躲进草棚，狼隔着草墙伸进爪子来抓屠户，结果被屠户反杀。连同教材里的一篇，一起被收入《狼三则》里。我们不妨试着读一读另两则。

狼三则·其一

有屠人货肉归，日已暮。欻一狼来，瞰担上肉，似甚涎垂；步亦步，尾行数里。屠惧，示之以刃，则稍却；既走，又从之。屠无计，默念狼所欲者肉，不如姑悬诸树而蚤取之。遂钩肉，翘足挂树间，示以空空，狼乃止。屠即径归。昧爽往取肉，遥望树上悬巨物，似人缢死状，大骇。逡巡近之，则死狼也。仰首审视，见口中含肉，肉钩刺狼腭，如鱼吞饵。时狼革价昂，直十馀金，屠小裕焉。缘木求鱼，狼则罹之，亦可笑已！

狼三则·其三

一屠暮行，为狼所逼。道傍有夜耕者所遗行室，奔入伏焉。狼自苫中探爪入。屠急捉之，令不可去。顾无计可以死之，惟有小刀不盈寸，遂割破狼爪下皮，以吹豕之法吹之。极力吹移时，觉狼不甚动，方缚以带。出视，则狼胀如牛，股直不能屈，口张不得合。遂负之以归。非屠乌能作此谋也？

三事皆出于屠，则屠人之残，杀狼亦可用也。

只是蒲松龄也没告诉我们，这三次遇到狼的，是不是同一个屠户。

《穿井得一人》

穿井得一人

选自《吕氏春秋·慎行论·察传》

宋之丁氏，家无井而出溉汲，常一人居外。及其家穿井，告人曰："吾穿井得一人。"有闻而传之者："丁氏穿井得一人。"国人道之，闻之于宋君。宋君令人问之于丁氏，丁氏对曰："得一人之使，非得一人于井中也。"求闻之若此，不若无闻也。

这是一篇有趣的小文章，出自《吕氏春秋·慎行论·察传》。

"穿井得一人"这个标题是后加上去的。这一段只是全书里其中一篇文章的某一段，被挑选出来收进了教材里。

《吕氏春秋》是中国战国末年的一部杂家著作，由秦相吕不韦组织人编写而成，吕不韦是这部书的总负责人，于是书名里就有一个"吕"字；许多战国时期诸侯国的史书，都称作"春秋"，所以"春秋"一词用在"吕氏春秋"这一书名上，大致也有历史之意。只不过，一来这个历史并非官方，而是带有吕不韦的个人色彩；二来《吕氏春秋》内容庞杂，除了历史，还有思想、政治、道德、哲学，甚至军事等各个领域的记载，更像一部"百科全书"式的作品。

《穿井得一人》这一篇，是用故事来讲道理，这就是"寓言"。题目里的"穿"，是挖凿、挖掘的意思；"得一人"，就是得到一个人。

宋之丁氏，家无井而出溉汲，常一人居外。

"宋"：西周及春秋战国时期的诸侯国。

"丁氏"：姓丁的人家。

"溉汲"："溉"是给田地浇水，"汲"是从井里打水出来。"溉汲"的本意是"汲溉"，就是从井里打水浇在田里。丁家没有井，所以应该是去外面的井里打水。

"常"：长期的意思。

"居"：停留，"居外"就是停在外面，在这一句中，说的是丁家为了浇灌田地，专门安排一个人在外面取水。

宋国姓丁的人家，家里没有井，就外出打井水回来浇田，为此还专门安排了一个人手，长期在外负责打水这件事。

及其家穿井，告人曰："吾穿井得一人。"

"及"：等到。

"其"：代词，就是指丁家。

"告"：是说给别人听的意思。

"吾穿井得一人"：该句字面意思就是"我家凿井得到一个人"。但是结合前后文章的意思，这句话得这样理解才说得通：丁家人觉得井凿好了，以前专门在外打水的任务就不需要了，安排的人就可以回来做其他工作。所以丁家人才跟别人开玩笑说：我家凿了井后，得到一个人哟！

等到丁家也凿好了井，丁家人对别人说："我家井凿好了，得到了一个人。"

有闻而传之者："丁氏穿井得一人。"

可显然，玩笑传歪了——

"闻"是听到，"传"是散布、传话的意思。

有听了这话又散布出去的人，把事情传成了："丁家挖井，挖出一个人来哪！"

国人道之，闻之于宋君。

"国人"：住在国都里的人。这里的"国"，在古汉语里指的是国都。

"道之"："道"的本意是道路，这里应该理解为在道路上谈论丁家这件事。

"闻之于宋君"："闻"是听到，"宋君"是宋国的国君，"闻之于"的意思是被宋国国君听到。

国都里的人，在大街小巷谈论丁家挖井挖出了人这件事，都传到了宋国国君耳朵里。

宋君令人问之于丁氏，丁氏对曰："得一人之使，非得一人于井中也。"

"对曰"：回答说。

"使"：差遣。

宋国国君派人向姓丁的人家问是怎么回事，这位姓丁的人回答说："是得到了一个人的劳力，不是从井里真的挖出一个人来啊！"

求闻之若此，不若无闻也。

"求"：设法得到。

前一个"闻"是名词，消息的意思；后一个"闻"是动词，听见。

想方设法打听来的消息要是都像这样不靠谱，那还不如没有听过呢。

顺口一句玩笑话，传着传着就走了样，最后满城风雨，不得不令人深思、发人深省。

《杞人忧天》

杞人忧天

选自《列子·天瑞》

杞国有人忧天地崩坠，身亡所寄，废寝食者。

又有忧彼之所忧者，因往晓之，曰："天，积气耳，亡处亡气。若屈伸呼吸，终日在天中行止，奈何忧崩坠乎？"

其人曰："天果积气，日月星宿，不当坠耶？"

晓之者曰："日月星宿，亦积气中之有光耀者，只使坠，亦不能有所中伤。"

其人曰："奈地坏何？"

晓之者曰："地，积块耳，充塞四虚，亡处亡块。若躇步跐蹈，终日在地上行止，奈何忧其坏？"

其人舍然大喜，晓之者亦舍然大喜。

没错，读了这篇文章，就知道成语"杞人忧天"是怎么来的了。

这篇文字出自古代典籍《列子·天瑞》。列子，是书名，也是人名。列子叫列御寇，"列子"是尊称，就像孔子。"子"用现代汉语来表达，就是德高望重又学识渊博的老先生。列子生活的时代比孔子晚，是战国时期有名的思想家，《列子》就是记载列子学说的书。书里有对哲学、文学、科技、宗教、养生等各类问题的看法，还收录了不少民间故事、寓言和神话传说，林林总总内容很丰富，"杞人忧天"的故事就在其中。

"杞"是古代的一个小国，杞人忧天，是说一位杞国人担心天塌下来。这个故事被提炼成了成语，也正好被用作本篇的标题。

杞国有人忧天地崩坠，身亡所寄，废寝食者。

"崩坠"："崩"是倒塌和破裂，"坠"是掉下来。天地崩坠，就是天塌地裂的意思。

"亡"：相当于"无"，没有。

"寄"：依靠。

"寝"：睡觉。

"食"：吃饭。"废寝食"，顾不上睡觉吃饭。

杞国有个人，担心天塌地裂，自己连个藏身的地方都没有，愁得睡不着觉也吃不下饭。

又有忧彼之所忧者，因往晓之，曰："天，积气耳，亡处亡气。若屈伸呼吸，终日在天中行止，奈何忧崩坠乎？"

"彼"：代词，指前面忧天那个人。

"又有忧彼之所忧者"：还有一位替忧天那位担心的人。

"因"：于是、就。

"晓"：本意知道。这里是一种特殊的"使动用法"，即"使知道"，就是告知、开导的意思。

"之"：代词，指忧天者。

"若"：你。

"行止"，行动和停止，指各种活动。

"奈何"："奈"是怎样，"何"是如何，此处"奈何"结合文中口气，是"怎么会"的意思。

还有一位，看到忧天的人这么担心，就替他担忧了，于是去开导他，说："天就是堆积在一起的气体罢了，没有一个地方没有气。你弯曲、伸展身体，呼吸喘气，每天都在这个天里面活动，怎么会担心到天要裂开塌下来呢？"

其人曰："天果积气，日月星宿，不当坠耶？"

"其人"：那个人，指忧天者。

"果"：果真。

"宿"：是古代对星座的称呼，即指星辰。

"当"：应当。

"耶"：疑问词，"吗"的意思。

忧天的那人说："天果真是堆积的气体的话，那太阳、月亮、星星，不是就都该掉下来了吗？"

晓之者曰："日月星宿，亦积气中之有光耀者，只使坠，亦不能有所中伤。"

"晓之者"：就是来开导他的人。

"耀"：照亮。

"只使"：在这里有"即使""纵使"的意思。

"中伤"：受到伤害。

开导他的人又说了："太阳、月亮、星星，也都是聚集在一起的气体，只是它们被光照亮了，即使它们掉下来，也不会有谁受到伤害。"

其人曰："奈地坏何？"

"奈地坏何"："奈……何"的用法，意思是"怎么办"。所以，这句是忧天者仍旧不放心，继续发问：

那个人说："那大地要是崩塌了又怎么办呢？"

晓之者曰："地，积块耳，充塞四虚，亡处亡块。若躇步跐蹈，终日在地上行止，奈何忧其坏？"

"块"：本意是装在容器中的土，这里就是土块的意思。

"充"：填满。

"塞"：把空隙堵住。

"四虚"：这里指四面八方。

"躇"：原地踏步。

"趾"：用脚踩。

"蹈"：顿脚，踩地。

开导他的人说："大地就是堆积在一起的土块罢了。土块填满了地上的四面八方，没有一个地方不塞着土块。你在踏步、跺脚、连蹦带跳，每天在地上活动，怎么会担心它会崩坏呢？"

其人舍然大喜，晓之者亦舍然大喜。

"舍然"："舍"同"释"，解除、消除，"然"是"……的样子"。"舍然"就是消除疑虑的样子。

"亦"：也。

那个人终于放心下来，十分高兴；开导他的人放心了，也特别高兴。

这个故事让我们了解到，列子的时代，古人是怎样认识天空和大地的。几千年前，人们对宇宙就已经有朴素的科学探索，我们在偷笑杞人忧天之外，对古人也可以多一分敬意。

另外，据《史记》记载，杞国国家很小。这样的小国经常遭到强敌侵犯，多次被迫举国搬家。这种多灾多难的模式，可能真的会影响和造就杞国一些人有忧患意识，容易提心吊胆。

附录：懂一点成语，能"好好说话"

成语，从字面意思看这两个字，应该就是"现成的词语"，就好像大家都在说，然后慢慢地，就形成了。用更专业的说法，成语是汉语中定型的词组或短句。这种定型，来自中国古代文化典籍的代代哺育，来自古老故事、传说的生生不息，来自华美诗文的不尽营养，经历代代相传，凝结成了成语，在汉语宝库里熠熠生辉。

成语大多是四个字组成，也有少量三字或多字成语，使用成语，表达含义精致，实际韵味远远超过字面含义。每个成语背后，都有一个身影，它们庄重而文雅，时刻提醒着我们，汉语有着多么优美的底蕴。

课外诵读篇目

［明］ 戴进 《风雨归舟图》

《峨眉山月歌》

峨眉山月歌

〔唐〕李　白

峨眉山月半轮秋，影入平羌江水流。

夜发清溪向三峡，思君不见下渝州。

峨眉山在四川，李白从小就在这里长大。在二十五六岁时李白离开家乡去各地远游，坐船经过峨眉山，写下《峨眉山月歌》。

"歌"就是诗歌，所歌唱的，是峨眉山的月色。

诗的前两句，实写月亮，半个圆轮般的秋月高挂在峨眉山顶，平羌江流过，映着月亮的倒影。在每个人的心里，家乡的月光最美。月光给李白带来无数次的灵感，此时此刻，峨眉山月在给李白送行，让他还没有走远，就开始思念家乡了。

诗歌的后两句写的是行程，"清溪""三峡""渝州"都是地名，说的是李白乘坐的小船夜晚从清溪出发去三峡，然后顺江而下，到更远的渝州。这些地名组成了一幅旅行的地图，在途中，故乡的月亮一直伴随着李白，先是在山头，在江水中，然后在他的心里。

"思君不见"的"君"指的还是峨眉山的月，李白把家乡的月亮拟人化，随着行程远去，月亮慢慢不见，只剩下对家乡的思念。

《江南逢李龟年》

江南逢李龟年

［唐］杜 甫

岐王宅里寻常见，崔九堂前几度闻。

正是江南好风景，落花时节又逢君。

李龟年是唐朝开元年间的著名乐师，擅长作曲、演奏和演唱。岐王、崔九都是当朝显贵，李龟年出入豪门，红极一时。安史之乱爆发后，李龟年流落在江南一带，每逢良辰盛景，出来表演，听众大多会感动得落泪。杜甫少年时便与李龟年熟识，四十年后的一个落花时节，二人在江南重逢，山河破碎，物是人非，虽是春光烂漫，却有身世沦落、世事无常之感。一个名字，就见证了一个王朝由盛转衰的历史动荡。

整首诗语句平易，故人重逢，看似欣然，却寄藏了对盛世的缅怀。今昔对比，江南远非故都，落花更显飘零，感伤之情，尤其沉痛。

《行军九日思长安故园》

行军九日思长安故园

［唐］岑 参

强欲登高去，无人送酒来。

遥怜故园菊，应傍战场开。

岑参在唐朝诗人中独树一帜，他的作品，除了以边塞诗最为著名外，其余作品也属一流。后世评论岑诗"雄健绝人"，其中七言古诗水平尤其高超；而五言诗则"多激壮之音"。这首《行军九日思长安故园》虽只有短短二十字，却从重阳登高节日气氛，联想到前代诗人陶渊明故事，再引申出对家乡故园的思念，最后落在忧愤战乱荼毒、同情百姓多难的感慨上，内涵十分丰富。

从诗的题目，可以知道这首诗写于军旅之中，标题下原有小注"时未收长安"五字。那时，被唐玄宗任为天下兵马大元帅的李亨领兵负责平叛，岑参随行，行军途中正逢重阳节，于是作此诗。到至德二载（757 年）九月末，唐军收复长安。

《夜上受降城闻笛》

夜上受降城闻笛

［唐］李　益

回乐烽前沙似雪，受降城外月如霜。

不知何处吹芦管，一夜征人尽望乡。

这是一首描写戍边将士思乡之情的七言绝句，在当时就被谱成乐曲，用弦管演奏，天下传唱，成为中唐时期绝句中的名篇之一。

"受降城""回乐烽"均为地名。受降城始于汉代，为接受匈奴贵族投降所建的要塞，故称"受降城"。唐代沿用这一名称，在河套地区的黄河北岸，建造一组兼具进攻与防御的军事堡垒体系，以控制威胁唐朝边境的突厥势力。回乐烽一说，当作"回乐峰"，是宁夏灵武当地的山峰，同为抗击外族入侵的前线。诗中的"芦管"即笛子，也称"芦笛"，笛声多凄凉，易惹人伤感哀怨。可以想象这样的画面：在边塞的漫漫长夜，笛声呜咽回荡，军士披衣而起，目光穿过雪原般的大漠，向家乡的方向遥望……

唐代诗人刘禹锡在《和令狐相公言怀寄河中杨少尹》中提到李益，有"边月空悲芦管秋"一句，即指此诗。

《秋词》（其一）

秋　词（其一）

［唐］刘禹锡

自古逢秋悲寂寥，我言秋日胜春朝。
晴空一鹤排云上，便引诗情到碧霄。

　　古诗文中，素来有"悲秋"一说，秋天天地空阔，草木黄落，北雁南飞，凡此种种，更增强秋的寂寥意象。"自古逢秋悲寂寥"，便是如此。然而诗人偏偏不随俗，却道秋优于春，秋天的阳光之美，胜过春天的光彩明艳。秋日碧空万里之下，白鹤直冲云霄，激发诗人诗情与想象也驰骋在天际。如此秋天，在诗人看来，何悲之有？

《夜雨寄北》

夜雨寄北

〔唐〕李商隐

君问归期未有期，巴山夜雨涨秋池。

何当共剪西窗烛，却话巴山夜雨时。

这可能是李商隐写得最深情的一首诗。

当时，李商隐正在川东，他收到妻子从长安来信，写诗作答。因为长安在川东以北，所以称"寄北"，寄往北方或是寄给北方的人。第一句大意是说：你问我什么时候可以归来，现在还无从知晓。李商隐的官宦生涯并不顺利，这时候他在四川一带滞留，归期未定又无处投奔。诗的第二句写景，实际写的是客居异乡的离愁：此刻巴山秋夜，雨水不停，池塘已经涨满，孤身彻夜不眠。末两句是诗人的期盼：什么时候能和你在家里的西窗下，一起剪着烛花儿，再谈起今天巴山夜雨的经历，那该多好啊！

很多体会和情感，在事过境迁之后，回想起来，留下的更多是美好的记忆，就像诗人正憧憬的那样：到再相逢、重相守时，离别的悲苦都能化作烛光下的欣慰，巴山夜雨，也是思念的见证……

《十一月四日风雨大作》（其二）

十一月四日风雨大作（其二）

［宋］陆　游

僵卧孤村不自哀，尚思为国戍轮台。

夜阑卧听风吹雨，铁马冰河入梦来。

　　写此诗时，陆游已经六十八岁。在冬天一个风雨大作的夜里，诗人触景生情，感慨自己年老已经无法报效国家，于是把收复失地的憧憬收拾入梦，实现金戈铁马驰骋中原的心愿。

　　诗句里情和景交融，声音和画面交融，现实与梦境交融。凄风冷雨浇不灭诗人的爱国情怀，卫国戍边的热切情怀与铁马冰河的残酷之间，构成诗歌的壮美；至今我们似乎仍能从字句间听到一位年迈老人悲凉又坚忍的呐喊，在历史的天空留下绝响。

《潼关》

潼　关

[清]谭嗣同

终古高云簇此城，秋风吹散马蹄声。

河流大野犹嫌束，山入潼关不解平。

　　潼关位于陕西关中平原以东，是古代著名的军事要塞，也是东西往来的通道枢纽。清末某年，一位叫谭嗣同的年轻人，正前往甘肃兰州投奔做官的父亲，途经潼关，感慨雄关之美，写下《潼关》一诗。诗中赞美潼关景色：有风云际会，大河奔流；有沃野千里，山峦逶迤；秋风萧瑟，马蹄声劲，山川壮丽，激起诗人雄浑气度。诗中"犹嫌束""不解平"两处，尽显奔放与自由的力量。

　　这一年谭嗣同十八岁，诗句里充满年轻的昂扬。如此大好山河，值得为之付出生命，诗人果真做到了——十五年后，谭嗣同与一批清王朝的有识之士为拯救国家，推行戊戌变法，遭到保守势力镇压。谭嗣同拒绝逃走，决心以自己的鲜血换取时代的进步，最终慷慨赴死。

七年级·下册

吟徵調商窓下桐
松間疑有入松風
仰窺低審含情客
以聽無絃一弄中
白雲譚題

聽琴圖

［宋］ 赵佶 《听琴图》

古诗词篇目

宿雨清畿甸
朝陽麗帝城
豐年人樂業
壠上踏歌行

［宋］马远 《踏歌图》

《木兰诗》

木 兰 诗

选自《乐府诗集》

唧唧复唧唧，木兰当户织。不闻机杼声，唯闻女叹息。

问女何所思，问女何所忆。女亦无所思，女亦无所忆。昨夜见军帖，可汗大点兵，军书十二卷，卷卷有爷名。阿爷无大儿，木兰无长兄，愿为市鞍马，从此替爷征。

东市买骏马，西市买鞍鞯，南市买辔头，北市买长鞭。旦辞爷娘去，暮宿黄河边，不闻爷娘唤女声，但闻黄河流水鸣溅溅。旦辞黄河去，暮至黑山头，不闻爷娘唤女声，但闻燕山胡骑鸣啾啾。

万里赴戎机，关山度若飞。朔气传金柝，寒光照铁衣。将军百战死，壮士十年归。

归来见天子，天子坐明堂。策勋十二转，赏赐百千强。可汗问所欲，木兰不用尚书郎，愿驰千里足，送儿还故乡。

爷娘闻女来，出郭相扶将；阿姊闻妹来，当户理红妆；小弟闻姊来，磨刀霍霍向猪羊。开我东阁门，坐我西阁床，脱我战时袍，著我旧时裳。当窗理云鬓，对镜帖花黄。出门看火伴，火伴皆惊忙：同行十二年，不知木兰是女郎。

雄兔脚扑朔，雌兔眼迷离；双兔傍地走，安能辨我是雄雌？

"木兰诗",也被称作"木兰辞"。这首诗收录在宋代一部叫作《乐府诗集》的诗歌选本里,属于乐府诗歌。《木兰诗》诞生的年代是南北朝,在众多诗句简短的北方民歌中,《木兰诗》尤其显眼。这首长诗是在用诗的语言,通过乐府的形式,讲述一个传奇的故事:

故事的主人公是个女孩子,叫木兰(人们普遍相信木兰姓花,所以花木兰这个名字,就成为中国女英雄的代表之一),木兰女扮男装替父从军,战功赫赫拒绝赏赐,千里归乡重回女儿模样。全诗生动塑造出一位巾帼英雄,勇敢而高贵。

我们逐节来看这篇长诗。

唧唧复唧唧,木兰当户织。不闻机杼声,唯闻女叹息。

问女何所思,问女何所忆。女亦无所思,女亦无所忆。昨夜见军帖,可汗大点兵,军书十二卷,卷卷有爷名。阿爷无大儿,木兰无长兄,愿为市鞍马,从此替爷征。

"唧唧",叹息声。

"当户","当"是面对,"户"是门,"当户"就是面对着门。

"机""杼"分别是指织机和梭子。

"军帖",指古代征兵的文件或布告。

"可汗"是古代西北地区民族对君王的称呼。由此也可以证明《木兰诗》来自北朝非汉族政权的统治地区。

"点兵",就是从民间征发士兵去前线作战。

"军书"则是指征兵的名单、花名册。"十二卷"是一种虚指,表示数量多。后面诗句里有"十二转""十二年",都是这样的用法。

"爷""阿爷",都是当时北方对父亲的称谓。

"愿为市鞍马"一句,"愿"是愿意,"为"是为此,即为了征兵这件事;"市"就是买,"鞍马"分别指马匹和马鞍等马具用品。北朝作战,军官以上,均自备马匹、武器等装备随军出征。

这一段先写木兰得知父亲被列入出征名单后的心情,由担忧父亲到下决心替父从军,表现木兰挺身而出的忠孝品节:代父从军是孝,为国出征是忠。

隋代有民间诗,名为《折杨柳枝歌》,其中有"敕敕何力力,女子临窗织。不闻机杼声,只闻女叹息。问女何所思?问女何所忆"的句子,有趣的是,《木兰诗》开篇就把这六句引用过来，镶嵌在诗里，一下子把读者带进故事中去。

　　东市买骏马，西市买鞍鞯，南市买辔头，北市买长鞭。旦辞爷娘去，暮宿黄河边，不闻爷娘唤女声，但闻黄河流水鸣溅溅。旦辞黄河去，暮至黑山头，不闻爷娘唤女声，但闻燕山胡骑鸣啾啾。

这一段先写木兰出征前的准备。

"东西南北"四句是典型的乐府民歌样式，汉乐府《江南》一诗中"鱼戏莲叶间"一句描绘鱼儿的撒欢儿景象时，也用了这种样式。这里反复写各种买，制造出一种紧迫感，来烘托木兰出征前备战的忙碌。

接下来就是奔赴战场。

"旦"是早晨，"暮"是黄昏。朝行暮止，一日间就已山水相隔。

"旦辞""暮至""不闻""但闻"反复吟诵，句式朴实无华，情感充沛强烈，读来雄劲苍凉，荡气回肠。

我们似乎仍能听到，爹娘对木兰的呼唤，黄河流水的轰响，前线战场上敌人战马的嘶鸣。黄河岸边，暮色苍苍，战士枕戈待旦，这是木兰人生里前所未有的场景，这个场景甚至是此前古代诗歌也不曾有的一种悲壮境界。

　　万里赴戎机，关山度若飞。朔气传金柝，寒光照铁衣。将军百战死，壮士十年归。

"戎"字本意是武器的总称，代指军事；"机"指作战的时机。"戎机"一词，在此处即泛指战事。

"关山"指关隘和山峰。

"朔"字本意用于标注时间，后引申出表示"北方"的意思。"朔气"是北方的空气，意即寒气。

"柝"是古代夜间报时用来敲击的木梆。"金柝"是军中专用，金属制成，可一物多用，白天用来烧饭、夜里用来打更的器具。

"朔气传金柝"写的是北方的寒气传送着打更的声响。与下句"寒光照铁衣"语句对仗，同为对苦寒之地战场夜色的生动描绘。

"将军百战死，壮士十年归"，把数年里的浴血奋战一带而过，寥寥数语背后，却不知有多少次出生入死令人心惊。

有研究者认为这六句诗的风格有明显加工的痕迹，更像专业诗人的创作。词句确实精彩，气度慷慨，令人热血沸腾。这应该是《木兰诗》在流传过程中不断完善的结果，也由此可见人们对这首诗的喜爱和重视。

> 归来见天子，天子坐明堂。策勋十二转，赏赐百千强。可汗问所欲，木兰不用尚书郎，愿驰千里足，送儿还故乡。

"明堂"，帝王用于举行大典的殿堂。

"策"是记录，"勋"是功劳，"转"是勋位每升一级叫一转，"十二"如前所说表示众多。"策勋十二转"的意思，即按照等级逐一记录下累累战功。

"强"是有余之意。"赏赐百千强"指奖赏的财物非常多。

"欲"是想要。

"用"是任用、担任。"尚书郎"是官职名。"不用尚书郎"是不在朝廷做官。

"千里足"指脚力强健的骏马，千里马。

战争结束，将士胜利归来。木兰不图富贵，一句"愿驰千里足，送儿还故乡"，道不尽木兰早日回家的急切心情。

> 爷娘闻女来，出郭相扶将；阿姊闻妹来，当户理红妆；小弟闻姊来，磨刀霍霍向猪羊。开我东阁门，坐我西阁床。脱我战时袍，著我旧时裳。当窗理云鬓，对镜帖花黄。出门看火伴，火伴皆惊忙：同行十二年，不知木兰是女郎。

"郭"字本意是外城城墙，此处指外城。

"将"有扶、助之意，"扶将"就是相互搀扶。

"阿姊"就是姐姐。

"阁"指古代女子卧房。

"云鬓"是形容像云一样好看的头发。

"花黄"是古代女性一种化妆形式，在额头上涂一点黄的颜色，或是用金色纸剪成星、月、花、鸟等形状贴在额头处。

"火伴"，古代军队制度规定，十人为一"火"，出同战，宿同食，故称"火伴"。火伴即同一小队的战友。

这一节全用叙事口吻，把木兰回家讲述得亲切、热闹；然后恢复女儿妆的木兰把整个故事推向高潮，画面活泼，读来如身临其境，木兰的形象也栩栩如生。

雄兔脚扑朔，雌兔眼迷离；双兔傍地走，安能辨我是雄雌？

"扑朔"，动弹。

"迷"是模糊，"离"是指眼神分散，"迷离"是眯着眼的意思。

古人认为，揪着兔子耳朵把兔子拎起来，雄兔和雌兔的反应是不一样的：雄兔两只前脚时时动弹，雌兔两只眼睛时常眯着。

"傍"是贴着、挨着的意思。

这句是木兰与火伴的对话，是说把兔子拎起来，能分得出雄兔和雌兔，可它们一起贴着地面跑的时候，还怎么能看出来雌雄的区别呀？也就是：我木兰与大伙儿一道征战，装束、举止都与男子没有两样，大伙又怎么能知道我是女子啊？

漫长的十年征战，用这样一个俏皮的结尾，讲完了故事。整首诗一唱三叹，木兰的形象，也借助诗歌的生动鲜活，传唱至今。

北朝民歌就像辽阔原野上遍布的小花，没有刻意雕琢，在大自然中自由生长。《木兰诗》是其中最灿烂的一朵，在古代诗歌的天地间绽放，永不凋谢。

《登幽州台歌》

登幽州台歌

〔唐〕陈子昂

前不见古人，后不见来者。
念天地之悠悠，独怆然而涕下。

《登幽州台歌》是一首字句精练而意味无穷的小诗，作者是唐代文学家陈子昂。

陈子昂是初唐诗歌的重要人物。在唐之前，诗歌自南朝以来一直呈现徒有形式、浮夸萎靡的面貌。陈子昂提出诗歌要从像向汉、魏这些有风骨的时代汲取养分，推动了唐代诗歌的新风气，其后的李白、杜甫等人都受到陈子昂的影响。陈子昂的诗，在唐初诗坛令人眼前一亮，一扫同辈诗人以及前代诗歌的艳俗习气，令人印象深刻。这首《登幽州台歌》就是陈子昂的代表作。

幽州是华夏大地古老的十二州之一，地域主要包括今天北京地区。幽州有"幽州台"遗址，幽州台又称"黄金台"，是战国时期燕昭王为招揽天下能人而建。

陈子昂随朝廷大军出征北方边境，抵达幽州，来到幽州台故址，登临感慨，写下此诗。

前不见古人，后不见来者。

"前"，指从时间维度上由此向前，即之前的历史中。

"古人"，指建造幽州台的燕昭王，诗人认为代表着能求贤若渴的古代君王。

"后"，指自从燕昭王修台以后，直至当代。

"来者"，指后世能够像燕昭王一样善于重视人才的明主。

诗人感慨向历史的遥远处望去，早已没有古代贤君的身影；向后，也看不到同样的明主出现。

首先能读到的，是诗句打造出了一种苍茫、空灵的效果，登高而望，四下无人，本就使人心生寂寥；这样的气氛下幽思怀古，往往会有时间的恍惚感，人会瞬间仿佛被拉进历史中去一般。此处的意境，即使有悲凉味道，也是雄浑世界里的悲凉。

诗人的心中也有悲凉，悲凉来自怀才不遇。希望被重用，不愿意埋没才华，几乎是每一个有见识、有抱负的古代文人的理想，而陈子昂在当时恰恰没有得到重用和赏识。诗人想到古代圣明的君主，实则是对朝廷深感失望。这是诗人在诗句里藏着的心思。

念天地之悠悠，独怆然而涕下。

"念"是想到的意思。

"悠悠"，形容长久而遥远。

"独"，一个人、独自。

"怆"是悲伤，怆然就是悲伤的样子。

"涕"，眼泪。

想到天空大地的无穷无尽，独自悲伤而流下泪水。

仿佛天地之间，只有一个身影，瞬间会升起巨大的孤独感，这可能是中国古代诗歌史上最孤独的一刻，几乎是惊心动魄。但诗句并不哀怨，反而呈现出一种力量感。这样的力量，令人在面对天地时有敬畏，灵魂也会变得高贵。

诗中前一句描述的是历史深远的时间，后一句感慨天地，展现的是巨大的空间。历史的沧桑，天地的壮阔，交叠在一起，与诗人心头的孤寂感形成了强烈的对比，把苦闷失意写得慷慨悲凉。

从形式上看，这一句不是常见的五言，而是六字一节，添加了"之"和"而"字。这是效仿了战国时期楚地诗歌句式，古意一下子盎然起来。句子也因此多了一个停顿，读起来节奏反而流畅，且字里行间的抑郁不平之气，诗人的无可奈何、吁声长叹，也尽在诗句的起伏中。

　　诗人如果知道，在他身后数十年，一个诗歌的盛世即将到来；作为时代的先驱，他在诗歌上的一切努力，将被后世铭记、不朽，诗人会欣慰吧。在这位伟大诗人发出"前不见古人，后不见来者"的感叹之中，其实也包含着无上的骄傲：

　　这一句诗，前人写不出，后世也难以超越。

《望岳》

望 岳

[唐] 杜 甫

岱宗夫如何？齐鲁青未了。

造化钟神秀，阴阳割昏晓。

荡胸生曾云，决眦入归鸟。

会当凌绝顶，一览众山小。

在遇到《望岳》这首诗之前，我们在小学教材里读到的杜甫诗歌，几乎都是他在蜀地期间的作品，那时杜甫已过中年。而《望岳》写于杜甫二十四岁之时，如同所有年轻人一样，诗人朝气蓬勃，把万丈豪情倾吐在诗句里。

这一年杜甫第一次参加朝廷的科举考试，并未考中，这并没有打击到他。接下来的日子，杜甫开始了在各地的游历时光。当时他自己的父亲在山东兖州任职，杜甫来到齐鲁大地，《望岳》一诗就诞生在此期间，写他自己面对泰山的所见所感。

"岳"，此处即指泰山。泰山位于山东泰安，屹立于山东丘陵和华北平原之间。岳字本意就是高大的山。在古代，有五座名山，按照分布的位置，被称为"五岳"，泰山是"东岳"，也是五岳之首。中国古代多位帝王在泰山举行典礼祭祀天地，于是在古代泰山就被赋予了很重的政治象征意义，这也是泰山能够成为"五岳之尊"的原因之一。

岱宗夫如何？齐鲁青未了。

"岱宗"即指泰山。泰山别名"岱山"，"宗"字本意是祖宗，泰山是天下诸山之祖，故称"岱宗"。

"夫"字是语气词，无实意。

"如何"，怎么样的意思。

齐鲁，泛指山东地区。春秋时代，泰山以北属齐国，以南属鲁国。

"青"，此处是形容山色翠绿。

"未了"，是没有完结、持续不断。

这地位尊崇的泰山，美景怎样？齐鲁大地上，布满连绵不绝的青翠山色。

这一句是写"望岳"之远望——泰山雄踞在齐鲁大地，山色延绵。

造化钟神秀，阴阳割昏晓。

"造化"，指创造万物、培育万物、教化万物的大自然。

"钟"，有集中、汇聚之意。

"神秀"是神奇和秀美的意思。指大自然造就的奇幻美景。

"阴""阳"，分别指泰山的北面和南面。古代山北为阴，山南为阳。

"割"是分割、切割的意思。

"昏晓"，指的是黄昏和早晨。这是一个比喻，表现山间明暗变化不同，差别犹如晨昏。

大自然的鬼斧神工，在这里汇聚出奇幻美景；从山南到山北，山上的世界被分割成黄昏与清晨一般。

此句较第一句而言，"望岳"的角度更近——临近山脚向上仰望，山势之高，把空间切割成南北，也仿佛把时间分割了。

荡胸生曾云，决眦入归鸟。

"荡"是摇荡，指心情激荡。

"胸"是胸怀。

"曾"，有解释说与"层"字相通，是重叠的意思。"曾云"也就是层层叠叠的云。

"决"字本意是打开缺口、水溢出来。"眦"是眼角。"决眦"则是指眼睛睁得极大，以致眼角都裂开来了。

"入"，此处指看到、收入眼底之意。

心神激荡，面对层层白云升腾，胸怀随之开阔；撑破眼角般地瞪大眼睛，把飞鸟归山的景色尽收眼底。

在这一句里，诗人的眼睛贪婪地观望着美不胜收的景色，把"望岳"之"望"字表现得淋漓尽致。

会当凌绝顶，一览众山小。

"会当"是唐人口语，有"一定要、终将"的意思。

"凌"，升上或登上高处的意思。

"绝顶"，即最高峰。

"览"是带有欣赏意味地观看。

"众山小"，是说在泰山巍峨的气势之下，其余一切山峰都显得渺小了。

定要登上泰山之巅，到那时雄视众山，尽在脚下。

从这一句的语气看，诗人应该是没有登到泰山上去，诗句里充满期待和想象，饱含一位青年不凡的抱负。

《望岳》一诗，能读到年轻杜甫的诗风，比起中年时的老到、晚年时的沉郁，这里掩盖不住的是诗人的青春气魄。

后世有评论道："齐鲁到今青未了，题诗谁继杜陵人？"大意是说，"齐鲁青未了"这一句就冠绝了古今，此后无数写泰山的诗作，都无法继承这首《望岳》的光彩。还有人说，这首写泰山的诗，四十个字的气势，足可与泰山本尊争雄。

《登飞来峰》

登飞来峰

［宋］王安石

飞来山上千寻塔，闻说鸡鸣见日升。

不畏浮云遮望眼，自缘身在最高层。

写下《登飞来峰》的那年，王安石三十岁，此时他还是一个小小的知县，距离他主导轰轰烈烈的朝政改革，还要等到十八年以后。不过从王安石登上飞来峰所写的这首诗来看，称之为抱负也好，野心也好，都已显露无遗了。

飞来山上千寻塔

"寻"是古代的长度单位，本意是人张开两臂后左右的间距，通常以八尺（一说七尺）为一寻。"千寻"，形容很高的夸张用法。

飞来峰上，有高达千寻的佛塔。

闻说鸡鸣见日升

"闻"是听到的意思，"说"是有所传说。"闻说"，即听说。

听说在佛塔上，每到鸡鸣的时候，就能够看到太阳升起。

不畏浮云遮望眼

"浮云"指山中漂浮流动的云雾。

"望"是远望，"眼"即是眼睛，"遮望眼"指向远望去的视线被遮挡住了。

不怕被山中浮云遮住远望的视野。

自缘身在最高层

"自"是自然、显然之意。

"缘"，因为。

之所以浮云遮不住视野，自然是因为人身处在峰顶最高处。

后一句是因，前一句是果，倒置来写，是不少古诗常见的手法。

诗的重点在后两句，从史籍中看，"浮云"一词最早出现在《论语》里，孔子说"不义而富且贵，于我如浮云"。浮云代表并不值得看重的东西。另外，古时也常拿浮云比喻奸邪小人，汉代就有"故邪臣之蔽贤，犹浮云之障日也"的说法。显然浮云在王安石笔下，也是有贬义的。"不畏"二字，或许是由于年轻带来的乐观，也许王安石已经有预感，在未来的日子里，前途会有重重阻力，不过这一刻，诗人心里有满满的自信，告诉自己，只要像今日这样立于峰顶处，身下的那些浮云就不值得畏惧吧。

《游山西村》

游山西村

〔宋〕陆　游

莫笑农家腊酒浑，丰年留客足鸡豚。

山重水复疑无路，柳暗花明又一村。

箫鼓追随春社近，衣冠简朴古风存。

从今若许闲乘月，拄杖无时夜叩门。

　　这首《游山西村》无疑是陆游诗歌流传最广的名篇之一，就算不熟悉整首诗，但谁没听过"山重水复疑无路，柳暗花明又一村"这两句呢！

　　《游山西村》是陆游中年时期的作品，与之前我们熟悉的陆诗不同，诗里不见了铁马秋风的慷慨，没有了山河破碎的伤痛，而是呈现出农家生活的恬静以及心灵的安宁。

　　陆游是中国古代创作诗歌数量最多的诗人，一生写了近万首诗。在满腔悲愤的风格之外，陆游诗中也有安详细腻的一面。想象一下，如果一万首诗都慷慨激昂，需要一个怎样的大心脏才能承受得住！我们敬重、称赞陆游的壮怀激烈，而那些平和安宁的诗句，又让人愿意亲近他，喜欢他。

　　山西村在陆游的家乡浙江绍兴，是离陆家不远处的山中小村。陆游此时被朝廷罢官，在家闲居，田园般的乡村抚慰了诗人，喜悦之情，肆意流露在诗句里。

莫笑农家腊酒浑，丰年留客足鸡豚。

"腊酒"，指在农历腊月即十二月的时候开始酿造的酒，到了春天，酒味正好，就可以喝了。

"浑"是浑浊的意思。

"足"，充足，足够多的。

"鸡豚"，鸡肉和猪肉。"豚"字本意是小猪，此处泛指猪肉。

这句写乡间的快乐，快乐来自酒食的丰富。

不要笑话农家自酿的腊酒看上去浑浊，丰收的日子里，有足够的鸡肉和猪肉用来招待客人。

山重水复疑无路，柳暗花明又一村。

"山重水复"，指的是山水的连绵，青山后，还是青山；溪流处，又有溪流。

"疑"，怀疑，疑惑。

"柳暗花明"，柳树的绿色呈现出深暗的色调，鲜花盛开、明艳灿烂。

山回水转，怀疑前方已没了路；却见花红柳绿，又一个村落出现在眼前。

读这两句诗，令人豁然开朗，心旷神怡：仿佛可以看到诗人在山村间漫步，溪流穿行，草木浓茂，渐渐地路途难辨起来；迷惘之际，见前面花明柳暗，农舍忽现，诗人的喜悦也跃然纸上了。

箫鼓追随春社近，衣冠简朴古风存。

"箫"是吹奏乐器，"鼓"是击打乐器，吹箫、击鼓，都是典礼上的表演。

"追随"，指鼓乐的声响紧随在人的身后。

"春社"是古老的春季传统节日，在这一天要祭祀土地神，以祈求丰收。

"近"，指日期临近。

"衣"是衣服，"冠"是帽子，"衣冠"泛指穿戴。

"简朴"，简单而朴素。

"古风"，古代的风度和气质。

这两句写乡村节日的热闹。

春社的日子近了，到处都是箫鼓之声；村民衣着、冠带都简单而质朴，保存着古代的风度。

从今若许闲乘月，拄杖无时夜叩门。

"若"是如果，"许"是这样。"若许"是"如果还能这样"的意思。

"乘月"就是趁着月色。

"杖"是手杖。

"无时"的意思是，不一定什么时候。

这一句是诗人与农家的友人相约定：

今后如果还能像这样，乘着月色外出闲游，说不准什么时候，我就拄着拐杖，随时来敲你的家门。

这首《游山西村》可能是整部宋代诗歌里最美好的一幅画面：

朴素的山村里，有酒，有肉，有好客的主人；箫鼓声中，峰回路转，草木间村舍忽现；村民在欢乐祭祀，古风质朴；这一切令诗人喜悦，在洒满月光的夜色里流连不归。时而热闹，时而安静，可以听到俗世的欢响，也可以听到内心的歌唱。

中国古代文化人的风骨里，天地之间，山水田园，永远是内心世界的避风港。陆游自号"放翁"，以做一个"狂放的老头"为骄傲，但这位狂放老头的心底，同样有回归田园那一刻的喜悦。在此前读到的陆诗里，我们被高尚的情怀打动，这一首《游山西村》，我们遇到的是诗人同样美好的灵魂。

《己亥杂诗》（其五）

己亥杂诗（其五）

〔清〕龚自珍

浩荡离愁白日斜，吟鞭东指即天涯。

落红不是无情物，化作春泥更护花。

　　《己亥杂诗》是清代诗人龚自珍在同一年中所作的一组诗的总标题，这组诗共有三百一十五首之多，几乎日均一首，内容广泛而庞杂。教材所选是其中第五首。

　　己亥是什么？说来话长，简单地说，是用中国古代独有的纪年方法推导出的某一个年份的名称，龚自珍诗题的己亥年，是公元 1839 年。

　　"己"属于中国传统的文字记序符号"天干"的数列之一，人们常说的甲、乙、丙、丁之流，都是天干。天干一共有十个数字：按甲、乙、丙、丁、戊、己、庚、辛、壬、癸的名称排列。

　　"亥"属于另一个数列，叫"地支"。地支更为人熟悉，因为它正对应着十二生肖。十二地支分别是：子、丑、寅、卯、辰、巳、午、未、申、酉、戌、亥。

　　天干地支是古人观测天象后想出来的记录手段，用在历法上，从天干和地支中各取一字，按照顺序，经过各种排列组合，形成了"干支纪年法"。这种办法从三千多年以前的商代开始，沿用至今，是中国特有的纪年和计时方式。

　　龚自珍是清代诗人和学者，在他生活的年代，清朝已经由盛转衰。龚自珍痛感清王朝统治的种种弊病，决定辞官回乡，这首《己亥杂诗》，就是他告别京城时所作。

浩荡离愁白日斜

"浩荡",本指水面广阔而平坦,此处形容离别时的忧愁情绪之多。

别离时分,愁绪浩荡,天光虽好,日已西斜。

吟鞭东指即天涯

"吟",本意是吟诗,引申为代指诗人。"吟鞭",指的是诗人手里的马鞭。"吟鞭"的用法见于宋人词中,这种既无出处又晦涩拗口的说法,大约是硬生生造出来的。

"东指",指向东方。

诗人手中的马鞭指向远处东方,此处别后,就远隔了天涯。

落红不是无情物,化作春泥更护花。

"落红"即指凋落的花朵。花以红色为尊,故以"落红"代称。

"春泥"指春天的泥土。春天冰消雪融后,地上的泥土是滋养花木的好伙伴。

从树上飘落的花瓣并不是没有情义之物,而是投身大地,腐烂成春日里的泥土,来养护来年的花儿。

落花在古代诗歌中多与伤感、美好易逝有关,意象更多是无情或悲凉。诗人在这里给落花赋予了积极的含义,或许是在表明心志:落花归于尘土,化为泥,去孕育新的春天;花的色彩与芬芳,可献给后来者——流露出一种更庄严的使命情怀。结合《己亥杂诗》中的其他诗篇来看,或许这一首里,还有对来年、对希望的憧憬。

然而比起落花,历史更加无情。己亥这一年,中国大地上发生的最重要事件,是林则徐在广东完成了"虎门销烟"。第二年,1840 年,英国入侵,鸦片战争爆发,中国历史进入前所未有的命运转折期,多灾多难的中国近代史由此拉开帷幕。

文言文篇目

［元］　王蒙　《西郊草堂图》

《孙权劝学》

孙权劝学

［宋］司马光

初，权谓吕蒙曰："卿今当涂掌事，不可不学！"蒙辞以军中多务。权曰："孤岂欲卿治经为博士邪！但当涉猎，见往事耳。卿言多务，孰若孤？孤常读书，自以为大有所益。"蒙乃始就学。及鲁肃过寻阳，与蒙论议，大惊曰："卿今者才略，非复吴下阿蒙！"蒙曰："士别三日，即更刮目相待，大兄何见事之晚乎！"肃遂拜蒙母，结友而别。

这是一篇历史掌故，记载了三国时期吴国君臣之间的一段故事。事迹应该可信，因为出自《资治通鉴》。

《资治通鉴》是一部严肃的历史著作，作者是北宋的司马光，就是小时候砸缸救人的那位。司马光是北宋朝中重臣，有才学。他把自己写成的一部历史大书送给皇帝，皇帝认为非常不错，便赏赐了"资治通鉴"这个名字。它的意思可以理解为："资"是提供帮助；"治"是统治，也就是治理国家；"通"是指贯通古今、熟悉历史；"鉴"是借鉴。所以"资治通鉴"有"了解历史得失，有助于治理国家"的深意。《资治通鉴》全书超过三百万字，所载内容十分丰富，有风云变幻的朝代更替，有规模浩大的战争场景，也有细致入微的人物事迹。

"孙权劝学"的标题是后人所加。孙权，是三国时期东吴的君主。"劝"是勉励，"劝学"就是勉励人努力学习的意思。那么孙权勉励的又是谁呢？

初，权谓吕蒙曰："卿今当涂掌事，不可不学！"蒙辞以军中多务。

"初"：当初。

"权"：就是孙权。

"谓"：说、告诉。

"吕蒙"：东吴重要将领，就是孙权要勉励的人。吕蒙武将出身，文化水平不高。孙权重用吕蒙，才有了这番勉励。

"卿"："你"的亲切叫法。

"今"：现在，如今。

"当涂"：当，在古汉语里有"把握、主持"的含义；涂与途相通，本意是道路；把握控制了道路，自然是有权力，所以"当涂"是掌权的意思。

"掌事"：掌，主管；事，这里指的吕蒙负责的军队以及政府事务。

"辞"：推辞。

当初，孙权对吕蒙说："你如今执掌重大管理政事，不能不学习啊！"吕蒙拿军中事情多做借口来推辞。

权曰："孤岂欲卿治经为博士邪！但当涉猎，见往事耳。卿言多务，孰若孤？孤常读书，自以为大有所益。"蒙乃始就学。

"孤"：古时王侯的自称。

"治经"："治"是研究，"经"指的是儒家的经典著作，在古代有"经学"，来专门研究这些书。

"博士"：古代学官，是专门讲解经学的教育官员。

"邪"：就是"耶"，语气词，表示反问。

"但"：只，只是。

"涉猎"："涉"的本意是蹚水过河，"猎"是打猎。涉水打猎只顾追赶，就来不及其他，所以涉猎一词有粗略接触、不必深究的含义。用在读书上，即指粗读、浏览。

"见"：了解。

"往事"：过去的事情，指历史。

"孰"：谁。

"若"：像。

"益"：好处。

"就学"："就"有"进入"的意思，"就学"就是进到学习中去。

孙权说："我难道是要你研究经学去当讲学官吗？不过是应该粗略地读些书，能了解一下历史罢了。你说事情多，有谁还能像我一样忙吗？我经常读书，自认为还是有很大的好处的。"吕蒙于是开始认真学习。

这一段讲的是孙权进一步要求吕蒙读书学习。

及鲁肃过寻阳，与蒙论议，大惊曰："卿今者才略，非复吴下阿蒙！"

"及"：等到。

"鲁肃"：东吴大臣，是吕蒙的老上级。

"过"：经过。

"寻阳"：地名。

"论议"：有谈论、探讨的意思。

"才略"："才"是才干，"略"是谋略。

"复"：再是。

"吴下"："吴"即指东吴；"下"有"各处"的意思。"吴下"就是泛指或总称东吴地区。

"阿蒙"：是吕蒙的小名。

等到鲁肃有一次路过寻阳，见到吕蒙，与他谈论起来，鲁肃感到十分惊讶，说："你今天的才干和谋略，可不再是先前那个吴下阿蒙了啊！"

这里说的是吕蒙读书后的变化，令他的老上级鲁肃感到吃惊。

蒙曰："士别三日，即更刮目相待，大兄何见事之晚乎！"肃遂拜蒙母，结友而别。

"士"：指有智慧的人。

"三日"：指多日，一些时候。

"更"：另，另外。

"刮目相看"："刮"是擦试的意思，"目"是眼睛；"相看"相互看待。

"见"：知晓。

"遂"：于是，就。

"拜"：拜访。

"结友"："结"字本意是用绳子系在一起，"结友"就是结交成朋友。鲁肃是有学问的人，此前认为吕蒙不过一介武夫，这时才真正把吕蒙看作谈得来的好朋友。

这一段，也为后世留下了"士别三日当刮目相看"这个典故。

吕蒙说："对于有识之士，分开不少时间后，就要用另外的眼光彼此看待。老大哥你怎么发现这个道理如此晚呢。"于是鲁肃就登门拜访吕蒙的母亲，以示恭敬，与吕蒙结为好友，这才离开。

后来的事情是，鲁肃去世前，向孙权推荐由吕蒙接任东吴最高军事指挥官。吕蒙任职期间，果然不负众望，率军击杀对手关羽，拿下了东吴期待已久的战略要地荆州，为东吴立下大功。

《卖油翁》

卖 油 翁

〔宋〕欧阳修

　　陈康肃公善射，当世无双，公亦以此自矜。尝射于家圃，有卖油翁释担而立，睨之久而不去。见其发矢十中八九，但微颔之。

　　康肃问曰："汝亦知射乎？吾射不亦精乎？"翁曰："无他，但手熟尔。"康肃忿然曰："尔安敢轻吾射！"翁曰："以我酌油知之。"乃取一葫芦置于地，以钱覆其口，徐以杓酌油沥之，自钱孔入，而钱不湿。因曰："我亦无他，惟手熟尔。"康肃笑而遣之。

"翁"，就是老头儿，"卖油"，与现代汉语里的意思相同。

本文收录在一本叫《归田录》的书里，作者是欧阳修。

欧阳修是文学大家，更是北宋朝廷里德高望重的名臣。历史上欧阳修尤其以慧眼识人被称道，他为朝廷选拔出一大批有才之士，我们已了解的王安石、司马光、苏轼，还有鼎鼎大名的包拯，以及后来出任过宰相职务的许多官员，都出自欧阳修的提拔。不妨说，正是欧阳修这位导师，造就了北宋文化圈的盛况。

　　"归田录"这一书名，有"归隐田园"之意，这也流露作者官场沉浮之下内心的渴望。《归田录》大多写的是朝中旧闻以及官员、读书人的琐事，有些类似现在段子集的味道。比如《卖油翁》这篇，就记载了一位高官和卖油老人的小插曲。

陈康肃公善射，当世无双，公亦以此自矜。

"陈康肃公"是北宋名人陈尧咨，书法家，中过状元，做过官。"公"是对男子的尊称，"康肃"是陈尧咨去世后得到的谥号。谥号，是古代文化重要的特色之一。帝王、高官或其他重要人物去世后，会有一个专门的单位组织，根据死者生前的功德进行评估，然后选中一个或几个含义深刻的汉字，当作"谥号"，来给死者评价定性。"康"和"肃"显然都是比较美好的汉字，看来这位陈尧咨老先生口碑不算差。

欧阳修在文中用谥号来称呼陈尧咨，说明写文章时陈已去世，这是对死者尊重的称呼。

"善射"：擅长射箭。陈康肃公还真是一位文武双全的人物。

"自矜"："矜"是夸耀，"自矜"就是自夸。

陈康肃公擅长射箭，当今世上没有第二人能比得上，他也凭借这个本事自我炫耀。

尝射于家圃，有卖油翁释担而立，睨之久而不去。见其发矢十中八九，但微颔之。

"尝"：曾经。

"家圃"："圃"是花园或菜园，"家圃"就是自家的园子。

"睨"：斜着眼看。用这个表情看一切，有不重视、看不起的含义，至少也是不那么当回事。

"矢"：就是箭。

"颔"：本意是"下巴"，引申为下巴动一动，表示点头。

曾经有一回，陈康肃公在自己家园子里射箭，有一个卖油的老人放下担子，站定了看，斜着眼看了半天也不走。看到陈公射出十支箭，有八九支都射中了，老头儿只是对他微微点头。

康肃问曰："汝亦知射乎？吾射不亦精乎？"翁曰："无他，但手熟尔。"康肃忿然曰："尔安敢轻吾射！"翁曰："以我酌油知之。"

"精"：高明的意思。

前一个"尔"：与"耳"同，罢了的意思。后面出现的"尔"是"你"的意思，但不是一种礼貌的用法。

第一次陈公称呼老人时，使用的是不带情感色彩的"汝"；受了刺激以后，就用"尔"来称呼对方了，语气不是很尊重。

"忿然"："忿"是由于不服气而生气；"然"是样子，"忿然"就是不服气、气呼呼的样子。

"安敢"：怎么敢于。

"轻"：轻视。

"酌"：本意是盛酒、倒酒，这里是把油倒出来。

陈康肃公问卖油老人："你也懂得射箭吗？我的射术难道不高明吗？"老人就答道："没有别的什么啊，只不过手法熟练罢了。"陈康肃公听了不服气，气呼呼地说："你这家伙，怎么敢看不起我的射术！"老人说："凭我倒油出来的经验，就知道这个道理。"

　　乃取一葫芦置于地，以钱覆其口，徐以杓酌油沥之，自钱孔入，而钱不湿。因曰："我亦无他，惟手熟尔。"康肃笑而遣之。

"以钱覆其口"："以"，用；"钱"是铜钱，古代常见的货币，多为铜铸，圆形，中间有方孔。宋代铜钱与今天人民币一元硬币大小相近。"覆"，就是盖。

"徐"：缓慢地。

"杓"：同"勺"，木勺。

"沥"：自上而下滴下来。

"因曰"：接着说下去。"因"，在这里有顺承、递进的意思。

"惟"：只是。

"遣"：打发。

于是老人拿来一个葫芦放在地上，用铜钱盖住葫芦上口，盛出一木勺油，慢慢地把油滴了下去，油从铜钱中间的方孔进到葫芦里，而且铜钱没有被油弄湿。老人接着说："我也没有别的什么，只不过是手法熟练罢了。"陈康肃公笑着把老人送了出去。

卖油的老人只是按照自己的生活经验，熟能生巧，认为万物皆如此。但射箭毕竟与倒油不是一个量级上的事情，陈公自然懂得这个道理。老人朴实，没把陈公当作什么大人物；陈公从忿然到笑，并不计较，每个人都活成了自己的模样。这也算是那个时代的一种气象。

《陋室铭》

陋 室 铭

[唐]刘禹锡

　　山不在高，有仙则名。水不在深，有龙则灵。斯是陋室，惟吾德馨。苔痕上阶绿，草色入帘青。谈笑有鸿儒，往来无白丁。可以调素琴，阅金经。无丝竹之乱耳，无案牍之劳形。南阳诸葛庐，西蜀子云亭。孔子云：何陋之有？

刘禹锡写的这篇文章，比作的诗还要漂亮。

"陋室"："陋"是狭小，比喻简陋。前面学习《论语》的时候，有读到颜回"在陋巷"，与这里的陋是同义。陋室就理解为简陋的小屋子。

"铭"字的本意，是在青铜器上刻字，从字形上也可以看出，金字旁的"铭"字，与金属有关。在古代，"铭"不是刻在一般的青铜器上，而是钟、鼎这样的隆重器物，所刻文字也是用于祭祀、纪念等重大场合的神圣文字。后来，"铭"渐渐用于金石各种器物，文字内容也多是记述人物生平事迹或者记录重要事件、表达某种心志等。在这个基础上衍生出来一种文章形式，就叫"铭"，用来记录事件，歌颂功德，警醒自身。《陋室铭》就是一篇记录陋室的铭文，作者用大体例写小屋子，显然大有深意。

山不在高，有仙则名。水不在深，有龙则灵。斯是陋室，惟吾德馨。

"在"：在于。

"名"：出名，有名气。

"灵"：神异。

"斯"：这。

"惟"：只有。

"馨"：本意是能散布很远的香气，引申为流传长久的美好德行。

山不在于有多高，有了神仙，山就出名了。水不在于有多深，水中有龙，就多了神秘。这里就是简陋的居所，只是我有美好的德行。

这三句四字一组，前两句用山、水做排比，用神仙、龙做铺垫，在于表达第三句中作者内心的骄傲。

苔痕上阶绿，草色入帘青。谈笑有鸿儒，往来无白丁。

"苔"是青苔，多贴在潮湿的地面上生长，"苔痕"就是青苔的痕迹。

"上阶绿"是描写青苔沿着台阶蔓延的样子，一个"绿"字，既是实写苔痕的颜色，却又有一种心境上的轻快感。

地面潮湿，表明住所的条件并不十分如意，但字间流露出的，却是美感。

"草色入帘"，不写自己看到草，而以草为主角，写草色闯入屋来，这种写法古人用起来尤其高明。屋外小草，想来大致是不经修饰的，隔着帘子，青青杂草带来绿意满屋，与前一句的"绿"相得益彰。

"鸿儒"："鸿"是大，"儒"本指读书人，"鸿儒"说的是有大学问的人。

"白丁"："白"就是白颜色，"丁"指成年男子。古代服饰颜色也是等级阶层的标志，普通平民穿不染色的棉麻衣物，本色就是白色。"白丁"就代指平民、没有学历或官职的普通人。

绿色的苔痕爬上台阶，草色入室，青翠满屋，在这里谈论说笑的，都是满腹经纶的大学者，走进走出的都不是一般人。

可以调素琴，阅金经。无丝竹之乱耳，无案牍之劳形。

"调"：调弄。

"素"：本色的，比喻不加装饰的。

"阅"：阅读，阅览。

"金经"：金字写成的佛经，价值更为珍贵。

"丝竹"："丝"指弦乐器；"竹"指管乐器。比起古琴的优雅，丝竹就属于喧闹的、不够高雅的音乐了。

"案牍"："案"本意就是桌子，"牍"是古代抄书用的木片。"案牍"在这里指官府文书一类的公务文件。

"形"：指身体。

可在这里弹奏朴素的琴，翻阅珍贵的佛经，没有庸俗的音乐在耳边吵闹，没有处理不完的公事文件令人身体劳累。

南阳诸葛庐，西蜀子云亭。孔子云：何陋之有？

"南阳"：地名，湖北襄阳。

"诸葛"：指的是诸葛亮。

"庐"：指简单的小屋。

南阳是诸葛亮当年隐居的地方，诸葛亮在那里建草屋居住，著名的"三顾茅庐"的故事就发生在那儿。

"西蜀"：指四川。四川古称"蜀"，因为四川在传统的中原地区以西，所以有"西蜀"的叫法。

"子云"：指的是扬雄。扬雄是西汉哲学家、文学家，字子云。

"亭"：就是亭子，这种古代风格的建筑物今天依然很常见。

"子云亭"是扬雄在家乡成都读书的地方。按刘禹锡的写法，应该也是一个简朴的屋舍。

"孔子云"：就是孔子说。

"何陋之有"：这是《论语》里孔子说过的一句话。全句是："君子居之，何陋之有？"有人劝孔子不要去偏远简陋的地方居住，孔子于是这样回答。

"何陋之有"是一个倒装句子，就是把语序故意颠倒了一下，正常的语序是"有何陋"。这是一个反问，意思是：有什么简陋呢？倒装成"何陋之有"，更能加强句子里的反问语气。

南阳有诸葛亮住过的草屋，西蜀有扬子云的屋舍，这些朴素的地方，就像孔子说的那样：有什么简陋的呢？

诸葛亮、扬雄、孔子，都是读书人景仰的人物，都不以居住简朴为耻。这些人在的地方，什么样的陋室都能光芒万丈。作者巧妙地使自己的陋室与这些名字联系在一起，坚信自己可以比肩伟大人物。

至少，凭这篇《陋室铭》，作者可以傲视世间的一切平庸。

《爱莲说》

爱 莲 说

[宋] 周敦颐

水陆草木之花，可爱者甚蕃。晋陶渊明独爱菊。自李唐来，世人甚爱牡丹。予独爱莲之出淤泥而不染，濯清涟而不妖，中通外直，不蔓不枝，香远益清，亭亭净植，可远观而不可亵玩焉。

予谓菊，花之隐逸者也；牡丹，花之富贵者也；莲，花之君子者也。噫！菊之爱，陶后鲜有闻。莲之爱，同予者何人？牡丹之爱，宜乎众矣。

《爱莲说》是北宋理学家周敦颐所写的名作，篇幅不长，字字精彩。

"莲"就是荷花，也叫莲花；"爱莲"就是喜爱莲花；"说"是古代一种文体，是一种通过讲事实、发议论，来讲明道理或者抒发感情的文章形式。莲花之爱，值得一说。

水陆草木之花，可爱者甚蕃。

"甚"：非常。

"蕃"：本意是草木茂盛，引申意思是众多。

水生的以及陆地上的各种草木开出的花，值得喜爱的非常多。

晋陶渊明独爱菊。自李唐来，世人甚爱牡丹。

"晋"：这里指的是历史上的东晋时代。

"陶渊明"：东晋的大诗人，中国古代文学史上的一流人物，人格受到后人敬仰。

"独"：唯独，只。

"李唐"：就是指唐王朝。因为唐代皇帝姓李，用帝王的姓来代称王朝，是某种文化习惯。

"世人"：世上的人们，指平常人。

"牡丹"：花名。唐朝王公贵族圈子里流行喜爱牡丹，追随者跟风，也以牡丹为时尚；民间更是纷纷种牡丹，能卖个高价。

东晋的陶渊明，唯独喜爱菊花。自从唐朝以来，世间众人都非常喜爱牡丹。

予独爱莲之出淤泥而不染，濯清涟而不妖，中通外直，不蔓不枝，香远益清，亭亭净植，可远观而不可亵玩焉。

"予"：我。

"之"：这里"之"接在主语"莲"后面，是一个结构助词，不一定要译成现代汉语"的"意思。

"出"：长出来。

"淤泥"：河湖池塘中积存下来的脏泥沙。

"染"：本意是用颜料改变布的颜色，引申可以理解为沾染、污染。

"濯"：洗。

"涟"：指水波。

"妖"：妩媚、艳丽的样子。

"蔓"：本意是指爬藤植物的枝茎，会四处伸延缠绕。所以有"蔓延"一词。这里蔓做动词用，意思是像爬藤那样到处蔓延。

"枝"：植物主干上的分岔、枝节。此处用法与"蔓"相同，作动词，横生枝节之意。

"香远益清"："香"是莲花的香气，"益"是更加的意思。

"亭亭"：直立高耸的样子。

"净植"："净"是干净、洁净，"植"是树立、挺立的意思。

"亵玩"："亵"是亲近但态度不庄重，有轻慢的意思；"玩"有观赏、把玩的意思。

"焉"：语气助词，类似现代汉语的哪种语气，需要看具体语境。

我自己呢，唯独喜爱莲花：它在水底的污泥中生长出来，却不受污染；被清澈的水波洗涤、荡漾着，而不显得妖艳；莲梗中间通畅，外表挺直，不四处蔓延，不横生枝节；香气传得很远，显得更加高洁；干干净净直立在水中，可以远远地欣赏，而不可以靠近把玩噢！

此处，为汉语世界贡献出"出淤泥而不染"这一经典名句。

予谓菊，花之隐逸者也；牡丹，花之富贵者也；莲，花之君子者也。

"谓"：认为。

"隐逸"："隐"是藏起来，"逸"是躲开，都有隐藏起来不露面的含义。

"富贵"："富"是有钱，"贵"是有地位。

"君子"：这个词我们不止一次遇到了。品行高尚的人，在古代被称作君子。

我觉得啊，菊花是花中的隐士，牡丹是花中那些有钱又有地位的人，莲是花中的品行高尚者。

噫！菊之爱，陶后鲜有闻。莲之爱，同予者何人？牡丹之爱，宜乎众矣。

"噫"：感叹词，相当于"哎呀"或者"唉"，有叹息之意。

"鲜"：少。

"闻"：听说，听到。

"宜"：应当。

"众"：许多人。

唉！对菊花的喜爱，陶渊明之后就很少听到了；对莲花的喜爱，像我一样的还有谁呢？对牡丹的喜爱，那可应该是有很多人了。

陶渊明的时代，政局动荡，生命无常，他隐居起来，躲避和蔑视那些丑恶，就像菊花一样，不参与夏日里的争奇斗艳，远离尘嚣。在作者看来，这当然值得尊敬。而作者更为称道的，是莲花的傲然高洁，出淤泥而不染。

周敦颐是北宋著名的思想家，在后世数百年间，周家后代坚持操守，钻研学问，先后有十三代子孙都成为受人尊敬的学者。祖先的文章，还有莲之爱，应该都铭刻在这个家族的血脉中。

这样的家族，在古代中国并不少见。

《活板》

活　板

[宋]沈　括

　　板印书籍，唐人尚未盛为之。自冯瀛王始印五经，已后典籍皆为板本。

　　庆历中，有布衣毕昇，又为活板。其法：用胶泥刻字，薄如钱唇，每字为一印，火烧令坚。先设一铁板，其上以松脂、蜡和纸灰之类冒之。欲印，则以一铁范置铁板上，乃密布字印，满铁范为一板，持就火炀之；药稍熔，则以一平板按其面，则字平如砥。若止印三二本，未为简易；若印数十百千本，则极为神速。常作二铁板，一板印刷，一板已自布字，此印者才毕，则第二板已具，更互用之，瞬息可就。每一字皆有数印，如"之""也"等字，每字有二十余印，以备一板内有重复者。不用，则以纸帖之，每韵为一帖，木格贮之。有奇字素无备者，旋刻之，以草火烧，瞬息可成。不以木为之者，木理有疏密，沾水则高下不平，兼与药相粘，不可取；不若燔土，用讫再火令药熔，以手拂之，其印自落，殊不沾污。

　　昇死，其印为余群从所得，至今宝藏。

这篇文章出自北宋年间一部《梦溪笔谈》的作品，作者是沈括。

"梦溪"是作者住所的名称，作者用来作为自己写作的书名。"笔谈"指的是沈括平时和客人在梦溪园里交谈，经常将谈话内容记录下来，无人时，这种诉诸笔端的记载就成了作者在与笔砚交谈一般，故称作"笔谈"。

《梦溪笔谈》属于中国古代的笔记类作品。这种体例文字往往篇幅不长，内容却十分广泛，包括各种杂录、琐闻、传记、随笔甚至志怪、传奇，从天文地理到草木虫鱼，组成一笔规模巨大的文化遗产记录，其中不乏有价值者。《梦溪笔谈》一书中有不少北宋年间的科学技术成果记载，这在古代文人作品中并不常见，因此后世评价颇高。本篇所记述的，就是著名的"活字印刷术"。

板印书籍，唐人尚未盛为之。自冯瀛王始印五经，已后典籍皆为板本。

"板"同"版"。

"板印"的意思，就是雕版印刷技术。

"盛"：广泛、大规模的意思。

"冯瀛王"即冯道，历后唐至后周。冯道倡导大规模的官方印刷儒家典籍。

"五经"即《诗》《书》《礼》《易》《春秋》五部儒学经典。

"已后"：即"以后"，此处"已"与"以"通假。

"板本"：指雕版印刷的成品书籍。雕版出现之前，通行的做书办法是手抄。此处强调"皆为板本"，就是相对抄本而言。

用雕板印刷书籍，唐朝人还没有大规模地这么做。从五代时期冯瀛王开始用雕版印刷五经作品，以后的经典书籍就都是雕版制成了。

庆历中，有布衣毕昇，又为活板。其法：用胶泥刻字，薄如钱唇，每字为一印，火烧令坚。先设一铁板，其上以松脂、蜡和纸灰之类冒之。欲印，则以一铁范置铁板上，乃密布字印，满铁范为一板，持就火炀之；药稍熔，则以一平板按其面，则字平如砥。若止印三二本，未为简易；若印数十百千本，则极为神速。常作二铁板，一板印刷，一板已自布字，此印者才毕，则第二板已具，更互用之，瞬息可就。每一字皆有数印，如"之""也"等字，每字有二十余印，以备一板内有重复者。不用，则以纸帖之，每韵为一帖，木格贮之。有奇字素无备者，旋刻之，以草火烧，瞬息可成。不以木为之者，木理有疏密，沾水则高下不平，兼与药相粘，不可取；不若燔土，用讫再火令药镕，以手拂之，其印自落，殊不沾污。

"庆历"：北宋仁宗皇帝的年号。

"布衣"：指没有官职的平民。古代以服饰区别身份，丝锦类的高级衣料是官员的专属，普通百姓穿麻、布类衣物。

"毕昇"：北宋工匠，活字印刷术的首创者。

"活板"："活"字本意是灵活、可活动的，指雕版上的字模可以拆卸。相对于旧式的整块刻好固定字样的模板，用活动字模排成的新式雕版称作"活板"。

"胶泥"：指带有可塑性的黏土。

"钱唇"："钱"是铜钱，是古代货币；"唇"本意是嘴唇，此处指铜钱的边缘。

"铁范"：用铁制成的模具。"范"是古代的铸造工具。

"奇字"：特殊的、不常见的字。

"素"：平时。

"旋"：立即。

"木理"：木头的纹理，指木材呈现出的的花纹和线条。

宋朝庆历年间，有个叫毕昇的平民，又发明了活字板印刷。它的方法是：用黏土刻字，字模薄得像铜钱的边缘似的，每个字刻一个字模，用火烧使它坚硬。先准备一块铁板，在它的上面用松脂、蜡混合着纸灰这一类东西覆盖好。想要印刷，就把一个铁框子放在铁板上面，然后在铁框内密密地排上字模，排满了一铁框就成为一块印版，把它拿到火上烘烤；等到铁板上的混合物稍稍熔化了，就用一块平滑的木板按压在字模上面，这样一来（所有排在板上的）字模就像磨刀石那样平。如果只印两三本，不能算是多简便；如果印几十乃至成百上千本，那就是非常神奇的速度了。通常是做两块铁板，一块在印刷，另一块已另外在排字了，这块印刷才完，第二块板已经准备好了，两块相互交替使用，一瞬间的工夫就能完成。每一个字都有好几个印模，像"之""也"等字，每个字有二十多个印模，用来准备同一版内有重复的字。不用时，就用纸条给它们作标志，（按照字的韵部分类）每个韵部做一个标签，用木格子把它们贮存起来。遇到平时没有准备的生僻字，随即刻制，用草烧火烘烤，很快就能制成功。不用木料刻字的原因，是木纹有疏有密，沾水后就高低不平，并且和混合物粘在一起，不容易取出来。不像火烧过的胶泥字，印完后再用火烤使混合物熔化，拿手一抹，这些字模就会自己落下来，绝不会被弄脏。

昇死，其印为余群从所得，至今宝藏。

"群从"："群"是众多的意思，从指家族中的堂兄弟及子侄辈家人。

"宝藏"：当作宝物一样收藏。

毕昇死后，他的字模被我的堂兄弟和侄辈得到，到今天一直视为宝物珍藏着。

沈括在写下这条笔记时可能并没有意识到，他笔下的这一则"活板"，具有何等价值。后世把毕昇创造的活字印刷术，与造纸术、火药、指南针，一同并列为"中国古代四大发明"。

课外诵读篇目

［明］　文徵明　《山庄客至图》

《竹里馆》

竹 里 馆

[唐] 王　维

独坐幽篁里，弹琴复长啸。

深林人不知，明月来相照。

　　竹里馆是王维辋川别墅里的一处景观，因有竹林绕宅，故得名"竹里馆"。王维老年时隐居此地，幽静而安详。

　　诗里写到人物活动只有三组：独坐、弹琴、长啸，既没有刻意描画，字词也平实浅白；至于景物，也只是幽篁、深林、明月，无非是眼前即景。然而全诗的境界，就在这样的平平淡淡之中——月夜幽林空明澄净，此其间弹琴长啸的人又是多么安闲自得。即使独居深林，也并不孤独，因为那一轮皎洁的月亮还在时时照耀自己。

　　王维一生思想超脱，此等性情在他的诗中随处可见。王维家族显赫，虽然仕途并不顺利，生活却始终闲适，这也造就了他诗歌的基调。从四十岁以后，王维更是过起半官半隐的生活，到了晚年常独坐竹林，以弹琴来抒发寂寞。《竹里馆》里看似平淡的诗句，其实凝结着诗人一生的情怀。

《春夜洛城闻笛》

春夜洛城闻笛

〔唐〕李　白

谁家玉笛暗飞声，散入春风满洛城。

此夜曲中闻折柳，何人不起故园情。

李白客居洛阳的一个春夜，听到笛声，作此诗。

前两句是描写所闻笛声，后两句有所感。句中提到的"闻折柳"，是指著名的乐曲《折杨柳》。杨柳与别离意象关联，古人有折柳赠别的习俗，所以《折杨柳》一曲，充满别愁伤感。在春风拂面的夜晚，风吹来笛子演奏的悠悠乐声，听到悲伤的《折杨柳》曲，谁的心中不升起思念故园的情感来呢？

《逢入京使》

逢入京使

［唐］岑 参

故园东望路漫漫，双袖龙钟泪不干。

马上相逢无纸笔，凭君传语报平安。

岑参受邀前往唐军驻防西域的最高指挥中心，担任安西节度使幕府书记，这是他第一次远赴西域，正是豪情万丈之时。《逢入京使》一诗作于此行途中，"入京使"即从边关回京城长安的使者。诗人记叙与一位结束使命回京的入京使官员在马上相逢的经历，那一刻回望渐行渐远的京城，诗人情不自禁有离愁之感。

岑参性情豪放，诗歌也多以雄浑慷慨见长，但任凭多么坚毅的汉子，在去国怀乡时，也会流露出心底柔软的一面。

《晚春》

晚　春

[唐] 韩　愈

草树知春不久归，百般红紫斗芳菲。

杨花榆荚无才思，惟解漫天作雪飞。

　　韩愈文章好，诗却算不上有多优秀。

　　这是一首描写春天晚景的诗，很难说有哪些精彩之处；本诗第三句的音韵，不太符合七言绝句诗的平仄规律。所谓平仄，是中国古诗词里用字的声调，绝句诗对此有严格的限定，无论从哪个角度来看，"杨花榆荚无才思"这七个字，并不合辙押韵。今人虽然多不熟知古诗的写作规则，但读起来总归拗口，还是能感觉得到的。

《泊秦淮》

泊 秦 淮

〔唐〕杜　牧

烟笼寒水月笼沙，夜泊秦淮近酒家。

商女不知亡国恨，隔江犹唱后庭花。

"秦淮"即秦淮河。秦淮河流经南京城区，沿岸区域自六朝以来一向是繁华游乐之地（六朝指从三国时起在南京定都的六个王朝：三国时的东吴、两晋时的东晋以及南北朝时的宋、齐、梁、陈）。

杜牧某夜泊船于此，眼见秦淮两岸仍是灯红酒绿享乐不断，触景生情，写下了这首《泊秦淮》。诗中后两句写南朝陈朝亡国旧事：陈后主荒淫误国，自作《玉树后庭花》曲，沉迷声色享乐，最终被隋所灭。《玉树后庭花》也被后世称作"亡国之音"。"商女"是指以卖唱为生的歌女，她们的可怜之处只是无知，无非按照顾客指定的乐曲演唱谋生罢了；真正没有羞耻感的，是那些痴迷"后庭花"的秦淮贵客们吧！晚唐乱世，权贵不思历史教训，用这样的亡国之音继续寻欢作乐，既可悲，又可鄙。"隔江"一词，仍写当年隋军隔长江虎视江南，陈朝危在旦夕却依旧醉生梦死的史事，"犹唱"二字，诗人借古指今，意味深长。

《贾生》

贾　生

〔唐〕李商隐

宣室求贤访逐臣，贾生才调更无伦。

可怜夜半虚前席，不问苍生问鬼神。

"贾生"指西汉名士贾谊。"生"是先生之意。李商隐的《贾生》诗，借咏怀古人，来揭批唐王朝的昏庸；述说的是汉代人与事，讽刺的则是当下。据史书记载，贾谊年轻时即在汉文帝身边为官，有许多卓越见解，因为得罪权臣而被排挤出朝廷。几年后汉文帝重新召回贾谊，虚心向他请教。

李商隐诗中提到的"宣室"，是汉文帝接见朝臣的正殿，皇帝在此与贾谊对谈，以示器重。"逐臣"即指贾谊曾被放逐。"无伦"是无与伦比之意，比喻贾谊才华之高。"夜半前席"是史籍里的原文，"夜半"是指皇帝与贾谊一直谈到半夜时分，"前席"是皇帝听讲十分入神，不知不觉身体向前移，以便更趋近谈话者。这些描写都显示皇帝对贾谊的推崇。但是，李商隐诗末句写道："不问苍生问鬼神"，说的是汉文帝向贾谊请教的，无非是诸如祭祀、鬼神起源等，而不是关乎民生社稷的现实话题，这其实并非贾谊志向所在。李商隐借题发挥，目的也正是表达自己的怀才不遇。

《过松源晨炊漆公店》（其五）

过松源晨炊漆公店（其五）

［宋］杨万里

莫言下岭便无难，赚得行人错喜欢。

政入万山围子里，一山放出一山拦。

这首诗虽然是写出行下山的行迹，但更强调实地的体会和感受。诗的大意是说：不要说什么开始下山了，路就好走了，那样会骗得人们空欢喜一场呢。这山路真正走起来，才知道一直绕在万山环抱里，才过了一山，就又跳出一岭拦住了去路。

"过松源晨炊漆公店"这个题目下有六首诗，这是第五首，与其他五首一起读，更能读出一路山行的味道和意境来。

《约客》

约 客

［宋］赵师秀

黄梅时节家家雨，青草池塘处处蛙。

有约不来过夜半，闲敲棋子落灯花。

题目"约客"的意思是与客人相约会面，全诗写的则是等待客人时的所见、所闻、所为。见到的是黄梅天气的绵雨，听到的是池塘四处蛙声，所做的则是独自一人无聊地敲打棋子，竟然震落了油灯芯里结出的灯花。

诗句主要是写等待，有期盼，有失望，江南的梅雨天衬托着诗人心里的一丝落寞。诗的格局并不大，有些小趣味。

爱上古诗文——初中必读古诗文赏析

八年级·上册

［宋］佚名 《赤壁图》

古诗词篇目

［明］陈继儒 《云山幽趣图》

《野望》

野 望

〔唐〕王 绩

东皋薄暮望，徙倚欲何依。
树树皆秋色，山山唯落晖。
牧人驱犊返，猎马带禽归。
相顾无相识，长歌怀采薇。

"野"，指村庄之外的郊野之地。"野望"，就是在郊外望到的景色。

关于本诗作者王绩，历史记载不多，只知道他经历由隋入唐，算是唐朝初期的诗人，绛州龙门（今山西河津）人。

东皋薄暮望，徙倚欲何依。

"皋"字本意是水边地，"东皋"是地名，今属山西万荣，作者弃官后隐居于此。

"薄"是临近、迫近之意；"薄暮"指的就是傍晚，太阳落山时分。

"徙"是移动，"倚"是跟随；"徙倚"有徘徊、流连不去之意。

"依"，即依靠。

这句诗表达了黄昏远望，内心彷徨之意：

临近傍晚的时光，站在东皋远望，脚步徘徊不知向何方归去。

树树皆秋色，山山唯落晖。

"树树"，指一片片的树林。

"山山"，指远处起伏的山峦。

"落晖"即落日余晖。

一片片的树林都染上了秋天的色彩，远方群山洒满落日的余晖。

这句写景，由近及远。作为初具模样的律诗，这一联使用了对仗，但是与后代标准律诗相比，在韵律和字音上，算不上合格。下一句也是这样，对仗的形式感有了，但远不够工整，读来也并不流畅。

牧人驱犊返，猎马带禽归。

"牧人"即放牧的人，多指牧牛人。"犊"就是小牛。"返"是回来。

"猎马"指的是去打猎的马匹。"禽"即鸟，在此指猎物。

这句依旧是写郊外所见景物：

放牛人驱赶着小牛回家去，猎人骑在马上，带着猎物归来。

相顾无相识，长歌怀采薇。

"顾"是看，"相顾"就是面对面互相看。

"相识"，指认识的人。

"长歌"，用悠长的声音唱歌，意即放声歌唱。

"怀"是心里存着想法。

"薇"是一种野菜，"采薇"的字面意思是采摘薇菜。而实际上"采薇"是有历史典故的：周灭商后，有兄弟二人名叫伯夷、叔齐的，他们不愿做周的臣子，发誓不吃周朝的食物，决定只靠"采薇"也就是挖野菜充饥，最后果然饿死了。所以"采薇"一词象征着隐居生活。诗人在这里借"采薇"典故，表明自己对隐居生活的向往。

与路人相对打量，大家彼此并不相识，我长啸高歌，心中怀想着心志高洁的古人，多想如他们一样采薇而居。

说到诗意，倒是这无须对仗的末句，有了诗的韵味，典故也用得精练，许多话语能隐隐的在不言中。这首诗的优点在于朴素，已经在努力脱去此前流行在诗坛的浮华习气。

写此诗时，作者已经弃官回到家乡。既已隐居，过起了"采薇"式的理想生活，本该满足才对；然而还在诗里写彷徨无依，长歌之余又心有不甘的纠结，看来完全的超然洒脱绝非易事。

《黄鹤楼》

黄 鹤 楼

［唐］崔 颢

昔人已乘黄鹤去，此地空余黄鹤楼。

黄鹤一去不复返，白云千载空悠悠。

晴川历历汉阳树，芳草萋萋鹦鹉洲。

日暮乡关何处是？烟波江上使人愁。

在古代，黄鹤楼是这样一个去处：它激发了无数诗人的灵感，几乎每位一流的诗人，在作品里都提到过它；它成就了诗歌，也因为诗歌而成为天下名楼。

今天的黄鹤楼，在湖北省武汉市，是据历史遗迹重建而成。黄鹤楼始建于三国时期，最初作为军事堡垒之用，是一个瞭望制高点。后来因为位置优越，处在四通八达的交通要道上，来往的游人客商都喜欢在这里聚会，观山望江，逐渐成为名胜；又因为有仙人得道、骑着黄鹤飞天而去的神话传说，显得更加神秘、热闹。

到了唐朝，黄鹤楼更成为诗人们迎送宾客、把酒言欢的文坛胜地。在众多与黄鹤楼有关的诗歌中，诗人崔颢这首《黄鹤楼》诗名简练，文字隽永。

昔人已乘黄鹤去，此地空余黄鹤楼。

"昔"是过去，"昔人乘鹤而去"是唐代流传的故事，有两个版本：一是南北朝的奇谈怪录里记载的，更早的时候（可能是汉代）有位叫子安的得道之人死而复生，乘黄鹤飞上天，曾经在此处停留，所以黄鹤楼因此得名；另一个版本是三国时候一个蜀国人费祎，坐着黄鹤在此腾空而去。无论是哪一个说法，都与神仙沾边儿。而此时，登楼的诗人遇不到仙人与黄鹤了，只能面对空楼，平白生出感慨。

黄鹤一去不复返，白云千载空悠悠。

写黄鹤一去不返的想象，和眼前白云千载的所见，一面感叹空间的遥不可追，一面是对时间亘古流逝的惆怅。没有生僻难懂的字词，情绪衔接上一联，读来好像被诗人牵引，同处黄鹤楼上，身体如临其境，心情感同身受。

晴川历历汉阳树，芳草萋萋鹦鹉洲。

"川"：本意是水流，引申成水流经过的平地。既然能看到悠悠白云，当日自然应是晴天，所以登楼下望，映入眼帘的是阳光照耀下的原野。

"历历"：逐一数清楚。常用语有"历历在目"，此处历历可数的，是汉阳旷野里的树木。"汉阳"是地名，与黄鹤楼隔长江相对。

"萋萋"：草木茂盛的样子，与白居易写"萋萋满别情"是一样的用法；"鹦鹉洲"是长江中一块类似小岛的地方，在黄鹤楼上同样可以望到。

这句写诗人目之所见，景色明亮，但是诗歌的情绪是否也随之舒朗起来呢？

日暮乡关何处是？烟波江上使人愁。

"暮"：太阳落山。日落时分，美好将逝，是一个容易令人依依不舍的时刻，进而唤起更多的怀念或是思念之情，果然此刻亦正引发诗人思念故乡的哀愁。

"乡关"即指故乡。把故乡称作"乡关"，多是因为乡关一词更加文雅、适于入诗。

宽广江面上聚起雾气，称之"烟波"，黄昏里的水雾使得景色朦胧起来，乡愁在烟波里，越发浓得化不开一般了……

无论是时间还是空间，到最后汇成浓浓的乡关离愁，千年不曾散去，就淡如烟波般，萦绕在每一个读过这首诗的人们的心底。这可能是写黄鹤楼的所有诗歌里最出色的一首。

关于作者，历史记载虽不多，但凭借这一首《黄鹤楼》，崔颢足以名传千古。据说在崔颢之后，李白来到黄鹤楼，读罢崔颢的诗，想了想，放弃了自作一首的念头，他感慨说："眼前有景道不得，崔颢题诗在上头。"能让诗仙由衷赞赏并且自愧不如的，又有几个人呢！

附录：《登金陵凤凰台》

登金陵凤凰台

［唐］李　白

凤凰台上凤凰游，凤去台空江自流。

吴宫花草埋幽径，晋代衣冠成古丘。

三山半落青天外，二水中分白鹭洲。

总为浮云能蔽日，长安不见使人愁。

　　李白虽然盛赞崔颢的《黄鹤楼》诗，但心里显然并不服气，虽然没有题诗黄鹤楼，但李白在离开黄鹤楼不久，写成这首《登金陵凤凰台》，向崔颢表达了诗人之间最深的敬意。试一试在字句间，能不能读出这种致敬？

　　金陵台虽然在南京，但李白暗自与崔颢比个高下的心思，可能就一直没有走出黄鹤楼。这个诗仙也好可爱啊！

《使至塞上》

使至塞上

［唐］王　维

单车欲问边，属国过居延。

征蓬出汉塞，归雁入胡天。

大漠孤烟直，长河落日圆。

萧关逢候骑，都护在燕然。

这是一首边塞诗。边塞诗是指古诗中以边塞题材为主题的诗歌，在唐诗里十分常见。

边塞，是指边疆塞外，是国家的边境地区。唐代一系列开疆拓土的胜利，造就疆域之广，胜过此前历史上的任何一个朝代。诗人们被大唐辽阔的边疆所吸引，他们憧憬报国，渴望功业，他们的笔，写就了边塞诗的精彩风景。雄关，疆场，将士，战马，黄沙，大漠，这些反复出现的字句和画面，活生生勾勒出唐朝人勃勃的雄心。边塞诗，是大唐豪情的见证。

王维是唐代的一流诗人。他名叫"维"，字是"摩诘"。字，是古人除了正式名之外的另一个名字，一般是用来标示自己的道德品行。我们今天合称的"名字"，在古代其实分别是名和字两个称谓。王维的名和字很有意思，维摩诘是佛教传说中一位非常有道德和智慧的高僧，信仰佛教的王维父母把"维摩诘"三个字拆开，分别给王维用作名和字。王维一出生，就似乎与佛教结下了不解之缘，长大后的王维深受佛教思想影响，他的诗歌里很多地方充满了佛家趣味，乃至人们称他为"诗佛"。不过,大唐的"诗佛",面对扑面而来的塞上气象,同样会血脉偾张,于是就有了这首《使至塞上》。

诗题作"使至塞上",意即"出使到达塞上"。这是王维作为皇帝特使出巡边疆时所作。据记载,此行的目的地是凉州,就是今天的甘肃省武威市,凉州是唐代西北边境重镇。"塞上"就是指边塞地区,写成"塞上",显得更有韵味,也有诗人用"塞下"代指边塞,效果也是如此。

单车欲问边,属国过居延。

"单"是独、唯一的意思。"单车",从字面意思看,就是一辆车,此处是用来描述出使队伍轻车简从。

"问"可以解作慰问。

"属国"是典属国的简称,汉代称负责少数民族事务的官员为典属国,诗人这里用这个官名来代指使臣。诗中此处的属国,应该即是指王维自己。

"居延"是古地名,是历史上有名的偏远之地,此处"居延"即代指边塞地区。诗人借用"居延"二字,用以表现出使路途的遥远。

出使的队伍轻车简从,已经到达极远的边塞之地。

征蓬出汉塞,归雁入胡天。

"征"是远行,"蓬"是被风吹起的草。诗人用草自比,"征蓬"指的就是诗人这一队远行之人。

"汉塞"是汉朝时的边塞。到了唐朝,新的领土不断被征服,边境大大推进到更远的地方,早已超越汉代的边疆。

大雁是候鸟,天气回暖就会回到北方故土,所以"归雁"即指向北飞的大雁。

"胡"是胡人,指外族,"胡天"意为胡人的领空,代指外族控制的领土,现在被唐军所征服。

出使的一行人,像飞蓬般飘到了千里之遥的汉塞旧地;北归的大雁,正飞翔在万里云天。

这两句诗,在壮阔的氛围里平添飘零之感,征蓬的比喻给出使增添一丝惆怅意味。这是由于王维是遭到朝廷的排挤,才被皇帝派去凉州,诗人内心自有郁气。

　　大漠孤烟直，长河落日圆。

　　这一联是千古名句。

　　"大漠"二字，尽显西北景象，如果亲见过沙漠的浩渺和荒凉，就不难想象在黄沙连天的世界里，一道烽烟冲天而去，会是多么震撼的情形。

　　"长河"在唐代应该是西北的一条大河，千年沧海桑田的历史演化和气候变迁，使我们已无法目睹这条河的壮阔，但随着诗句，可以遥想落日映照下的天地苍茫。

　　这十个字带来的美学意境，有人称之为"千古壮观"，尤其是"直"和"圆"这两个字的横空出世，无可替代。中国古代诗歌的意境之美在这一刻定格，纳入永恒。

　　萧关逢候骑，都护在燕然。

　　"萧关"是古代关隘的名字，在这里的用法与前面的"居延"相同，代指王维一行抵达的塞外关口。

　　"逢"是遇到。

　　"候骑"是骑马负责侦察、巡逻的兵士。

　　"都护"是官职，这里是指军队的统帅。

　　"燕然"是山的名字，燕然山汉代时在匈奴境内，汉军在这里大破匈奴军，并在燕然山石上刻碑，记载胜利的辉煌。

　　到达边关时遇到侦察骑兵，被告知统帅尚在燕然前线破敌未回。

　　这样看来，这一小股队伍，会背负着使命，继续前行了。

　　全诗的笔墨重点，在诗人最擅长的写景。边疆沙漠，浩瀚无边，烽火燃起的那一股浓烟虽单调，但苍劲；而落日则融合了感伤、温暖和苍茫。诗人把自己的孤寂情绪也融在自然景物中，无论是征蓬之喻，还是归雁自比，都意韵悠长。

　　在这首《使至塞上》里，王维不再写流连山水间的低唱，而是直面边塞大风，纵情高歌。大唐的诗人们啊，清新淡远如王维者，也能既不改书生本色，又彪悍得如一个个将军般气壮山河。

附录：《观猎》

　　王维还有一首五言律诗《观猎》，同样属于边塞诗风，从中我们也可以读出，王维心中有对前辈英雄的敬仰，有对风雪疆场的向往，有弯弓射雕的渴望。

> 风劲角弓鸣，将军猎渭城。
> 草枯鹰眼疾，雪尽马蹄轻。
> 忽过新丰市，还归细柳营。
> 回看射雕处，千里暮云平。

《渡荆门送别》

渡荆门送别

〔唐〕李 白

渡远荆门外，来从楚国游。
山随平野尽，江入大荒流。
月下飞天镜，云生结海楼。
仍怜故乡水，万里送行舟。

这是一首与故乡话别的诗。

题目中有"送别"二字，送别的对象是谁呢？是荆门以西的蜀地，那里是李白的故乡。

"荆门"指荆门山，在今湖北宜都西北长江南岸，是古代出蜀的要塞之地，被称作"川鄂咽喉"。荆门山是长江水出三峡流入长江中游的大门。李白乘船游历蜀中各地后一路向东，出荆门山，就要正式告别家乡了，于是留下这首诗，与故乡道别。

渡远荆门外，来从楚国游。

"渡"是从水上经过。"远"是远处、远方。相对于蜀中，荆门已是很远的边地。

"外"是相对于蜀中各地而言，荆门以东，已出蜀地，就是外面的世界了。

"从楚国游"即"从游楚国"，从游是随着一起出游，楚国指荆门山以东的湖北地界，是古代楚国的疆域。

渡江远行，到达荆门之外，开始随着长江水，东游楚地。

山随平野尽，江入大荒流。

"平野"指平坦广阔的原野。荆门山以东，长江进入中游水域，属江汉平原，地势平阔。

"大荒"一词出自中国古代的经典著作《山海经》，是极遥远的未知之地。此处诗人用"大荒"指辽远无际的原野。

两岸夹江的峭壁山峰渐渐落在身后，眼前的天地间被广阔的原野占据，山随之不见；长江水滚滚而去，流向无尽的原野。

这一句诗气势极磅礴，来自诗人切身的行船体验，在山峦叠嶂的三峡地带穿行多日后，面前忽然呈现壮阔之景，心头的开朗和振奋可想而知。如果说"山随平野尽"还算常规的好诗句，那么"江入大荒流"就简直是神来之笔：长江东流，从荆门望去，就仿佛奔腾着去了无边无际的原野，那一瞬间，天地寥廓，诗人心中，有万丈豪情升起。

月下飞天镜，云生结海楼。

"下"是落下，此处指月亮在江面上映出倒影。

"天镜"天上的镜子，比喻月亮。

"生"是生成。

"结"有搭建的意思。

"海楼"指海市蜃楼。汉代的《史记》里，有"海旁蜃气象楼台"的记载，在宽阔水域的上空中，隐约会看到有城市楼台出现，古人猜测认为，海里有一种蛟龙，名叫"蜃"，它呼出的气叫作"蜃气"，蜃气中可以出现楼台、城市的景象。所以古人称这种奇异现象为"海市蜃楼"。今天我们已经了解，这是一种大气光学现象，光线经过不同密度的空气层，会发生折射，就把远处的景物显示在空中。

月亮的倒影就像天上飞来的一面明镜，落在江面上；彩云生处，在江上的空中搭建出海市蜃楼的奇幻情境。

比起蜀地沿途，荆门以外的江岸风光更多姿多彩，激发出年轻诗人更多灵感，把一幕幕新鲜所见化成了诗。

仍怜故乡水，万里送行舟。

"仍"是仍旧、依然。

"怜"是怜爱，感情更深的喜爱。

还是更怜爱来自故乡的江水，不远万里随船送我远行。

故乡虽然远去，但脚下的江水，还是故乡的那一程吧。江水送别诗人，诗人又何尝不是恋恋难舍呢……

虽然有那么多新鲜美景相伴，但挥之不去的还是浓浓的思乡之情。

这一年，李白二十四岁，开始了"仗剑去国，辞亲远游"的经历，终其一生，李白再没有重回蜀地故土。

好在李白并不伤感，外面的世界带给他太多的新奇，令他一生都充满向往。世界送给诗人无数的理想，诗人向世界回报以诗，诗歌的天空，由此璀璨，光耀千古。

《钱塘湖春行》

钱塘湖春行

［唐］白居易

孤山寺北贾亭西，水面初平云脚低。

几处早莺争暖树，谁家新燕啄春泥。

乱花渐欲迷人眼，浅草才能没马蹄。

最爱湖东行不足，绿杨阴里白沙堤。

这是一首歌咏西湖春景的名作。

钱塘湖，即杭州西湖。钱塘是杭州的古称。

某个春日，诗人白居易行走在钱塘湖畔，心情大好，作《钱塘湖春行》。

孤山寺北贾亭西，水面初平云脚低。

西湖外有山，名叫"孤山"，峰峦叠翠。山上有古寺，名"孤山寺"，登寺可俯瞰西湖景色，美不胜收。

"贾亭"是白居易到任以前的杭州刺史贾全所建，也称"贾公亭"。贾亭今已不存。

"水面初平"是描述春天湖水刚刚上涨，湖面与岸渐渐齐平。

"云脚"，云朵的脚。云无脚，此处是形容浮云低垂，接近湖面。

从孤山寺的北面，来到贾亭以西，驻足远望，一湖春水涨起，几乎与湖岸持平，白云低垂，春光无限。

几处早莺争暖树，谁家新燕啄春泥。

"早莺"，指刚刚早春时分，就已经飞来飞去的黄莺鸟。

"暖树"，枝干向阳的树木。

"新燕"是刚从南方归来的燕子。

"春泥"，春时，燕子衔泥筑巢。

几只黄莺，争着飞到向阳的树枝上；谁家归来的燕子，正衔来春泥筑起新巢？

乱花渐欲迷人眼，浅草才能没马蹄。

"乱花"指缤纷繁多的花。

"迷人眼"是令人眼花缭乱的意思。

"浅草"低低的青草。

"才"是刚刚，"能"是能够。

"没"，遮住、高过的意思。

繁花盛开，渐渐的，就像故意要把人弄得眼花缭乱；绿草青青，刚刚长到能高过马蹄。

最爱湖东行不足，绿杨阴里白沙堤。

"最"是"极其、尤其"的意思。

"足"是满足，"行不足"是走不够的意思。

"阴"即树荫。

"白沙堤"是西湖东边一条长堤的名字，唐朝以前已经存在。白居易主政杭州期间也兴建了新堤来治理西湖，后人多以为即是这一条，实则不然。白居易主持修建的堤岸，位置在今钱塘门遗址外。

尤其喜爱湖东景致，百行不厌之处，是那绿杨成荫下的白沙堤。

全诗处处春意盎然，随时读来，春光都如在眼前。西湖美景，透过诗句，代代流传。

《饮酒》（其五）

饮　酒（其五）

［晋］陶渊明

结庐在人境，而无车马喧。

问君何能尔？心远地自偏。

采菊东篱下，悠然见南山。

山气日夕佳，飞鸟相与还。

此中有真意，欲辨已忘言。

　　陶渊明是东晋时期最杰出的诗人，也是中国古代最伟大的诗人之一。他经历了历史上的一段乱世。在历史的经验里，生逢乱世，有人悲愤，不愿同流合污，甚至以死明志；有人彷徨，一生痛苦挣扎；更多的人，会沉沦。陶渊明的选择是逃离，远离囚笼一般的血腥政局，投身到农居田园的世界，让自己与自然融为一体，纯洁而独立。

　　即使穷困窘迫，也要心灵宁静，拥有尊严。陶渊明把这样的追求，既通过诗歌，又身体力行，做到了极致。从此，田野和天地间多了一位悠扬隐者的纯朴身影，历史上诞生一位伟大的田园诗的开创者。陶渊明的选择，也为后来的人们树立了固穷守节的榜样。

　　本篇是陶渊明所作一组《饮酒》诗中的第五首，也是陶诗流传最深远的一首代表作。

结庐在人境，而无车马喧。

"结"字本意是系绳子，引申为建造、构筑。"庐"是简陋的房屋，所以"结庐"的字面意思即建房子。此处诗中有"居住"之意。

"人"指人间，"境"是地方、所在。"人境"的意思就是人世间，泛指有人的地方。

"车马喧"，车马出入，意味着人际往来。特别是富贵人物，轩车高马，身份显赫，常人眼里，怕是求之不得。

"喧"是喧闹、喧哗的意思。

居住在凡俗的人世间，却没有车马的喧哗吵闹声，没有世俗的交往来打扰。

问君何能尔？心远地自偏。

"尔"是如此、这样的意思。此处代指上句"居凡间却无喧闹"的境界。

"心远"，指心志远大、崇高。

"偏"，指非中心地带，即远离吵闹的僻静之所。

问我如何能够做到这样，心志高远，就能远离尘嚣，处所自然僻静。

只要内心能远离世俗的束缚，那么喧闹又能奈我何？

"心远"，正是这首《饮酒》的"诗眼"，懂得了心远，就能进到陶渊明的诗歌境界里。

采菊东篱下，悠然见南山。

"采"是采摘。

"东篱"，东边的篱笆围栏。

"悠然"是安闲、舒适的样子。

"南山"，也许是指位于南面的山，也许即泛指山峰。也有说南山是指庐山，因为陶渊明隐居之处，就在庐山脚下的九江附近。

在东头的篱笆下采摘菊花，悠然之间放眼望去，可见南山景色。

悠然，既是写人的悠然，也是写悠然的山，人山相对，物我两忘。采菊更具有象征意义，陶渊明爱菊，菊花也因为陶渊明，而被赋予了超凡脱俗的隐逸气质。

山气日夕佳，飞鸟相与还。

"山气"指山间的云气。

"日夕"是太阳西下的傍晚时分。

"相与"是在一起的意思。

到了傍晚时分，山间的云气依旧美好，飞鸟一起结伴回归山林。

山间的清幽，正是值得归去的所在啊！

此中有真意，欲辨已忘言。

"辨"是解释、说明。

"忘言"，想不出用什么语言来表达。

此时此地，此情此景，如诗般的田园山色，其中都蕴含着人生真正的意义，想要说一说，却想不出什么样的话语才能讲得明白。还是只能意会，不可言传吧。

真意到底是什么呢？是自然生活的清新，是纯洁内心的恬淡，是远离世俗的解脱，是捧起一把菊花凝视时的无比快乐。

在陶渊明的诗里，几乎看不到任何堆砌的辞藻，更没有卖弄文采的无病呻吟，这都与当时流行的华丽诗风大不相同。因此很长一段历史时间里，人们并不太关注陶诗的成就。陶渊明的豁达并不是故作清高，他是真的对这些不屑一顾。

题为"饮酒"，但这一首诗里，却没有写到酒。其实，诗如美酒，历久弥醇。

世人总在忙忙碌碌，无法像陶渊明那样采菊东篱，也看不到悠然南山日暮飞鸟；但读读陶诗，能让我们安静下来，虽然身外熙熙攘攘车马喧闹，却可以在心里神往一个诗的世界。如此，心地就会宽广许多吧！这种神往，正是千年以来人们喜爱陶诗的理由，跨越时代，不分年龄。

《春望》

春 望

[唐]杜 甫

国破山河在，城春草木深。

感时花溅泪，恨别鸟惊心。

烽火连三月，家书抵万金。

白头搔更短，浑欲不胜簪。

题为"春望"，"春"自然是春天；"望"既是目之所见，写的是望到、看到的景象，更是心之所盼，是发自心底的忧国哀思。

这首诗写于公元 757 年，这已是"安史之乱"爆发的第三年。公元 756 年，叛军攻入都城长安，大肆抢掠后纵火焚城，当时世界上最伟大的城市变成废墟。杜甫在流亡途中被叛军捉住，扣留在长安，此时已半年之久。好在杜甫官职低，叛军对他兴趣不大，所以并不囚禁。同时被俘的王维在当时名气太大，一直遭到拘押和逼迫。

杜甫置身长安的满目疮痍里，暮春时节，触景生情，吟诵出《春望》这首伟大悲歌。

国破山河在，城春草木深。

"国破"既指国家衰败危亡，也指国都被攻破，长安沦陷，一片残破。

"山河"字面意思是山脉与河流，既是自然地形，也用来比喻国家的领土，亦可代指江山社稷。

长安城背靠秦岭山脉，城中有渭水等大小河流，山河形胜，却要默默见证战火带来的人间惨状。

"深"是描述草木茂盛，然而此时草木疯长是由于人烟稀少，城市荒芜，不复有满城春色，景象凄凉。

国都沦陷，山河犹在，长安已进春日，草木依旧繁盛，却只是荒草丛生，往日春景不再。

这句写春日放眼望去的所见景象。"破"字令人触目惊心，"深"字又带来满目凄然。"国破"和"城春"本来是两个截然相反的情感意象，在诗句里形成了强烈的反差。"城春"本当是春日烟景明丽，可此时只有颓垣残壁，草木越是繁茂，越衬托出长安城的凄凉惨状。读后扑面而来的，是睹物伤感之情。

感时花溅泪，恨别鸟惊心。

"感"是感慨、感伤，"时"指时局。

"溅泪"是比喻泪水夺眶而出的样子。

"恨别"是痛恨离别的意思。

"鸟惊心"是说鸟的鸣叫声令人心中惊惧。

感伤时局的败状，鲜花绽开却叫人泪水夺眶而出；离别家人内心满含悲恨，鸟鸣声也会令人心惊。

这句是写春天的花鸟带给诗人的异样感受。春天的花儿是迷人的，鸟儿的歌声也本应给人带来愉悦。然而景象越美好，痛苦时越会给人以伤感。这一句中，诗人把借景生情做到了极致，极度的美好孕育极度的沉痛。

烽火连三月，家书抵万金。

"烽火"本意是古时遇到战事用来报警的烟火，此处指叛乱的战火。

"三月"此处应当不是具体的三月或是三个月的意思，"三"在古代常作为一种虚指，比喻很多，所以三月即是数月之久的含义。

"家书"就是家信，"抵"是值得上、相当的意思。

战火一连数月不曾停止，能收到家人的来信，珍贵得可以抵得上万两黄金。

从这一句开始，诗句由寄情于景转入直面残酷的现实。这样的战乱不知道还要持续多久，诗人流落被俘，好久没有妻子儿女的消息，生死未卜之时，要能得到一封家人来信，该有多好啊。离乱之时，普通百姓最大的心愿，无论何时，莫过于此吧。

白头搔更短，浑欲不胜簪。

"白头"指的是白头发。

"搔"是用手指轻轻抓。

"浑"，简直。

"欲"，将要。

"不胜"是不能、不堪的意思。

"簪"，簪子，一种约束和整理头发的首饰。中国古时（清代除外）男子装束的规范是：从成年开始，把头发束扎在头顶，并用簪子别起来，以免头发散开。

愁绪增添了白发，抓头时候发现头发更少，简直快要用发簪都别不住了。

这一年杜甫四十五岁，忧愤已使得他白发苍苍。

命运给人类带来苦难之时，却使得诗歌世界焕发出更深邃的光芒，在杜甫沉郁的灵魂里，此后奔涌出无数伟大的作品。诗人用个人的不幸，成就唐代诗歌一个无法超越的高峰。

《雁门太守行》

雁门太守行

［唐］李 贺

黑云压城城欲摧，甲光向日金鳞开。

角声满天秋色里，塞上燕脂凝夜紫。

半卷红旗临易水，霜重鼓寒声不起。

报君黄金台上意，提携玉龙为君死。

　　"雁门太守行"这个题目曾在汉代乐府诗中出现过，所以有解释说，此为"乐府旧题"。在乐府古诗里，雁门一词，指的是位于今天山西省代县的雁门关，秦汉时期雁门即为抗击匈奴的前线。"雁门太守"是官职名。"行"则是歌行，乐府诗的体裁形式之一。在乐府诗中，《雁门太守行》有被用于记载战争，也有写来纪念人物，后来形成乐府曲调而长期流传。后世诗人继续选用这个标题，抒写新的诗句。

　　到了唐代，雁门同样是与强敌突厥的征战之地，是保卫华夏的重要关口。本诗所描述的，虽不是对异族作战，而是朝廷对叛军的讨伐，但作者仍沿用了"雁门太守行"的现成旧有标题，来描写悲壮的战争场景。

　　诗作者李贺，是唐朝中期的优秀诗人，自幼才华横溢，可惜只活到二十六岁。在他短短的一生里，留下一大批奇思妙想的诗作，后世称李贺为"诗鬼"，意思是写诗的鬼才，只有鬼神才能想得出那般诗句，正如本诗所呈现的，如此奇幻、瑰丽。

黑云压城城欲摧，甲光向日金鳞开。

"黑云"是形容战场上的硝烟。

"摧"是摧毁。

"甲光"是指军人的铠甲发出的光泽。

"金鳞"，金色的鱼鳞。

"开"指发出光亮。

战场的烟云黑压压一片压在城上，像要把城墙压塌；战士的盔甲映着日光，金鳞般闪亮。

这两句写战场气氛紧张，将士全副披挂，战事一触即发。黑云和甲光写景，衬托着将士正披坚执锐、严阵以待的肃杀气氛。不过有人对此场景表示怀疑，宋代的王安石就曾经批评说：黑云压城的时候怎么还能有太阳下闪闪发亮的甲光呢？王安石之后的明朝人又有指责王安石的，说："宋老头巾不知诗"。意思是，宋朝这个老头根本不懂得什么是诗。其实，黑云和日光，都是诗人用来烘托意境的手法，艺术的真实也不等于生活的真实。

角声满天秋色里，塞上燕脂凝夜紫。

"角"是军中吹奏时所用的号角，多用兽角制成。

"燕脂"即胭脂，胭脂是用来涂脸的化妆品，诗中此处是指胭脂的颜色。胭脂本来是深红色，用来形容血色。

"凝"是凝结，"夜"指入夜时分。血色凝结，夜色下呈现出紫色，所以说"凝夜紫"，描写将士血染疆场的悲壮色彩。

军中号角的声响传遍秋色下整个天际，将士的血迹在寒夜中凝为紫色。

这两句描绘的是战场之残酷，在人听觉和视觉上的感受。这里没有冲杀的场景，但呜咽的号角声和大战后殷红的血迹，诉说着这里曾经有过怎样的惨烈。夜色黯然，战地悲壮。

半卷红旗临易水，霜重鼓寒声不起。

"半卷红旗"，写旗帜并没有威风凛凛地招展开，"半卷"更能体现出一种凝重的气氛。

"临"是临近、接近。

"易水"是河流名字，发源于河北省易县。易水并不在雁门，此处是借用与易水有关的历史典故战国往事：荆轲受托出发行刺秦王，燕太子率众人送至易水边，荆轲慷慨而歌："风萧萧兮易水寒，壮士一去兮不复还。"所以，诗人以易水来代指充满悲壮色彩的战场，洋溢着一去不还的壮怀激烈。

"霜重"，指夜间霜气骤降，气温变得寒冷。

"鼓声"是进军时的命令，"鼓寒声不起"是说霜重而战鼓变得湿寒，声音不够响亮。

这两句写战场条件的艰苦与将士的无畏气概。

寒风半卷起红旗，视死如归的战士们已经临近易水岸边；天寒霜气凝重，夜寒霜重，连战鼓也擂不响。

报君黄金台上意，提携玉龙为君死。

"报"是报答、报效。

"君"泛指帝王。

"黄金台"是另一个历史典故：相传战国时的燕昭王在都城筑造高台，台上放着千金，来奖励前来投奔的人才。此处诗中以"黄金台"代指君王重用臣下的知遇之恩。

"意"指心意、诚意。

"提携"分别是两个动词，手提和携带之意。

"玉龙"是古代名剑的名字，传说晋代有个叫雷焕的人，曾得到一个玉匣，匣内藏有两柄宝剑，后来剑入水，化为龙。此处诗人以"玉龙"泛指刀剑。

这两句写将士们报效君恩、为国赴死的决心。

为报答帝王的重用恩情，手持利剑甘愿为国为君血战到死！

李贺写作，绝少白描，总是挑战人所能达到的想象，给诗涂上各种浓烈而神奇的色彩；这种色彩让每个字句因此荡气回肠。

《赤壁》

赤　壁

[唐] 杜　牧

折戟沉沙铁未销，自将磨洗认前朝。
东风不与周郎便，铜雀春深锁二乔。

　　这首《赤壁》，可以归入古代诗歌中的"咏史诗"这一类别里。以历史题材入诗，或褒贬历史人物，或借史事抒发情感，都可以算作"咏史"，即歌咏历史。《赤壁》一诗，就是杜牧途经赤壁古战场，遥想三国时那一场惊天动地的大战，有感于历史上的英雄成败而写下的。

　　赤壁是地名，在今湖北省。赤壁之战发生在公元208年，是对中国古代历史产生决定性影响的重要战役之一。交战双方是来自北方的曹操势力与南方的孙权、刘备联军，结果孙刘获胜，三国鼎立局面随之形成。赤壁就是这场战役的主战场之一。

　　三国的历史，从古至今一直是文学创作的热门题材，其中充满被后世津津乐道的人物和故事。就像宋代苏轼说的那样，"一时多少豪杰"。杜牧在赤壁古战场歌咏的是古老历史，抒发的是现实情怀。

折戟沉沙铁未销

"戟"是古代兵器的一种，类似长矛和战斧的组合。"折戟"是折断的战戟。
"沉沙"是说战戟沉没在水底的泥沙里。
"销"是被销蚀、毁坏掉。

一支折断了的铁戟沉没在水底沙中，还没有被销蚀掉。

正是这沉埋江底六百多年的古物——一支锈迹斑斑的"折戟"，令诗人思绪万千。

自将磨洗认前朝

"自"是亲自。

"将"是拿起来。

"磨洗"打磨和清洗。

"认"是认出、辨识出来。

"前朝"，以前的朝代，指东汉末年赤壁大战的年代。

把这支折戟亲自拿来打磨、洗净，认出这正是当年赤壁之战的遗物。

情感细腻而又见识丰富的人，面对一件包含着历史意义的文物，很难不浮想联翩，引发怀古的幽思。这也为诗人后面的抒怀做出极好铺垫。

东风不与周郎便

"东风"，指火烧赤壁这一取胜的经典手段。曹军在长江西北岸驻扎，孙刘联军趁东风，纵火攻击曹军，大胜。直到今天，"借东风"的故事虽有许多虚构演义成分，但仍为人熟知。

"与"，给、给予的意思。

"周郎"，即周瑜，孙刘联军的统帅，赤壁之战的风云人物。当时周瑜三十四岁，身份是吴军大都督。

"便"，方便、便利。

假如东风不给周瑜提供便利的风向、风势用于火攻，胜利恐怕就不是孙刘一方的了。

从史实来看，赤壁之战的军事力量对比，曹军占有极为明显的优势，无论是军队数量还是战斗力，以及后方的经济发展水平。这使得曹操充满信心，一战而胜，统一天下。但历史就是这样，难以捉摸的偶然性在一个瞬间就决定了另一种未来，初冬天气里的东风，成了决定战争胜负的关键。

铜雀春深锁二乔

"铜雀"，指的是铜雀台，是曹操下令修建的一座楼台，在此召集公卿大臣宴饮，或组织文人名士以诗文抒怀。楼顶里有巨大的铜雀，因此得名。

"春深"，字面意思看，是"春意盎然浓重"，然而结合下文，则更有深意。

"锁"，关起来的意思。

"二乔"，即江东乔公的两个女儿。其中，姐姐大乔是东吴孙策之妻，妹妹小乔则是周瑜之妻。二乔以美貌著称，据说曹操曾宣称，征服东吴后要把二乔带到铜雀台据为己有。

假如东风不给周渝以方便，结果恐怕是曹操取胜，二乔被关进铜雀台了。

显然，如果曹操真的企图霸占二乔，绝对是对东吴一方最具侮辱性的挑衅。诗人继续假设曹操胜利后的骄恣，"春深"二字也暗含所指曹操在铜雀台声色犬马的享乐；而东吴一旦失败，将遭受何等屈辱也可想而知。这样的假设更加反衬出赤壁之战胜利一方获得的尊严。

但是，历史真相又是如何呢？首先从建筑时间上，就完全推翻了杜牧以及历来民间野史喜闻乐见的说法：铜雀台于曹操赤壁大败后两年才建成，此时的曹操又如何再梦想"锁二乔"呢？

真正的误会，其实是由曹操的儿子曹植引起。为庆祝铜雀台落成，曹植作《铜雀台赋》，里面有这样的句子："连二桥于东西兮，若长空之虾蝶。"意思是说铜雀台东西两部分由两座桥相连。此"二桥"当然并非"二乔姐妹"。

回到诗句中来。杜牧自认为通晓政治和军事，他也确实屡次向朝廷提出过针对时局的有效建议，而且曾历任唐王朝从中央到地方的多种官职，阅历丰富，倒并非书生意气空谈之辈。杜牧觉得自己有能力为朝廷带兵效力，但得不到重用，此处咏史同时也有抒发胸中抑郁不平之意。

杜牧是不是能上阵打仗，史上没有记载，估计可能性不大，但他确实是一位学养深厚的诗人。在他的诗里，有不少对历史沧桑的敏锐感受。比如，小学教材里出现过的："南朝四百八十寺，多少楼台烟雨中"，虽不是直接咏史，但不经意间，也会令人产生对历史的遐想。诗句中积淀了深厚的历史，会给诗意增添更多的文化底蕴。

《渔家傲》

渔 家 傲

[宋] 李清照

天接云涛连晓雾，星河欲转千帆舞。仿佛梦魂归帝所，闻天语，殷勤问我归何处。　　我报路长嗟日暮，学诗谩有惊人句。九万里风鹏正举。风休住，蓬舟吹取三山去！

李清照是中国历史上最优秀的女性诗词作家。她出生在北宋后期，去世时南宋已经立国近三十年。李清照的一生，恰好处在两宋动荡之际，按照以去世时间为标准的惯例，我们仍把她算作南宋时期人物。

小学语文教材选入过一首李清照的五言诗《夏日绝句》，初中教材此处又收录本篇，如果只是了解这两篇课文，会产生一个印象：李清照的诗、词都很有豪放气势。李清照有大量慷慨之作，而且这首《渔家傲》词，也的确气势豪迈。但通常来讲，人们公认李清照写词，是婉约风格的最佳代表，婉约与豪放，正形成鲜明对比。

言归正传。李清照这首《渔家傲》词里所写，有人认为是一个梦境，也有可能是借想象的梦境来倾诉心意。"渔家傲"是词牌名，"天接云涛连晓雾"是作品的第一句，如果作者没有给词注明具体的标题，通常就以作品首句作为篇名。

天接云涛连晓雾，星河欲转千帆舞。

"云涛"是说天上云朵如海上波涛般涌动。云涛自然是在天上，那么为什么还需要"天接"呢？大约是指无边的天幕在云海的映衬下，时而被云遮住，时而又天光显现，构成天云相连的景象。

"晓雾"即拂晓时分的雾气。

"星河"即指银河。

漫天云海，连同拂晓的雾气，一同笼罩着天际；银河将逝，风起云涌，云就像万千条升起风帆的船只，在破晓时分的天空里摇荡，仿佛翩翩起舞。

仿佛梦魂归帝所，闻天语，殷勤问我归何处。

"梦魂"，梦中的魂魄。

"帝所"，指天帝居住的地方。

"闻天语"，听到老天在说话。

"殷勤"，情意恳切的意思。

好像在梦里灵魂跑到了天帝居住的地方，听见老天在关切地问我，要回到哪里去。

我报路长嗟日暮，学诗谩有惊人句。

"报"是回答，回复天帝的问话。

"嗟"是叹息、慨叹的意思。

"路长"和"日暮"都是化用了战国时期楚国诗人屈原在长诗《离骚》里的典故：屈原写"路曼曼其修远兮"，以表达自己上下求索探寻真理的决心；又有"日忽忽其将暮"的句子，描述太阳西沉，暮色苍茫。李清照用《离骚》诗意，来回答天帝的询问——自己心愿所归之处，是回到高古的诗歌世界里，是在学诗的路途上永不停步。日暮则暗喻自己已到人生暮年。《离骚》是历代诗人心目中诗歌的典范，李清照此句，一来是致敬前代圣贤，表明自己的谦逊；二是表达自己的志向，如屈原追求理想般，同样是上下求索。

"谩"，同"漫"，空徒然。

我答复天帝说，到我所要归去之处，尚有长路漫漫，而自己已经年近日暮。一生学诗，空学到了一些语出惊人的好句子，距离我想要进入的诗歌完美世界，还有太多的路要走。

九万里风鹏正举。

"鹏"是古代神话传说中的大鸟。

"举"是高飞的意思。

（我要）像大鹏鸟那样乘风高飞。

这句词继续使用古代典故：战国著名思想家庄子写《逍遥游》，文中有大鹏乘风而起，飞上九万里高空的描述，气象奇幻壮观。

在这一句里，词人梦境忽转，由《离骚》，又进到庄子笔下的奇幻世界来。词人化用此句，用意在写自己渴望像大鹏一样乘风展翅而去。

风休住，蓬舟吹取三山去！

"蓬"指飞蓬，被风吹起、飞扬在空中的草。"蓬舟"指如飞蓬般轻快的小船。

"取"，常表示动态，相当于"得""着"的意思。"吹取"就是吹得、吹去的意思。

"三山"，在神话中，海上有蓬莱、方丈、瀛洲这三座仙山，山中有仙人常住，普通人无法接近。

帮助大鹏雄飞的大风不要停下来，吹动那如飞蓬般轻快的小船，直到三山仙岛去。

据说诗人遭遇过海上航行历险，所以首句中描绘的海天景象应为写实，有真实的生活体验。其余均写梦境，诗人做梦，都能梦得如此精彩纷呈：屈原的《离骚》，庄子的《逍遥游》、三山仙岛的神话传说，随手拾来，皆可入梦。梦里有倾诉理想的心声，有奇幻恢宏的景象，恍惚间，竟然分不清哪些是现实，哪些是想象，梦与真，几乎融在一起了。

文言文篇目

［宋］ 朱惟德 《江亭揽胜图》

《三峡》

三 峡

［南北朝］郦道元

自三峡七百里中，两岸连山，略无阙处。重岩叠嶂，隐天蔽日，自非亭午夜分，不见曦月。

至于夏水襄陵，沿溯阻绝。或王命急宣，有时朝发白帝，暮到江陵，其间千二百里，虽乘奔御风，不以疾也。

春冬之时，则素湍绿潭，回清倒影，绝巘多生怪柏，悬泉瀑布，飞漱其间，清荣峻茂，良多趣味。

每至晴初霜旦，林寒涧肃，常有高猿长啸，属引凄异，空谷传响，哀转久绝。故渔者歌曰："巴东三峡巫峡长，猿鸣三声泪沾裳。"

这篇文字出自一部叫作"水经注"的书，书的作者是南北朝时期北魏地理学家郦道元。

郦道元用十五年时间，撰写而成《水经注》。"水经注"的意思，是给一部叫作"水经"的书作注解。在郦道元之前，有学者写成《水经》，记述了全国百余条河流的情况。郦道元自幼博览群书，尤其对地理、河流类的记载感兴趣，他认为《水经》过于简略，于是结合自己游历各地山川的亲身体验，重新整理、补充和注释《水经》。所以，郦道元的作品虽然名为"水经注"，实际上已经是一本全新的巨著。郦道元文字功底很不错，这就使得《水经注》除了具有历史和地理价值外，还可当成一部文学作品来读。教材所选的《三峡》一篇，出自《水经注》第三十四卷的《江水》一文，可以看作那个时代文字精妙的典范。

> 自三峡七百里中，两岸连山，略无阙处。重岩叠嶂，隐天蔽日，自非亭午夜分，不见曦月。

"三峡"：指长江上的瞿塘峡、巫峡和西陵峡三段峡谷的总称。今天三峡景色已与郦道元所见大不相同。

"七百里"：郦道元生活的北魏时期，一里相当于四百米，折算下来即二百八十公里，这与今天所测三峡总长二百公里，相差并不十分巨大。

"略"：几乎，差不多。

"阙"：这里是缺口的意思，与"缺"字同用。

"重"：多层。

"叠"：摞起来。

"嶂"：像屏障一样的高山。

"自非"："自"有假如的意思；古汉语里"自非"二字连用，意为"如果不是……的话"。

"亭午"："亭"在古汉语里有"平、正"之意，"亭午"就是正午、中午。

"夜分"：半夜。

"曦"：本意是清晨的阳光，这里指日光。

在三峡长达七百里的行程中，江水两岸一山连一山，几乎没有断开过。岩石和险峰层层叠加，把天空和太阳都遮蔽起来。如果不是在正午和半夜，是见不到阳光和月亮的。

这一段写的是三峡沿岸山势的险峻之美。

> 至于夏水襄陵，沿溯阻绝。或王命急宣，有时朝发白帝，暮到江陵，其间千二百里，虽乘奔御风，不以疾也。

"夏水"：夏季的江水。

"襄"：本意是登上来，这里指水冲上岸边。

"陵"：本意是高的山坡，此处指三峡两岸的山体。

"沿"：顺流而下。

"溯"：逆流而上。

"阻"：隔断。

"或"：有时候。

"王命"：帝王的命令。

"急"：迅速。

"宣"：专指传达皇帝的命令。

"有时"："时"是机会。"有时"即就会有这样的机会。

"白帝"：地名，即白帝城，位于三峡的入口。

"江陵"：地名，今天的湖北荆州。

"奔"：本意是快速赶路。通常用来形容马，有"奔马"一词。此处"奔"字即代指飞跑的马。

"御风"：本意是驾驶马车。古有传说神仙"御风而行"，神仙能操控着风作为交通工具出行。

"不以疾"："疾"是快；"以"是能够；"不以疾"即不能这么快。

到了夏天江水上涨，冲到江边山坡，向下游去和上游去的水路都被阻断。有时候遇上皇帝有命令要迅速传达，才有机会乘上快船，早晨从白帝城出发，黄昏时候就能到江陵，这之间相距一千两百里，即使骑上快马驾着风，也做不到这么快。

这段写夏季三峡水势，但其中江水上涨阻隔了上、下游之后，仍可一日千里行船，似乎有些费解。或许是缺了有关文字的缘故。古书在漫长的流传过程中，确实会发生文字脱落、缺失、以讹传讹等状况。

　　春冬之时，则素湍绿潭，回清倒影，绝𪩘多生怪柏，悬泉瀑布，飞漱其间，清荣峻茂，良多趣味。

"素"：表示白色。

"湍"：急流。

"潭"：深水。

"回"：这里指水流回转。

"清"：本意是形容水的洁净。此处作名词用，代指清水。

"绝"：本意是最、极，此处指山的最高处。

"巘"：即指山峰。

"漱"：冲荡。

"清荣峻茂"是省略了主语的四个形容词，还原为完整的意思，即：水清树荣山峻草茂。其中，"峻"是陡峭的意思。

"良"：非常。

到了春、冬时节，白色的急流激起浪花，江面变成深绿的潭水，回旋的清波映着岸边倒影。极高的峰顶上生长着奇形怪状的柏树，泉水从山中涌出，就像悬挂在山间，水流加大就成了瀑布，飞一般地冲刷着山峰。江水清澈，树林繁荣，山峰陡峭，草木茂盛，有趣之处非常多，值得玩味。

这段写春季和冬季水势变缓之后的三峡风貌。

每至晴初霜旦，林寒涧肃，常有高猿长啸，属引凄异，空谷传响，哀转久绝。故渔者歌曰："巴东三峡巫峡长，猿鸣三声泪沾裳。"

"霜"是秋季出现的、寒冷空气结成的极细小冰粒。

"旦"：早晨。

"肃"：肃杀，凄寒。

"啸"：本意是口中呼气，发出声音来。此处指鸣叫。

"属"：连接。

"引"：延长。

"凄异"：凄惨悲凉。

到了秋天下霜的清晨，天刚刚放晴，树林山涧一片清冷寒气，时常有高处的猿猴发出长鸣，叫声持久，接连不断，听起来凄惨悲凉。空旷的山谷传荡着这样的响声，悲凉地回转许久才消失。所以渔夫在歌谣里唱道："巴地以东的三峡啊，巫峡最长；猿猴叫上三声啊，人就会洒泪沾满衣裳。"

这一段应当是写秋天里三峡景物，虽然文中未提秋字，但文内有"霜旦"，可知秋。

《答谢中书书》

答谢中书书

〔南北朝〕陶弘景

　　山川之美，古来共谈。高峰入云，清流见底。两岸石壁，五色交辉。青林翠竹，四时俱备。晓雾将歇，猿鸟乱鸣；夕日欲颓，沉鳞竞跃。实是欲界之仙都。自康乐以来，未复有能与其奇者。

　　《答谢中书书》是一封古人写的信，今天可以当作一篇有趣味的小品文来读。作者是南朝齐梁时思想家陶弘景。

　　"答"，就是回复，所以这是一封回信。"谢中书"是来信人，姓谢，叫谢徵，是谢氏子孙，曾任中书舍人。"中书"是官职，职责是掌管朝廷的机密文件。以官职来称呼其人，在中国古代是表示尊崇。题目里最后一个"书"字，就是信的意思。谢徵的来信已经失传，陶弘景的回信，因为文字优美典雅，成为千年佳作，流传至今。

　　南朝先后有过宋、齐、梁、陈四个走马灯似的短暂王朝，陶弘景一生经历了宋、齐、梁三代，活了八十一岁，很是长寿。这位老先生算是一位传奇人物，早年在齐王朝当将军，后来羡慕神仙，于是拜师出家，做了道士；他会炼丹，懂医药，有学问，在山中讲学，名气很大。到了梁代，梁武帝推崇陶弘景，经常派人进山求教，书信来往频繁，谢徵就是梁武帝时的官员。后来，陶弘景还有一个别名，叫"山中宰相"。

　　《答谢中书书》文字基本四字一句，这与南朝时代流行的写作模式有关。全文不长，用字也不太晦涩，读起来有清新的感觉。

山川之美，古来共谈。高峰入云，清流见底。两岸石壁，五色交辉。青林翠竹，四时俱备。晓雾将歇，猿鸟乱鸣；夕日欲颓，沉鳞竞跃。实是欲界之仙都。自康乐以来，未复有能与其奇者。

"五色"：古代以青、黄、黑、白、赤这五种颜色为"正色"，就是标准、基本的颜色。所以用五色泛指各种色彩。

"四时"：指四季。

"歇"：消散、消失。

"颓"：此处是坠落、落下去的意思。

"沉鳞"："沉"是没在水中；"鳞"是鱼鳞，此处代指鱼类。所以，"沉鳞"就是潜在水下游来游去的鱼。

"欲界"：本是佛教用语，是充满世俗欲望的众生所处的境界。这里指人间。

"仙都"：神仙居住的美好世界。

"康乐"：指的是谢氏家族一位大诗人谢灵运。谢灵运是写山水诗的代表人物，陶弘景信中写到的景物，正是谢灵运擅长的诗歌题材。谢灵运是大贵族，被封为"康乐公"，又正是来信者谢徵的家中先辈，此处以爵位代称本人，还是表示尊崇的意思。

"与其奇者"："与"有"参加进来、一起"的意思；"奇"，奇妙，这里指感到奇妙。"与其奇"字面看，就是参与进来一起感到奇妙，可理解为共赏奇景。

山河的美景，自古以来就是人们共同的美谈。山峰高耸可入云，河流清澈能见底。河岸两侧的岩石峭壁，各种色彩相互映出光芒。郁郁葱葱的树木和苍翠的竹林，四季都充满绿意。清晨雾气即将散去，猿猴和禽鸟到处不停地鸣叫，黄昏时分太阳落下，水底的鱼儿争着跃出水面。这些美景，实在算得上人间仙境。可是自从前代的谢灵运大人以后，就再没有可以共赏此般奇妙景色的人喽。

结尾一句挺有意思，有知音难觅的感叹，还可以据此猜测一些来信信息。谢徵信中显然提到世间美景的话题，至于他说了什么引发出陶弘景的许多感触，虽然不得而知，但是陶弘景的回信里，除了描绘山水景致，更有追忆山河故人的意味，而且委婉地流露出暗暗的骄傲来。或许还能读出一层含义：作者要像谢灵运那样，陶冶怡乐于这美妙的山水之中，抒发其归隐林泉的终身志趣。

《记承天寺夜游》

记承天寺夜游

〔宋〕苏 轼

元丰六年十月十二日夜，解衣欲睡，月色入户，欣然起行。念无与为乐者，遂至承天寺寻张怀民。怀民亦未寝，相与步于中庭。庭下如积水空明，水中藻、荇交横，盖竹柏影也。何夜无月？何处无竹柏？但少闲人如吾两人者耳。

至此，我们遇到了苏轼的文章。

苏轼的诗和词，小学时都已经学过，古文领域，苏轼同样是顶尖的作家。通常我们都说"人无完人"，但对苏轼，这句话可能要破例——在整个宋代，作为一个文化人，苏轼在各方面达到的高度都前无古人，也后无来者。

他是唐宋八大家之一。在诗坛，他与另一位名家黄庭坚合称"苏黄"；在词的领域，他又与了不起的辛弃疾并称"苏辛"；在书画界，宋代书法有所谓"苏黄米蔡"这"宋四家"，苏轼居首，在整个中国书法史上，苏轼的作品能排进前三名，与王羲之并肩；他还是个擅长画墨竹、怪石、枯木的画家，有图谱传世……这些项目，哪怕只一样占优，就能引人注目，而苏轼竟然火力全开！

做才子，苏轼已然出类拔萃，他一生还胸怀着天下，去实现读书人的抱负。尤其可贵的，在风云变幻的北宋官场上，苏轼公允、正直，不倒向政坛上任何一方。这样的结果就是，苏轼没有同党，但他赢得所有朋友和对手的尊敬。孔子说"君子坦荡荡"，苏轼当之无愧。此外，苏轼还是让人由衷愿意去亲近的那一类，这样的真和善是了不起的人性，是苏轼作品魅力的根源。

如此才华、学识、人品俱佳的人物，无论是在宋代，还是在上下五千年的中国历史上，都顶天立地。

承天寺，在宋代的黄州（今湖北黄冈）。《记承天寺夜游》是一篇很短的文章，既然题目中有"夜游"二字，可知这是一次夜间的出游，苏轼把它原原本本地记录下来，更像一则有趣味的日记。

元丰六年十月十二日夜，解衣欲睡，月色入户，欣然起行。

"元丰"是北宋神宗皇帝的年号，"元丰六年"即公元 1083 年。这一年是苏轼来到黄州的第四个年头。

"十月十二日夜"：中国古代按照农历计算日月，农历的十月十二日，是现在公历 11 月中旬上下，已经进入初冬天气，是一个微冷的夜晚了。

"月色入户"："户"是单扇的门。古代房屋，讲究的人家多是两扇大门对开，单扇门则简易得多，略显寒酸。

"欣然起行"："欣然"是高兴的样子；"起"是起身，从床上爬起来；"行"是行走。这是一个细思极有趣的画面：月光照进门来，一下子就睡不着了，高兴地爬起来，四下走动。这个快活的身形里，住着一个怎样有趣的灵魂啊！

念无与为乐者，遂至承天寺寻张怀民。

"念"是想到、想起来的意思。

"无"，没有。

"与"，一起。

"为乐"："为"是做的意思；"为乐"，最好的理解，应该是做点乐呵事吧。

"张怀民"：一位与苏轼志同道合的朋友。

光自己快乐还嫌不够，还需要有人一起分享这来自月色、来自半夜三更的兴奋，苏轼是真性情中人哪！

怀民亦未寝，相与步于中庭。

"亦未寝"：也没有睡觉。

"相与"："相"是共同，"与"是一起。

"步"：本意是脚步，此处作动词用，走的意思。

"中庭"：院子里。

张怀民也尚未就寝，两人就在承天寺的院子里溜达。

庭下如积水空明，水中藻、荇交横，盖竹柏影也。

"庭下"即指院子里。

"积水"是聚集起来的水；"空明"是形容水清澈、干净的样子。这里当然没有积水，空明的，是满地的银色月光。

"藻"是水中生长的藻类植物；"荇"是一种水草，根长在水底，叶子飘在水面；"交横"有横七竖八互相交错的意思。

"盖"，大概是。

藻、荇在哪里呢？就像并没有积水一样，也没有真的藻、荇。有的只是竹子与松柏在月下的影子，微微晃动的树影，如同水中漂浮荡漾着的水草。

何夜无月？何处无竹柏？但少闲人如吾两人者耳。

"但"：只是。

"闲"字是全篇文字里最难选择解读的一个字：它指时间富裕，有空暇；又指悠闲、轻松的意思，这个比起第一种解释，就多了感情色彩；还指无事可做或与正事无关，而这个解释用在本文，就会更有深意。为什么这样说？这节后面的"附录"里会讲到，这涉及苏轼为什么会在黄州。这里，"闲"姑且先解作"自在"吧。

做个有趣而自由自在的人，多好啊！

试着把全篇大意用白话文字来说一说。

元丰六年（1083 年）十月十二日夜里，脱了衣服正打算入睡，月光从门外照了进来，于是高兴地起床，走了出去。想了想，没有一起愉快玩耍的人啊！就来到承天寺找张怀民。怀民也还没有睡，就一同在院子里散步。月光照在庭院的地面上，像积满了清水一样清澈透明，这水中还有水藻、水草在纵横交错？原来那是竹子和柏树的影子。哪个夜晚没有月光呢？哪个地方没有竹子和柏树呢？只是缺少像我们两个这样自在的闲人罢了。

附录：关于黄州

　　黄州，对于苏轼，对于中国文学史，都是一个难忘之地。

　　苏轼遭到政敌的诋毁和暗算，被捕入狱，经历了官场生涯的大挫折，幸运的是宋太祖赵匡胤时定下不杀士大夫的国策，苏轼才躲过一劫，被贬官去了黄州，在那里名义上担任黄州团练副使一职，不仅十分低微，而且实际上是朝廷的罪臣，被监视居住。

　　好在苏轼一生虽历经风雨，但种种不如意从来没有压倒过他。所有遭遇都成为苏轼对生命的体验，然后继续去热爱身边的一切，这样高贵的精神态度不断出现在苏轼的文章诗词中，令人感叹，为之着迷。就如承天寺的这一次夜游，我们读到的，是一个单纯的心灵里生出的快乐，是做个"闲人"的心底豁达。这时候我们再来看这个"闲"字，就会多了一番理解：无事可做，说的应是无官可做吧；与正事无关，如果官场的争斗算是正事的话，无关最好。

　　黄州远离京城，偏僻穷困，在这里苏轼得自己盖房子、耕地、种菜，到了雨季，房子还不停漏雨，听上去确实是个受苦的地方。但恰恰，磨难成就了苏轼，黄州是上天赐给他的文学天堂，在这里苏轼开启了创作的黄金时代：传诵千古的文章名篇《前赤壁赋》《后赤壁赋》，以及《定风波》《念奴娇·赤壁怀古》这些如雷贯耳的词作，还有传世的书法名篇《黄州诗帖》，都诞生在黄州。这里是苏轼的流放地，也是重生地。

　　苏轼亲自开垦的田地，就在他住处东边的小坡上，于是苏轼自号"东坡"。苏东坡这个名号，由此唱响，传颂千年。

《与朱元思书》

与朱元思书

[南北朝] 吴 均

风烟俱净，天山共色。从流飘荡，任意东西。自富阳至桐庐一百许里，奇山异水，天下独绝。

水皆缥碧，千丈见底。游鱼细石，直视无碍。急湍甚箭，猛浪若奔。

夹岸高山，皆生寒树，负势竞上，互相轩邈，争高直指，千百成峰。泉水激石，泠泠作响；好鸟相鸣，嘤嘤成韵。蝉则千转不穷，猿则百叫无绝。鸢飞戾天者，望峰息心；经纶世务者，窥谷忘反。横柯上蔽，在昼犹昏；疏条交映，有时见日。

从标题看，"与朱元思书"仍是一封书信：写给朱元思的信。作者是南北朝时期南梁王朝的吴均。

准确的说法是，本篇是这封书信的片段。之前我们读过的《答谢中书书》应该也是书信片段，古人讲究礼数，对书信格式的要求十分严格，开头怎么称呼，如何从问候转到正文，最后怎样落款、署名、致意，都有标准的规矩，不过这些内容教材没有收录，而是选取了其中最精彩的段落。如本篇文字，读来似一则写景的美文。

　　风烟俱净，天山共色。从流飘荡，任意东西。自富阳至桐庐一百许里，奇山异水，天下独绝。

　　"烟"，因为文字是写水上风光，所以此处的烟，应该指的是水面上如烟的雾气。

　　"富阳"，地名，在杭州西南；"桐庐"，在杭州西北，两地间有江水，名为富春江。吴均的旅程，就是沿富春江前行，江山之美，尽如文字所绘。

　　"独绝"："独"是唯一，"绝"是极其特别。

　　风和雾气都散去了，江面一片清澄，晴空和两岸的青山浑然一色。船随着水流在江面上漂浮荡漾，随意地摆动着方向。从富阳到桐庐，两地相距一百多里，沿岸山水景色之奇特，全天下独一无二。

　　这一段概述富春江景色，尤其前四句，用字极其精简，又干净整齐，朗朗上口，百读不厌。

　　水皆缥碧，千丈见底。游鱼细石，直视无碍。急湍甚箭，猛浪若奔。

　　"缥"字的本意是淡青色的丝织物，此处代指颜色，淡青色。"碧"是深绿色的玉，此处也是指颜色，深绿色。

　　"千丈"：古时一丈相当于今天的两米到两米五。千丈显然是夸张的写法。

　　"湍"：急速流动的水。

　　"箭"：射出的箭。此处做形容词，像射出的箭一样，比喻快。

　　"猛浪"：猛是势头很大的样子，浪是水波。

　　江水都是或淡青或碧绿的色彩，千丈深处也能望得到底。水中游来游去的鱼和细小的石子，一目了然，毫无遮拦。江中急流如箭一样飞快，汹涌的水波像马在奔跑。

　　这一段就像电影里的分镜头，切换到了江水的特写上来，时静，时清，时急，充满变化的动感。

　　夹岸高山，皆生寒树，负势竞上，互相轩邈，争高直指，千百成峰。泉水激石，泠泠作响；好鸟相鸣，嘤嘤成韵。蝉则千转不穷，猿则百叫无绝。鸢飞戾天者，望峰息心；经纶世务者，窥谷忘反。横柯上蔽，在昼犹昏；疏条交映，有时见日。

"寒"字本意是冷或感到冷；"寒树"，并不是冷的树或者树感到冷，而是树使人感到冷。那什么样的树会令人感到冷呢？当树木极茂密，能遮天蔽日的时候，会阴森森有寒意。所以这里"寒树"一词，其实是指树木茂密。

"负"：仰仗，依靠。

"轩"是高，"邈"是远。这里均作动词用。

"泠"字指水清凉和清澈；"泠泠"连用，是一个拟声词，水流清脆的声音。

"好鸟"：漂亮的鸟。

"嘤嘤"：形容群鸟叫声和谐悦耳。

"韵"：意思是和谐、有节奏。

"转"字与"啭"通用，本意是鸟叫，此处指蝉鸣。"千转"比喻叫声多而长，下文的"百叫"也是类似用法。

"穷"是尽头；"不穷"则是没有结束的意思。

"鸢飞戾天"：语出《诗经·大雅·旱麓》："鸢飞戾天，鱼跃于渊"，"鸢"是猛禽，鹰的一种；"戾"是到达。

"息"：停下来。

"心"：心思、念头，此处理解为人内心的欲望更恰当。

"经纶"："经"和"纶"两个字，从偏旁看，都与丝、线有关，都是"把丝线按顺序整理好"的意思。其中的区别在于，"经"是整理蚕丝；"纶"是整理蚕丝织成的线。从这一点上，可见中国古代词语的丰富。由"整理丝线"，引申出规划、按条理做事的含义，更多时候，"经纶"一词，用来指治理天下大事。

"世务"："世"指人世间；"务"是事情、事物的意思。

"窥"：本意是暗中察看，此处泛指观看。

"谷"：两山之间的位置，称作"谷"，此处即指两山之间。

"反"：与"返"相通，回去的意思。

"柯"：指树木的枝干。

江两岸的高山上，长满茂密的树木，令人心生森森寒意，山峰仗着地势，争着向上，又一起往高处和远处延展开去，仿佛比赛着谁更高一样，笔直地朝向天空，形成千百座奇峰。山间的泉水冲打着岩石，发出泠泠的声响；漂亮的鸟儿聚在一起叫着，嘤嘤悦耳，和谐而有节奏。四下的蝉鸣和猴子的叫声不断传来，久久不停。那些想像鹰飞冲天一样追求名利的人，在这些奇伟的山峰面前，欲望会止步；终日里治天下、管人间的大人物们，看到眼前山谷幽美，流连其中，忘记归去。横七竖八的树枝遮住树林的上空，即使是在白天，林间也如同黄昏；枝条散开的时候，交错之间，光影透了下来，有时还能看得到太阳。

这一段先写山中景物，笔锋一转，写面对山时人的感受，流露出关于人性的感慨，风景文字，瞬间有了深刻味道。最妙处在于结尾，又回过头来，好像想起了什么，补上一句写景，便收了尾。这样一来，文字的情绪就有了张弛，这一点，不是普通才气就可以达到。所以全篇一头一尾，显得尤为精彩。

老实讲，文言文的独有语感是现代汉语无法达到的，所以，转成白话的作用，主要是把字义、词意弄懂，但独属于文言文字句间蕴含的内在美，只可意会。《与朱元思书》的成文时代，写文章时流行字句对仗与音韵和谐，颇有诗歌味道，所以这一类文字读起来，自有一种独特的节奏感。在本文中，也可以找出诸如"泉水激石，泠泠作响；好鸟相鸣，嘤嘤成韵""蝉则千转不穷，猿则百叫无绝""鸢飞戾天者，望峰息心；经纶世务者，窥谷忘反"几处明显的对句。另外，文中大量的四字句式，也是这一时期文体的特色之一。但写这种文体，如果才情不够，便会连篇累牍。后人有俗话讲"不着四六"，最初就是批评这种文章的空洞无味。其实，"负势竞上，互相轩邈，争高直指，千百成峰"这几句，要是苛刻一点来品读的话，便能发现一丝字句上的重叠。吴均这样的写作高手尚且无法做到尽善尽美，到后世这类文体渐渐衰落，也就不足为奇了。

《孟子》三章

《孟子》三章

得道多助，失道寡助

选自《孟子·公孙丑下》

天时不如地利，地利不如人和。三里之城，七里之郭，环而攻之而不胜。夫环而攻之，必有得天时者矣，然而不胜者，是天时不如地利也。城非不高也，池非不深也，兵革非不坚利也，米粟非不多也，委而去之，是地利不如人和也。故曰：域民不以封疆之界，固国不以山溪之险，威天下不以兵革之利。得道者多助，失道者寡助。寡助之至，亲戚畔之；多助之至，天下顺之。以天下之所顺，攻亲戚之所畔，故君子有不战，战必胜矣。

富贵不能淫

选自《孟子·滕文公下》

景春曰："公孙衍、张仪岂不诚大丈夫哉？一怒而诸侯惧，安居而天下熄。"

孟子曰："是焉得为大丈夫乎？子未学礼乎？丈夫之冠也，父命之；女子之嫁也，母命之，往送之门，戒之曰：'往之女家，必敬必戒，无违夫子！'以顺为正者，妾妇之道也。居天下之广居，立天下之正位，行天下之大道。得志，与民由之；不得志，独行其道。富贵不能淫，贫贱不能移，威武不能屈，此之谓大丈夫。"

生于忧患，死于安乐

选自《孟子·告子下》

舜发于畎亩之中，傅说举于版筑之间，胶鬲举于鱼盐之中，管夷吾举于士，孙叔敖举于海，百里奚举于市。故天将降大任于是人也，必先苦其心志，劳其筋骨，饿其体肤，空乏其身，行拂乱其所为，所以动心忍性，曾益其所不能。

人恒过，然后能改；困于心，衡于虑，而后作；征于色，发于声，而后喻。入则无法家拂士，出则无敌国外患者，国恒亡。然后知生于忧患而死于安乐也。

孟子，名叫孟轲，是战国时期的思想家，也是儒家学说在新时期的代表。由于后代儒家弟子的推崇，孟子在中国历史的很长一段时间里，几乎与孔子齐名。孔子是"圣人"，孟子是"亚圣"。

与《论语》类似，《孟子》这部书也不是孟子本人所写，一般认为是由他的弟子们整理完成，书中记载的是孟子及其弟子的言行。战国时期，社会纷杂而自由，有想法的诸侯王要强国，雄心勃勃的文人就到各个诸侯国去，宣传自己的学说主张，希望能被君主采纳，这就形成了"诸子百家"的热闹局面。推销自己，需要才华，读《孟子》能够看出，孟子有理有力，慷慨激昂，把天地古今讲得头头是道。

天时不如地利，地利不如人和。三里之城，七里之郭，环而攻之而不胜。夫环而攻之，必有得天时者矣，然而不胜者，是天时不如地利也。城非不高也，池非不深也，兵革非不坚利也，米粟非不多也，委而去之，是地利不如人和也。故曰：域民不以封疆之界，固国不以山溪之险，威天下不以兵革之利。得道者多助，失道者寡助。寡助之至，亲戚畔之；多助之至，天下顺之。以天下之所顺，攻亲戚之所畔，故君子有不战，战必胜矣。

《孟子》全书分为十四个"章句"，"章句"是汉代喜欢使用的字眼，就是篇章目录。《得道多助，失道寡助》这一篇，实际是原书第四章的第一节。原文开头，仿照《论语》形式，有"孟子曰"三字，教材此处给去掉了。

"天时"：农业时代，按季节、天气来安排耕种，所以"天时"一词的本意，是适合农业活动的时节。本篇孟子提到"天时"，更多是指作战打仗需要的合适天气。

"地利"：作战时的地形优势。

"人和"：指人心团结。

"三里之城，七里之郭"："城"是有城墙所包围的地方。在城的外围再建一圈外城墙，对城内形成双重保护，内外城墙之间的部分，就称作"郭"。"三里""七里"都是不大的数字，来表示城市很小。

"环"：围绕，包围起来。

"池"：城墙外的深沟，注水，作为防守屏障，就是常说的护城河。

"兵革"："兵"是兵器，"革"是皮革做的护甲。

"米粟"："粟"是中国古代重要的粮食，就是今天常见的小米；战国时候所说的"米"则是去掉外皮的粟。此处"米粟"泛指粮食。

"委"：舍弃，丢下。

"域民不以封疆之界"："域"是界线，"域民"是给老百姓划定界限的意思。"封疆"，帝王把土地分给下属，叫作"封"，"疆"是边界的意思，"封疆"是领土边界上的标记。

"威天下"："威"字本意是害怕，此处是使天下害怕。

"得道"：这里的"道"，指仁政，即：通过仁爱实行管理。这是儒家始终提倡的治理国家的手段。

"寡"：少。

"至"：到极点。

"亲戚"：在古代，"亲"和"戚"指不同的亲属关系，此处统一理解为内外亲属，包括父系亲属和母系亲属就可以。

"畔"：同"叛"，背叛、反对。

"顺"：顺从，服从。

"君子有不战"：在这里，"君子"的含义与孔子之说有所变化，这里指能推行仁政的君主。"有不战"的"有"字，解释为"或者、要么"。

打仗时有好的时机、天气，比不上战场地形位置有优势，战场地形有优势，比不上作战时能团结一致、人心所向。一个小城，内城三里，外城七里，敌人来围着打，而打不赢。能包围进攻，一定是得到战机了，可是还打不下来，这就是说战机比不上地形位置的优势。（再换个角度，假如是守城一方）城墙不是不高，壕沟不是不深，兵器护甲不是不锋利坚固，粮食不是不够多，但敌人一来就弃城逃走，这就是占了地形优势也比不上人心所向。所以说啊：限制百姓不用依靠国境边界，巩固国家不必仰仗山河险阻，威震天下不需凭借兵甲的尖利。施行仁政的治国者，帮助他的人就多；不行仁政的，帮助和支持他的人就少。支持他的人少到极点的时候，连内外亲属都反对他；帮助他的人多到极点时，全天下都归顺他。用全天下顺从的力量，去攻打内外亲属都反对的人，所以仁德的君主要么不作战，作战就一定能胜利。

　　景春曰："公孙衍、张仪岂不诚大丈夫哉？一怒而诸侯惧，安居而天下熄。"

　　孟子曰："是焉得为大丈夫乎？子未学礼乎？丈夫之冠也，父命之；女子之嫁也，母命之，往送之门，戒之曰：'往之女家，必敬必戒，无违夫子！'以顺为正者，妾妇之道也。居天下之广居，立天下之正位，行天下之大道。得志，与民由之；不得志，独行其道。富贵不能淫，贫贱不能移，威武不能屈，此之谓大丈夫。"

"景春"：据说是"诸子百家"里提倡通过外交纵横攻伐的一位。所以下文里景春很崇拜地提到的公孙衍、张仪，都是战国时期擅长外交的风云人物。

"诚"：确实，真正。

"大丈夫"：景春所说大丈夫，大致是指成功人士、大人物。至于孟子对大丈夫的定义，在文章最后就揭晓了。

"安居"："安"是平静，"居"是停下来、不折腾。

"熄"：本意是灭火。引申为熄灭战火。

"焉"：怎么。

"子未学礼乎"："礼"是古人十分看重的教养。"学礼"，学习各种礼仪，是读书人必备的功课，孟子这句话，已经流露出很强的不满。加上前一句"是焉得为大丈夫乎"，可见孟子对景春的态度不怎么客气。

"丈夫之冠"：此处"丈夫"指成年男子。"冠"指冠礼，男子满二十岁，把头发梳成新发型，再由长辈来为其戴上成人专属的帽子，以示成年。所以冠礼就是男子的成年礼。

"命"：本意是上级对下发布指令，引申为长辈对晚辈的训话、教导。

"往送之门"："往"，去；"之"，到。送去到门口。

"戒"：此处与"诫"同，告诫、提醒。

"女家"：女，与"汝"同，意思是"你的"。"女家"，指女子即将嫁去的夫家。

"必敬必戒"："必"是一定，"敬"是恭敬，"戒"是谨慎。

"无违夫子"："违"是违背，"夫子"是对男子的尊称，此处指女方的丈夫。

"正"：准则，原则。

"妾妇"："妾"是古代女子自称，有谦卑意味。"妾妇"此处即指妇女。

"广居""正位""大道"：按字面意思，分别是宽广的居所、正确的位置、正确的道路；实际上，"广居"是仁，住在人的内心，而内心最宽广之处，就是仁德，是关爱。"正位"是礼，只有礼仪教养，才是最正确的位置。"大道"是义，所谓道义，道德上的正义感。这三点也正是儒家学说的根本所在。

"得志"：达到或实现志愿。

"由"：遵从。

"富贵不能淫，贫贱不能移，威武不能屈"："淫"是造成迷惑的意思，"移"是改变，"屈"是屈从、屈服。这一句是本文核心，是孟子定义的真正的大丈夫标准。

景春说："公孙衍和张仪难道不是真正的大丈夫吗？他们一发脾气，诸侯都会害怕；他们安定下来，天下就没有战火。"

孟子说："这个怎么能算得上是大丈夫呢？阁下没有学过礼吗？男子举行加冠礼时，父亲会训导他；女孩子出嫁的时候，母亲会提醒她，把女儿送到门口，告诫说：'到了夫家，一定要恭敬，一定要谨慎，不要违背丈夫。'以顺从做原则，是妇女做人的道理。男子则应该住在'仁'这个天下最宽广的住所里，站在'礼'这个天下最正确的位置上，走在'义'这个天下最正确的道路上。志向得以实现的时候，就与百姓一起遵循大家认可的路径前进；志向没有实现，就独自坚持自己的道路走下去。不受金钱和地位迷惑，不因为贫穷和卑贱而改变理想，不被武力威吓屈服，这才叫作大丈夫。"

舜发于畎亩之中，傅说举于版筑之间，胶鬲举于鱼盐之中，管夷吾举于士，孙叔敖举于海，百里奚举于市。故天将降大任于是人也，必先苦其心志，劳其筋骨，饿其体肤，空乏其身，行拂乱其所为，所以动心忍性，曾益其所不能。

人恒过，然后能改；困于心，衡于虑，而后作；征于色，发于声，而后喻。入则无法家拂士，出则无敌国外患者，国恒亡。然后知生于忧患而死于安乐也。

此处略去了原文起首的"孟子曰"三字。

"舜发于畎亩之中"："舜"是历史传说中的部落联盟首领。"发"有发迹、兴起的意思。"畎"是农田之间的土沟，"亩"是田间高处的小道。"畎亩"代指农田。

舜有贤名，本来在家乡种田，被尧起用，得以发迹。

"傅说举于版筑之间"："傅说"，商朝的宰相。"举"，此处是选拔、任用的意思。"版"，建造土墙时使用的木板；"筑"，夯土用的木棒。"版筑"代指建筑工地。

傅说原在傅岩为人筑墙，被帝王发觉有才能，任用为相。

"胶鬲举于鱼盐之中"："胶鬲"，人名，商末周初时的人物。"鱼盐"，文中指贩卖鱼盐。

胶鬲原以贩卖鱼盐为生，西伯侯把他举荐给商纣王，做了商的大臣，后来，他又辅佐周武王。

"管夷吾举于士"："管夷吾"就是管仲，春秋时齐国宰相，辅助齐国称霸的功臣。"士"指管理监狱犯人的官员，此处代指监狱。

管仲因罪入狱，齐国国君将他从监狱里放出来，委以重任。

"孙叔敖举于海"："孙叔敖"是春秋时候楚国大臣，治国有方，辅助楚王成就霸业。

孙叔敖在海边隐居，被楚王发掘，任命为宰相。

"百里奚举于市"："百里奚"，春秋时期秦国称霸的重要功臣。"市"指集市。

百里奚曾经沦为奴隶，在奴隶市场被买卖。

以上六位古代的圣贤，各自都有并不光鲜的身世背景，但最终都功成名就。

"苦其心志"："苦"，此处是使……感到痛苦的意思。"心志"，内心和意志。下文中"劳""饿""空乏"等动词，也都是同样的使动用法。

"空乏其身"：使他身处贫困之中。

"行拂乱其所为"："行"指行动、做。"拂乱"是违背意愿造成混乱。所做事情都感到乱七八糟、不顺心。

"动心忍性"："动"是震撼，"忍"是坚韧而克制。震撼内心，性情变得坚韧。

"曾益其所不能"："曾"与"增"同，增加的意思。"益"还是增加的意思，两个意思相同的字连用，属于同义复合词。"其所不能"的意思是，他本来达不到的能力。

"人恒过"："恒"，经常。"过"，过失，错误。人常常犯错误。

"困于心，衡于虑，而后作"："困"是困惑；"衡"与"横"同，堵塞的意思；"虑"，思想、想法。"作"，奋起，指有所作为。

"征于色，发于声，而后喻"："征"是表现出来，"色"是脸色，"发"是显示出来，"喻"是了解。

"入则无法家拂士"："入"，里面，此处指国内。"法家"指遵守法度的臣子。"拂"同"弼"，辅佐。"拂士"，指辅佐君王的贤士。

"出则无敌国外患者"："出"，在外面，指国外。"敌"，匹敌。"敌国"指势力、地位相当的国家。"外患"，来自外部的担忧和灾祸。

"然后知生于忧患而死于安乐也"："然后"，这样以后。"生"，生存；"安乐"，指安逸和快乐。"生于忧患，死于安乐"是本篇的"文眼"，前面孟子举了那么多例子，试图要说明的，就是苦难是磨炼人性的好东西。

本篇大意是：

　　舜从田野中兴起发迹，傅说从筑墙的劳作里被提拔，胶鬲原以贩卖鱼盐为生后被举荐任用，管夷吾从监狱官手里释放出来受到重用，孙叔敖隐居海滨被选拔，百里奚从奴隶市场被提举。所以，上天将要把重大的任务落在某人身上，一定先使他的内心和意志受到痛苦，使他的肉体受到劳累，使他的肠胃感到饥饿，使他身处生活穷困之中，他所做的事情都被打乱，变得不能顺心如意。用这样的办法，震撼他的心灵，使他的性情坚韧起来，最大限度地增加他原来达不到的能力。

　　人常常犯错误，这样以后，能学会改正；内心困惑，想法堵塞，然后就能有所作为；心意在脸色上表现出来，想法说出来，才会被人了解。人是这样，对于国家而言，国内没有依法办事的臣子以及可以辅佐治国的能人，国外没有与之匹敌的邻国对手以及对外患的担忧，这样的国，常常会被灭掉。这样就明白了，常处忧愁和祸患之中可以使人生存，常处安逸和快乐之中可以使人死亡。

　　这三篇文字，其实可以当作一个整体来看。第一篇是讲治国道理，不过，在战国时期，诸侯君主们要的是强兵之策，能带给他们打胜仗、抢地盘的实用招数。孟子的主张更像一碗心灵鸡汤，靠仁德治国就能拥有天下，理论上很完美，但没几个君主听得进去。第二篇里孟子讲做人法则，讲如何成为一名具有理想人格的大丈夫。到第三篇，则更是求诸内心世界，说了一个充满辩证意味的大道理。孟子的时代，儒家思想的影响力也只能做到如此了。

《愚公移山》

愚公移山

选自《列子·汤问》

太行、王屋二山，方七百里，高万仞，本在冀州之南，河阳之北。

北山愚公者，年且九十，面山而居。惩山北之塞，出入之迂也，聚室而谋曰："吾与汝毕力平险，指通豫南，达于汉阴，可乎？"杂然相许。其妻献疑曰："以君之力，曾不能损魁父之丘，如太行、王屋何？且焉置土石？"杂曰："投诸渤海之尾，隐土之北。"遂率子孙荷担者三夫，叩石垦壤，箕畚运于渤海之尾。邻人京城氏之孀妻有遗男，始龀，跳往助之。寒暑易节，始一反焉。

河曲智叟笑而止之曰："甚矣，汝之不惠！以残年余力，曾不能毁山之一毛，其如土石何？"北山愚公长息曰："汝心之固，固不可彻，曾不若孀妻弱子。虽我之死，有子存焉。子又生孙，孙又生子；子又有子，子又有孙；子子孙孙无穷匮也，而山不加增，何苦而不平？"河曲智叟亡以应。

操蛇之神闻之，惧其不已也，告之于帝。帝感其诚，命夸娥氏二子负二山，一厝朔东，一厝雍南。自此，冀之南，汉之阴，无陇断焉。

愚公移山，作为一个成语，大家都很熟悉它。那么，这个故事是什么样的？本篇文章就是成语"愚公移山"的出处。与之前读过的《杞人忧天》一样，《愚公移山》也出自《列子》一书。这样看来，《列子》还真是许多成语故事的源头。

太行、王屋二山，方七百里，高万仞，本在冀州之南，河阳之北。

"太行"：山名。今天的太行山，位于山西省与河北省的交界处，山脉清晰地勾勒出华北平原与山西高原的分界。《列子》中提到的太行山，位置与现代不同。

"王屋"：山名。《列子》记载王屋山与太行山在一起，堵着愚公的家门口。今天王屋山的位置在太行山以南，山西、河南两省之间。

"仞"：是古代的长度计量单位，一仞相当于170~180厘米。"高万仞"，自然是夸张的说法。

"冀州"：古代地名，包括今天华北平原大部以及辽宁省的辽河以西。

"河阳"：也是古地名，今天河南孟州附近。"河"字，特指黄河；"阳"指河的北岸，所以看"河阳"这个名字，就可以知道它的位置肯定在黄河以北。

太行和王屋两座山，方圆面积七百里，有万仞之高，本来是在冀州以南和河阳以北的地方。

北山愚公者，年且九十，面山而居。惩山北之塞，出入之迂也，聚室而谋曰："吾与汝毕力平险，指通豫南，达于汉阴，可乎？"

"且"：将近、快要到。

"惩"：在古汉语里有"恐"或"戒"的意思。此处应为"恐"，即苦于、担忧、发愁的意思，更为恰当。

"塞"：阻隔。

"迂"：远，此处指绕远路。

"聚室而谋"："聚"是聚集，"室"指家人，"谋"是商量。

"毕力平险"："毕"，用光；"平"，变成平地；"险"，指拦路的大山。

"指通豫南"："指"是直的意思，"通"是通往某个方向，"豫"是地名，指古代的豫州，大致范围在今天河南省，所以河南的简称就是"豫"。"豫南"，就是豫州南部。

"汉阴"：既然"阳"指的是江河北岸，那么与之相对的"阴"则是南岸。汉就是今天的汉江，古称"汉水"。"汉阴"就是汉水南岸的意思。

北山那里有个名叫愚公的人，年龄将近九十岁了，家住在大山对面。他苦于山区北部的阻塞，出来进去都要绕很多的路，于是把全家人叫到一起商量说："我跟你们用尽全力铲除这个拦路的大山，把道路一直向豫州南部通过去，到达汉水南岸，行不行？

杂然相许。其妻献疑曰："以君之力，曾不能损魁父之丘，如太行、王屋何？且焉置土石？"杂曰："投诸渤海之尾，隐土之北。"

"杂然相许"："杂然"，纷纷地；"相"是相互；"许"，赞许、同意。

"献疑"："献"是表示出的意思，"疑"是困惑、不明白。

"曾不能"："曾"是尚且，"曾不能"，有"连……都不能"的意思。

"损魁父之丘"："损"是减少，"丘"是小山的意思，"魁父"是一座小山的名字。

"如……何"：把……怎么样的意思。

"焉"：往哪里、在哪里。

"置"：放，安置。

"渤海之尾"：渤海边上。

"隐土"：传说中的古地名。

大家纷纷表示赞同。他的妻子提出疑问，说："凭你的力气，连魁父这座小山都不能削减，又能把太行、王屋怎么样呢？再说，挖下来的土和石头又放到哪里去呢？"大家又纷纷说："把它扔到渤海边上，隐土北边。"

遂率子孙荷担者三夫，叩石垦壤，箕畚运于渤海之尾。邻人京城氏之孀妻有遗男，始龀，跳往助之。寒暑易节，始一反焉。

"荷"：用肩挑、扛着。

"叩石垦壤"："叩"是敲打，"垦"是挖，"壤"就是土。

"箕畚"：都是装土石的工具，"箕"是竹筐，"畚"是撮土的笆箩。此处是"使用箕畚"之意。

"京城氏"："京城"是古代的一个姓，"京城氏"的意思是一户姓京城的人家。

"孀"：死去丈夫的女子。

"遗男"：指出生时父亲就已经去世的男孩。

"始龀"："始"，刚开始；"龀"，换牙。指刚到换牙的年龄。

"始一反焉"："始"是方才，"反"与"返"同，是回来的意思。"一反"，回来一次。

于是愚公率领儿孙辈里能挑担的三个人，开始上山凿石头、挖土，用箕畚把土石运到渤海边上。邻居京城氏家的寡妇有个男孩，刚刚到换牙的年纪，也蹦蹦跳跳地跑来帮忙。运土路途遥远，从冬季换到了夏天，才能回来一次。

河曲智叟笑而止之曰："甚矣，汝之不惠！以残年余力，曾不能毁山之一毛，其如土石何？"

"智"：聪明，有智慧。

"叟"：老年男子，老头儿。

"甚"：严重。

"惠"：同"慧"，聪明。

"毛"：指草木。

这一段跳出来一个说风凉话的老头河曲智叟，这个称呼可以看作一个外号，不必逐字译出。

河曲智叟嘲笑愚公，拦着他，说："你也太不聪明了！就凭你剩下的这把年纪和力气，连山上的草木都弄不坏，还能拿泥土石头怎么样呢？"

北山愚公长息曰："汝心之固，固不可彻，曾不若孀妻弱子。虽我之死，有子存焉。子又生孙，孙又生子；子又有子，子又有孙；子子孙孙无穷匮也，而山不加增，何苦而不平？"河曲智叟亡以应。

"息"：叹气。

"固"：偏执，顽固。

"彻"：通达，明白。

"不若"：不如。

"虽"：即便是。

"无穷匮"："穷"是到了尽头，"匮"是缺少，"无穷匮"则是没有尽头，源源不断。

"加增"："加"和"增"，都是多起来的意思。

"何苦"：何必苦恼和担心。

"亡以应"："亡"与"无"字通用，"应"是回答。

北山愚公长长叹了一口气，说："你思想这样顽固，顽固到了不可改变的地步，连孤儿寡妇你都不如。即便是我死了，还有儿子在呀；儿子又生孙子，孙子又生儿子；儿子又有儿子，儿子又有孙子；子子孙孙没有尽头，不会断绝。然而这山却不会增高加大，还怕挖不平吗？"河曲智叟没话可答。

操蛇之神闻之，惧其不已也，告之于帝。帝感其诚，命夸娥氏二子负二山，一厝朔东，一厝雍南。自此，冀之南，汉之阴，无陇断焉。

"操蛇之神"："操"是抓在手里，"操蛇"，把蛇抓在手里。是某一类山神的造型。所以"操蛇之神"理解为山神就可以。

"帝"：指神话中的天帝。

"夸娥氏"：神话里的大力神。

"负"：背起来。

"厝"：安置、安放。

"朔东"："朔"指朔方，古地名，大致是今天的山西省境。"朔东"就是朔方以东。

"雍南"："雍"是雍州，古地名，陕西省大部。"雍南"即雍州以南。

"陇断"："陇"本意是农田之间的隔断，与"垄"字同。此处指的是山，山的存在就像田间的陇。"断"是阻断、隔绝。

操蛇山神听说了这件事，怕愚公他们不停地干下去，就去向天帝报告。天帝被愚公的诚心感动了，命令大力神夸娥氏的两个儿子背走了那两座山，一座放在朔方的东边，另一座放在雍州的南边。从这以后，冀州的南部直到汉水南岸，就再没有高山阻隔了。

人一旦下定决心去做一件事，"神"都怕了。

愚公赢了。

《周亚夫军细柳》

周亚夫军细柳

［汉］司马迁

　　文帝之后六年，匈奴大入边。乃以宗正刘礼为将军，军霸上；祝兹侯徐厉为将军，军棘门；以河内守亚夫为将军，军细柳：以备胡。

　　上自劳军。至霸上及棘门军，直驰入，将以下骑送迎。已而之细柳军，军士吏被甲，锐兵刃，彀弓弩，持满。天子先驱至，不得入。先驱曰："天子且至！"军门都尉曰："将军令曰'军中闻将军令，不闻天子之诏。'"居无何，上至，又不得入。于是上乃使使持节诏将军："吾欲入劳军。"亚夫乃传言开壁门。壁门士吏谓从属车骑曰："将军约，军中不得驱驰。"于是天子乃按辔徐行。至营，将军亚夫持兵揖曰："介胄之士不拜，请以军礼见。"天子为动，改容式车。使人称谢："皇帝敬劳将军。"成礼而去。

　　既出军门，群臣皆惊。文帝曰："嗟乎，此真将军矣！曩者霸上、棘门军，若儿戏耳，其将固可袭而虏也。至于亚夫，可得而犯邪！"称善者久之。

上述文字，出自《史记》。

对《史记》，鲁迅先生有一句评价，既准确又形象："史家之绝唱，无韵之离骚。"这前半句是说，《史记》是历史学者著书所能达到的最高水平。后半句里提到的"离骚"，是战国时期伟大诗人屈原的长诗，充满出神入化的想象和悲天悯人的情怀，被视为古代诗歌的一颗明珠，而《史记》在文字上，可与这样的顶级诗歌媲美。如果你肯花时间，耐心地进到《史记》的世界里，就会发现，这个评价真的不过分。

《史记》的伟大，是因为写《史记》的司马迁也很了不起。司马迁一生的志向，就是写一部能够留存天地间、与《春秋》同样伟大的史书。为了这部书，他踏遍山川，访查古今；为了这部书，他忍辱负重，其间命运令人悲叹；最终写就上下三千年华夏历史，完成这部五十二万字的大书。历史帮助司马迁实现了他的心愿，《史记》在中国文明的宝库里，万世不朽。

"周亚夫军细柳"，节选自《史记·绛侯周勃世家》。周亚夫是西汉名将，细柳是地名，在汉的都城长安附近。这一篇并不是《史记》里最精彩的文字，但仍可体会司马迁记述史事的水平。

文帝之后六年，匈奴大入边。乃以宗正刘礼为将军，军霸上；祝兹侯徐厉为将军，军棘门；以河内守亚夫为将军，军细柳：以备胡。

"文帝"：指汉文帝刘恒。汉文帝在中国历史上是一个通情达理的帝王。

"后六年"：汉文帝当皇帝的第十七年时，把在位时间重启了一次，定名为"元年"，意思是重新开始的一年，然后继续在位七年。后代为了便于区别，把汉文帝在位期内前面的十七年算作"前元"，后面七年称"后元"。文中的"后六年"，就是后元的第六年，也就是汉文帝去世前一年。这一年是公元前158年。

"匈奴"：出没在中国北方的一个古老的游牧民族，这是一个贯穿早期汉朝历史的重要角色。匈奴从战国时期开始，就不断侵扰中原。所谓游牧，是说匈奴人没有固定的生活基地，哪里有水源草场，他们就驱赶着牛羊群到哪里居住。到了冬天水草缺少，匈奴骑兵就大举南下，掠夺中原边境城镇，边境居民吃尽了匈奴的苦头。匈奴军队主要依靠骑兵作战，所以与匈奴接壤的赵、燕、秦等国都在边境筑起长城，来阻断和抵御匈奴骑兵的进攻。秦国统一天下后，更是调动全国的人力物力来巩固和新修长城。到了汉朝初期，汉军也不是匈奴的对手，只得定期送给匈奴巨额财物，还把汉家公主嫁给匈奴王。即使这样，和平也无法得到保证，匈奴对汉朝边境地区的掠杀依旧。

"入边"：侵入边境。这次匈奴的进攻声势很大，已威胁到汉的都城长安，所以才有下文的一系列军事部署。

"宗正"：官职名，是主管皇家事务的官员，由皇族成员担任。

"刘礼"：人名，是汉文帝的哥哥。

"军霸上"："军"是军队，此处作动词，驻军的意思。"霸上"是地名，一作"灞上"，长安城西有灞水，岸边高地，名为霸上。

"祝兹侯徐厉"："徐厉"是人名，"祝兹侯"是徐厉的爵位。

"棘门"：地名，在长安城东北方，曾经是秦都城的宫门。

"河内守亚夫"："亚夫"即本篇的主人公周亚夫，《史记》本篇就是周亚夫家族的传记，所以此处省略姓氏。"河内"是汉朝的一个郡，属于今天的河南省北部。"守"是官职，就是汉代郡一级的行政长官。

"细柳"：地名，在长安西北方向的渭河北岸。

"以备胡"："备"是防备。"胡"，中国古代称北方外族为"胡"，此处即指匈奴。

汉文帝后元六年（前158年），匈奴大举侵入边境，于是任命宗正刘礼为将军，驻军在霸上；任命祝兹侯徐厉为将军，驻军在棘门；任命河内郡守周亚夫为将军，驻军在细柳，目的是防备匈奴。

上自劳军。至霸上及棘门军，直驰入，将以下骑送迎。

"上自劳军"："上"特指皇帝；"自"是亲自；"劳军"，慰劳军队。

"直驰入"："驰"是车马奔跑，"直驰入"是说皇帝的车马直接就飞奔进去。

皇帝亲自去慰劳军队。到了霸上和棘门的军营，直接驱车而入，包括主将及以下军官、士兵都骑在马上迎接、送行。

这一句写汉文帝的车队在霸上和棘门军营的情形，衬托出下文细柳营之不同。

已而之细柳军，军士吏被甲，锐兵刃，彀弓弩，持满。天子先驱至，不得入。先驱曰："天子且至！"军门都尉曰："将军令曰'军中闻将军令，不闻天子之诏。'"

"已而"：不久。

"之"：到，往。

"士吏"：秦汉时军队官阶的一种，级别较低。此处泛指军官和士兵。

"被甲""锐兵刃""彀弓弩""持满"：这一组动作分别为："被"与"披"同，"被甲"就穿着护甲。"锐"本意是形容兵器锋利，"兵"是武器的意思，"刃"此处应指战刀，"锐兵刃"就是亮出锋利的战刀。"彀"是张开，"弓弩"都是武器，区别在于弩使用机械射箭而弓是人力，在一起泛指射击类兵器。"持"是握住，"满"指的是把弓拉到最大限度。

"先驱"："驱"字本意是快跑，"先驱"此处指皇帝派来的打前阵的先头卫队。

"且"：将要。

"军门都尉"："都尉"是武将的级别，"军门都尉"负责军营纪律、守卫驻地。

"闻"：本意是听到。结合文中内容，是说只听得到军令，听不到皇帝的指令，所以可引申为接受、听从。

"诏"：皇帝下达的命令。

接下来到细柳军营，只见官兵都身披护甲，亮出锋利的兵器，手握弓弩，拉成满弦。皇帝的先头卫队到了营前，不被允许进入。先行的卫士说："皇帝即将到来。"守卫大营的都尉将领回答："将军有命令'军中只听将军军令，不听天子诏令。'"

居无何，上至，又不得入。于是上乃使使持节诏将军："吾欲入劳军。"亚夫乃传言开壁门。

"居"：经过。

"无何"：不久。

"于是"：在这种情况下。

"使"：两个"使"字，前一个是动词，派出的意思；后一个是名词，就是使者、代表。

"节"：符节，能够标志使者身份的凭证，汉时多用专门的竹杖制成，上面缀有羽毛或动物尾巴。

"诏"：此处为动词，送达皇帝的指令。

"壁"：军营的围墙。

等了没一会儿工夫，皇上驾到，也得不到入营许可。在这种情况下，皇上就派了使者，手持符节去传达指令给将军："我要进营慰劳军队。"周亚夫这才传出话来，打开军营围墙上的大门。

壁门士吏谓从属车骑曰："将军约，军中不得驱驰。"于是天子乃按辔徐行。

"从属车骑"："从"是跟随，"属"是指皇帝的属下，"车骑"，车辆和马匹。

"约"：规定。

"驱驰"：骑马或驾车飞奔。

"辔"：牵马的缰绳。"按辔"则是手放在缰绳上控制住马前行的速度。

"徐"：缓慢。

把守营门的士兵对跟随皇帝的车马卫队说："将军规定，军营中不准车马奔驰。"这样一来，皇帝也只能稳住缰绳，在马上慢慢前进。

至营，将军亚夫持兵揖曰："介胄之士不拜，请以军礼见。"天子为动，改容式车。使人称谢："皇帝敬劳将军。"成礼而去。

"持兵"：手执兵器。

"揖"：行拱手礼。

"介胄之士"："介"本意是铠甲，"胄"是头盔。此处做动词用：穿着铠甲，戴着头盔。"介胄之士"就是有盔甲在身的将领。

"拜"：此处指跪拜礼。

"动"：感动。

"改容"：改变了脸上的神色，指表情严肃起来。

"式车"："式"同"轼"，是马车上的组件，人站在马车上时用作扶手的横木。

"称谢"：可以理解为表达敬意。

"敬劳"：致敬和慰问。

"成"：完成。

到了大营，将军周亚夫手执兵器，双手抱拳行礼说："披挂盔甲之将不行跪拜，请允许我按照军中礼仪参见。"皇帝被此举打动，表情严肃起来，下马，换车，俯身扶轼，身体姿态表现出礼敬之情。派人向周亚夫致意："皇帝陛下致敬和慰问将军。"礼仪完毕后离开。

既出军门，群臣皆惊。文帝曰："嗟乎，此真将军矣！曩者霸上、棘门军，若儿戏耳，其将固可袭而虏也。至于亚夫，可得而犯邪！"称善者久之。

"嗟乎"：文言感叹词，表示惊叹之类。

"曩"：从前、先前。

"儿戏"：小孩子的游戏。

"固"：一定。

"至于"：说到，说起来。

已然出了细柳军营大门，众位大臣都被周亚夫的举动惊讶、震动或不安。汉文帝说："哎呀，这才是真正的将军啊！先前霸上、棘门的军营，简直就如同小儿做游戏罢了，那些将领一定会被偷袭俘虏了去。话说回来，周亚夫这样的，敌人还能得手进犯吗？"很长一段时间，汉文帝都对周亚夫赞叹不已。

周亚夫出身汉朝功臣世家，治军有方，受到汉文帝赏识。文帝之后，汉景帝时期，周亚夫又立下大功，任太尉，率军平定了汉朝建立以来最大的叛乱，此后还一度出任丞相。但汉景帝与其父文帝不同，并不认为周亚夫可以全心托付；周亚夫也因为自己的武人脾气和不谨慎付出了代价。皇权时代里，不是每个帝王都有汉文帝那样的好脾气。

课外诵读篇目

［明］　文徵明　《古木寒泉图》

《庭中有奇树》

庭中有奇树

［汉］佚　名

庭中有奇树，绿叶发华滋。
攀条折其荣，将以遗所思。
馨香盈怀袖，路远莫致之。
此物何足贵？但感别经时。

　　这首诗是《古诗十九首》的第九首。《古诗十九首》是东汉时期作品，与通常的乐府诗歌有所不同，它们都是来自不知名的诗人创作而并非民歌。《古诗十九首》几乎可以代表汉代五言古诗的最高水准，诗句的字里行间，能读出创作者的真诚，把意蕴埋在平实与浅近里，温厚反复，动人心弦。这首《庭中有奇树》写思念远行人，盼归无望，心生忧愁。诗中从树写到叶，由叶写到花，再写到采花、赠花，继而写思念，层层推进，诗句的朴素，掩不住满篇的惆怅与忧伤。

《龟虽寿》

龟 虽 寿

[汉] 曹 操

神龟虽寿，犹有竟时；

腾蛇乘雾，终为土灰。

老骥伏枥，志在千里；

烈士暮年，壮心不已。

盈缩之期，不但在天；

养怡之福，可得永年。

幸甚至哉，歌以咏志。

本篇与《观沧海》一样，是曹操所作《步出夏门行》组诗中的一首。

《步出夏门行》来自汉乐府古曲，曹操用四言诗的形式取代了旧有的乐府五言，写得荡气回肠。

"龟虽寿"为后世所设标题。在这一节里，曹操感慨生命终将老去，死亡不可避免，然而人不应该因步入暮年就变得消沉。曹操以老马自比，虽老矣，但不改驰骋千里之志。作此诗时，曹操五十三岁，在古代这个年龄已属老年。作为一代雄才，平定天下的壮心未已，曹操是不会轻易向年龄屈服的。

《赠从弟》（其二）

赠从弟（其二）

［三国］刘　桢

亭亭山上松，瑟瑟谷中风。

风声一何盛，松枝一何劲！

冰霜正惨凄，终岁常端正。

岂不罹凝寒，松柏有本性。

　　刘桢生活在东汉末，是三国曹魏势力的主流诗人。因才华出众，与同代另外六位诗人并称"建安七子"。《赠从弟》是刘桢写给自己堂弟的一组诗歌，本篇是其中第二首，勉励弟弟要像松柏一样，不畏严寒，正气凛然。

　　松柏自古以来为人们所称颂，成为坚贞不屈的象征。孔子就曾赞美说："岁寒，然后知松柏之后凋也。"意思是在一年里最寒冷的时候，其他树木大多凋零，松柏依旧挺立。刘桢在诗里写"冰霜正惨凄，终岁常端正"，正是继承了孔子的思想：越是风声凄惨，越要挺立风中，做人也正如此，要有坚忍不拔的品性。"岂不罹凝寒，松柏有本性"，则是用自然界的松柏来比喻人的道德境界，那个时代的有志之士，确实需要坚定的人格追求，才得以在乱世中安身立命。

《梁甫行》

梁 甫 行

［三国］曹　植

八方各异气，千里殊风雨。
剧哉边海民，寄身于草野。
妻子象禽兽，行止依林阻。
柴门何萧条，狐兔翔我宇。

　　曹植是曹操第三子，后人称赞其才华，说天下才学加起来如果有一石的话，曹植一个人就占了八斗。石和斗都是古代的称重单位，一石共有十斗。这就是成语"才高八斗"的来历。

　　《梁甫行》又名《泰山梁甫吟》，是乐府古曲，属于葬曲或挽歌，多有悲情。曹植的五言诗继承汉乐府的优秀传统，成就尤其突出，《梁甫行》就是曹植目睹民众在乱世中的悲惨生活后，有感而作的一篇五言叙事短歌。诗中的"边海民"是指为逃避苦役、重税而流亡躲到海边荒地的逃民，他们每日躲藏在丛林山野，与野兽争食争住，而原本自己的家园却因为长久无人，变成狐、兔这些兽类的乐园了。

　　曹植除了在诗歌里直接揭示民生疾苦，还曾上书曹魏皇帝、自己的侄子曹叡，劝他减免民众劳役和赋税，鼓励农耕生产。曾经锦衣玉食的贵公子能做到如此，实属难能可贵了。

《浣溪沙》

浣 溪 沙

［宋］晏 殊

一曲新词酒一杯，去年天气旧亭台。夕阳西下几时回？　　无可奈何花落去，似曾相识燕归来。小园香径独徘徊。

晏殊是北宋王朝早期词人，做到宰相一级的高官。晏殊的时代相对安宁，这也使得晏殊的作品风格自有风度，就像一面平静的湖水，风雨来临也会激起涟漪，但总带着含蓄和恬静。比如，这首《浣溪沙》，写的是文学所关切的永恒主题，即对人生几何的叹息，但既没有哀声悲悲戚戚，也不是感慨扑面而下，有的只是娓娓道来。听歌，饮酒，本是快乐的；亭台依旧，气候也好像与去年此时没什么不一样，而夕阳西下处，却生出物是人非的感慨来；接下来，花落去，时光不返，的确叫人无可奈何，而归来的燕子似曾相识，难道不是补偿了一些生命中的遗憾？末句"小园香径独徘徊"，则是释然之后的优雅。

《采桑子》

采 桑 子

[宋] 欧阳修

　　轻舟短棹西湖好，绿水逶迤。芳草长堤，隐隐笙歌处处随。　　无风水面琉璃滑，不觉船移。微动涟漪，惊起沙禽掠岸飞。

　　欧阳修笔下的西湖，不是杭州西湖，而是指颍州的西湖，在今天安徽省阜阳地区。欧阳修在颍州任地方官时就对当地印象很好，后来多次绕道来颍州，告老后终于如愿在颍州定居下来。欧阳修写了《采桑子》十首，都是描绘颍州西湖之妙，本篇就是其中之一。

　　词中风景如画：画面上，有短桨轻舟，有碧绿的湖水绵延，堤岸上花草散出芳香；隐隐传来的乐曲声、歌唱声，随着船儿在湖上飘荡。无风的水面像琉璃般光滑，人在画中游，觉不出船儿在前进，只见微微细浪荡漾。被惊起的水鸟，掠过湖岸，正自在飞翔。

《相见欢》

相 见 欢

〔宋〕朱敦儒

　　金陵城上西楼，倚清秋。万里夕阳垂地大江流。　　中原乱，簪缨散，几时收？试倩悲风吹泪过扬州。

　　朱敦儒生活在北宋灭亡、南宋建立的动荡岁月，这首《相见欢》写于他逃离陷落的国都、到金陵（就是今天的南京）避难之时。作者登上金陵城西门城楼，见秋色无边，顿生亡国之痛。上半阕里的风景——清秋，夕阳，大江奔流，无不充满悲情意味；下半阕则直抒胸臆，哀痛国土沦丧，不禁洒一捧热泪，遥寄在悲情的风中。

《如梦令》

如 梦 令

［宋］李清照

　　常记溪亭日暮，沉醉不知归路。兴尽晚回舟，误入藕花深处。争渡，争渡，惊起一滩鸥鹭。

　　这是一篇李清照少女时期的作品，与成年后的诗词相比，词句里充满清新雅致的格调，可以想象作者此时无忧无虑的生活：日暮时分，乘着酒意，荡舟在长满荷花的池塘，渐渐迷了路，小船划过，惊起藏身在莲叶间的一群水鸟……作为官宦贵族家庭的女孩子，如果没有风云突变的国难，李清照的生活可能会是一直这样自由自在的快乐。国破家亡的时代悲歌，意外成就了李清照后半生或哀婉或悲凉的主流诗词风格，这是词人的不幸，却是词的幸运。

爱上古诗文——初中必读古诗文赏析

八年级·下册

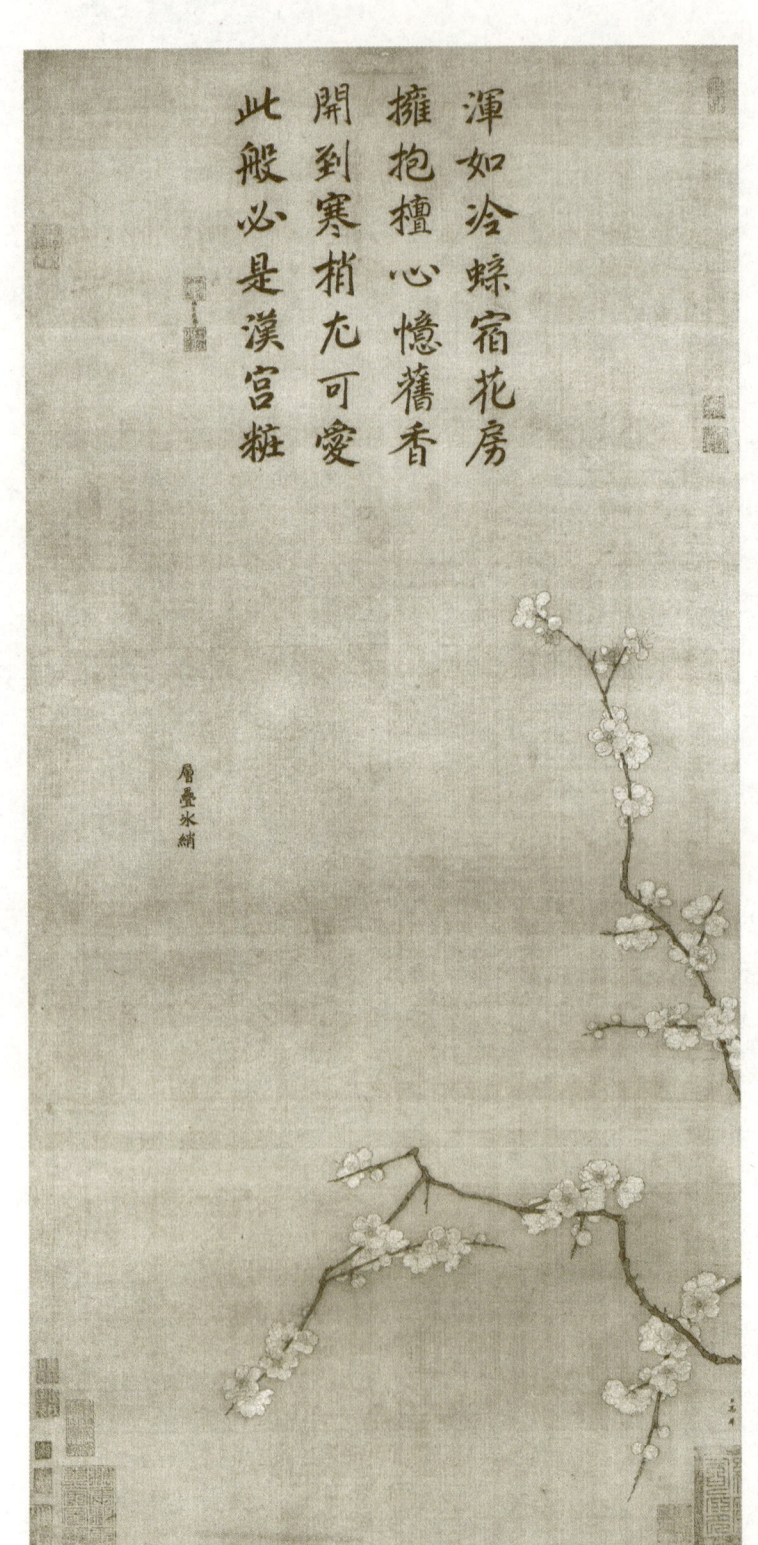

渾如冷蝶宿花房
擁抱檀心憶舊香
開到寒梢尤可愛
此般必是漢宮粧

層叠冰綃

［宋］ 马麟 《层叠冰绡图》

古诗词篇目

［清］ 恽寿平 《秋海棠图》

《诗经》二首

《诗经》二首

关 雎
选自《诗经·周南》

关关雎鸠，在河之洲。
窈窕淑女，君子好逑。

参差荇菜，左右流之。
窈窕淑女，寤寐求之。
求之不得，寤寐思服。
悠哉悠哉，辗转反侧。

参差荇菜，左右采之。
窈窕淑女，琴瑟友之。
参差荇菜，左右芼之。
窈窕淑女，钟鼓乐之。

蒹 葭
选自《诗经·秦风》

蒹葭苍苍，白露为霜。
所谓伊人，在水一方。
溯洄从之，道阻且长。
溯游从之，宛在水中央。

蒹葭萋萋，白露未晞。
所谓伊人，在水之湄。
溯洄从之，道阻且跻。
溯游从之，宛在水中坻。

蒹葭采采，白露未已。
所谓伊人，在水之涘。
溯洄从之，道阻且右。
溯游从之，宛在水中沚。

现在公认的说法是，《诗经》是中国历史上第一本诗歌总集，收录了商代以来，主要是西周至春秋时期的古老诗歌。今天我们读到的篇目，相传是由孔子整理、编选而成。

《诗经》里的诗都是谁创作的呢？实话讲，没有人知道作者的名字，它们大多来自民间。

那个时候，诗真的就是歌，人们到处传唱，不管是耕种时、出游时，还是聚会时，都用歌声记录所见所闻所感，这些歌被采诗官记录下来，得以保存。采诗官这个职务听起来是不是挺有意思？他们是周王朝的正式官员，工作就是在全国各地收集歌谣，然后呈给周王，帮助其了解各地的风俗民情。

代表各地民间风情的歌谣，叫作"国风"，简称"风"。不同的"风"，采自不同的诸侯国领地，比如，来自郑国的民歌，就归在"郑风"的目录下；来自秦国的诗歌，就属于"秦风"。

"风"之外，诗经里还有"雅"和"颂"。

"雅"，收录的是周王朝国都地区的歌曲。不像来自各地的"风"那样形式活泼随意，"雅"的文字似乎显得更正式。"雅"又分"大雅"和"小雅"，区别主要在于表演的规模、场合和音调不完全相同。

"颂"来自宫廷和庙堂，更加严肃端庄。"颂"里面的诗，都是王室贵族在祭祀祖先或者朝堂庆典上使用的歌曲，也很难读懂。"颂"共有三组：来自周王朝的，叫"周颂"；来自周朝的下属鲁国的，叫"鲁颂"；来自周之前商朝的，叫"商颂"。

《诗经》里另有两组内容，来自两位顶级贵族的封地，可能孔子认为这些诗按照身份不太好归类，所以单独称作"周南"和"召南"。从诗歌风格看，仍属于"国风"。

关于《诗经》保存下来的诗歌数量，可能因为历史太久远了，有的歌谣只记录下了题目却没留下内容，总之计算下来，有说三百零五首，有说三百零六首，有说三百十一首。所以人们取了一个整数称"三百篇"，于是《诗经》又有一个别名叫"诗三百"。

教材所选，是《诗经》中著名的两篇。

第一首《关雎》，选自《诗经·周南》。"关雎"这个标题，应该是从诗的第一句中得来。下面会详解。

"周南"，实为"国风"之一却未属"风"之名。"周"即西周初年辅佐幼王功绩显赫的周公旦；"周南"指周公封地，包括今天洛阳以南直到湖北江汉平原一带的广大地区，这里也是《关雎》一诗的故乡。

关关雎鸠，在河之洲。窈窕淑女，君子好逑。

"关关"是古代的象声词，形容鸟叫声，此处特指雌雄相伴，鸣声唱和。

"雎鸠"："雎"指雎水，古代河流名称。"鸠"是某种水鸟。"雎鸠"从字面意思理解，是生长在雎水的鸠鸟。至于这到底是个什么鸟，历史上众说纷纭，今人考证大概率是一种羽毛美丽的野鸭。

"洲"，江河水域中凸起的平地。

"窈窕淑女"："窈"是深远而安静的意思，用以形容女子性格文静；"窕"是细而美好，比喻女子仪态优雅。"窈窕"即指女子性情和体貌都十分美好的样子。"淑"是善良。所以窈窕淑女，就是完美无瑕的女子。

"君子"，指有身份、品行端正的男子。

"逑"，有"在一起"的意思，用作名词，是配偶、伴侣之意。

关关鸣叫相和的雎鸠，结伴在河中小洲上。美丽善良的女子，是君子的好伴侣。

这里要提到《诗经》里很常用的一种写法，叫作"兴"：

写男女相伴，先用一对对的雎鸠来做铺垫；听到雎鸠的鸣叫，联想到君子佳人。两组本不想干的事物，建立起内在的关联，就是"兴"的手法。所以，全诗一开始，写雌雄鸟儿的叫声彼此应答，为的是表现男女两情相悦，由此告诉读者，这是一首描写男子追求女孩子的诗。这是一种含蓄的表达，委婉而巧妙。

参差荇菜，左右流之。窈窕淑女，寤寐求之。

"参差"是长短不齐的样子。

"荇菜"，一种水草，叶浮于水面，可食用。

"流"，求取。

"寤寐"，"寤"是睡醒，"寐"是睡着了。"寤寐"分别代表着白天与黑夜，这里指日日夜夜。

水中长着高低不一的荇菜，女子正左右往来间采摘它；那美好的女子，令人日夜思念，想要去追求她。

这一句同样继续使用"兴"的手法，先写女子忙个不停，衬托男子停不下来的思念。

求之不得，寤寐思服。悠哉悠哉，辗转反侧。

"思服"也是想念的意思。

"悠"是忧思的样子，"悠哉悠哉"，比喻思念之久，绵绵不断；"哉"是语气助词。

"辗转反侧"："辗"即是转，"辗转"多比喻身体翻来覆去的样子；"反"和"侧"都是身体的姿势。"辗转反侧"是描写睡不着觉时身体翻来覆去的模样。

追求了又得不到，整日整夜都是思念；思念是如此悠长啊，让人翻来覆去睡不着。

这一句不再含蓄，强烈地倾诉对女子的思念。

参差荇菜，左右采之。窈窕淑女，琴瑟友之。
参差荇菜，左右芼之。窈窕淑女，钟鼓乐之。

"采"，采摘。

"琴瑟"，分别是两种乐器，都是弹奏的弦乐，瑟较琴的弦数更多。

"友"，互相亲近的意思。

"芼"，挑选。

"钟鼓"，都是敲击乐器。

"乐之"，"乐"是快乐；"乐之"是使动用法，令其喜悦的意思。

水中长着高低不一的荇菜，女子正左右往来间采摘它；弹起琴瑟，来亲近她。

水中长着高低不一的荇菜，女子正左右往来间采摘它；奏响钟鼓，来取悦她。

这两句句式相同，前半部分重复之前采摘荇菜的场景，后半部分则是描写男子除了翻来覆去睡不着觉，也开始用行动来追求女孩子。摘荇菜与弹琴鼓瑟、敲钟击鼓没有逻辑上的关联，这里仍是用"兴"的方式，写男子对女孩的追求，越反复，情感的烘托越突出。

男子最后追求到了女孩子没有呢？结果应该是皆大欢喜的，所以有人解读"琴瑟友之""钟鼓乐之"，认为是男子的庆祝；还有观点说这本来就是一首在婚庆典礼上的歌唱。无论怎样，美好的情感都能引起共鸣，哪怕是来自古老、遥远的岁月。

《关雎》是《诗经》的第一篇，在古代，几乎所有孩子都是从"关关雎鸠，在河之洲"开始，聆听祖先的歌唱，在朗朗读诗声里感受中华文明日出时分的伟大生机。

第二首《蒹葭》选自《诗经·秦风》，是《诗经》中最美的作品之一。

> **蒹葭苍苍，白露为霜。所谓伊人，在水一方。**
> **溯洄从之，道阻且长。溯游从之，宛在水中央。**

"蒹葭"，就是芦苇。写秋日水岸边的芦苇，表达的是与所念之人不能相聚的惆怅。

"苍苍"是描写芦苇茂盛的样子。

"所谓伊人"："所谓"这个词与现代汉语里的意思相差很大。古汉语"谓"字，解作"勤"，是频繁的意思，特指频繁的、常常的想念。"伊"是"那个"。"所谓伊人"的意思就是经常想念的那个人。

"一方"：指另一边。

"溯洄"是逆水流而上。

"从"，追随。

"阻"，艰险。

"溯游"是顺流而下的意思。

"宛"，好像。

秋天的水边，芦苇苍茫，天地寂寥，白露化作秋霜。我心心念的那个人，就在水的另一方。无论是顺流而下，还是逆流而上，找寻到他（也可能是她）的路，都艰辛漫长。他（她）的身影依稀，就在水的中央。

> **蒹葭萋萋，白露未晞。所谓伊人，在水之湄。**
> **溯洄从之，道阻且跻。溯游从之，宛在水中坻。**

"萋萋"，草木茂盛的样子。

"晞"，晒干。

"湄"，河畔水草交界处。

"跻"，（路）高而陡。

"坻"，水中高地。

蒹葭采采，白露未已。所谓伊人，在水之涘。

溯洄从之，道阻且右。溯游从之，宛在水中沚。

"采采"，鲜亮而茂盛的样子。

"未已"，没有完，这里指还没有干。

"涘"，水边靠近山的地方。

"右"，指向右迂回、弯曲。

"沚"，较宽阔的水域中的小片陆地。

这首诗虽然分作三节来写，但诗句基本是在"循环播放"，每节里替换的不同字词，只在表明环境和景物发生变换，以及人物空间转移了，但每节中的情感如出一辙，一唱三叹，就仿佛是从不同角度去阅读一幅优美的画面：

这幅画上，都有白花花的芦苇、灰蒙蒙的天，有朦胧的身影、川流的河水。诗句间都散发着秋天的气息，传递着诗中人物的期盼和伤感。芦苇在风中聚了又散，散了又聚，诗外的我们，也能感觉到，那个秋天里满怀着的忧郁气息。

在整部中国古代诗歌的历史上，《蒹葭》实在是意境悠长的典范。

《石壕吏》

石 壕 吏

［唐］杜 甫

暮投石壕村，有吏夜捉人。老翁逾墙走，老妇出门看。

吏呼一何怒！妇啼一何苦！

听妇前致词：三男邺城戍。一男附书至，二男新战死。存者且偷生，死者长已矣！室中更无人，惟有乳下孙。有孙母未去，出入无完裙。老妪力虽衰，请从吏夜归，急应河阳役，犹得备晨炊。

夜久语声绝，如闻泣幽咽。天明登前途，独与老翁别。

本篇作于公元 759 年。此前一年，杜甫终于摆脱安史叛军的牢笼，逃出了长安。战事持续不断，杜甫仍在四处奔波，他从洛阳回华州（今属陕西渭南），所经之处，满目疮痍，民不聊生。路过陕州，杜甫投宿石壕村，当夜发生的事情令诗人震动，于是用诗歌记录下自己看到的一切。

暮投石壕村，有吏夜捉人。

"暮"是黄昏时候。

"投"，指投宿、借住。

"石壕村"，在河南陕州，今天的三门峡地区。

"吏"，小官，此处指征兵抓人的差役。

傍晚时分诗人来到石壕村投宿住下，夜里有征兵差役挨家挨户在强行抓人去当兵。

老翁逾墙走，老妇出门看。

"翁"，上岁数的男性。"老翁"，年纪很大的男子。

"逾"，是翻过去。

"走"，在古汉语里是"跑"。

家里的老头儿翻过墙头逃走了，老妇人出门看动静。

吏呼一何怒！妇啼一何苦！

"呼"，大呼小叫，吵嚷的意思。

"一何"，多么。

"啼"，啼哭。

果然，差役或是嫌老妇人开门晚了，或是为了显示自己的威风，恼怒起来，凶狠地大声呵斥叫嚷；老妇人哭着诉说自家多么凄苦。

听妇前致词：三男邺城戍。

"词"是言语，"致词"是对某人说话。

"男"，男子，此处指老奶奶的三个儿子。

"邺城"，地名，在河南安阳地区。

"戍"，守卫。

听到老奶奶走上前对差役说道：自己的三个儿子都被征调去守卫邺城。

一男附书至，二男新战死。

"一男"，指其中一个儿子。

"附书"，指托别人捎带家信。

"二男"，指另两个儿子。

活着的儿子托人带的家信才收到，其他两个儿子刚刚已经战死了。

存者且偷生，死者长已矣！

"存者"，指活着的人。

"且"，姑且。

"偷生"，勉强活下去。

"长"，长久地。

"已"，停止，结束。

活着的人姑且活一天算一天吧，死去的人永远完结，不会复生了！

这两句是老妇人的悲诉，同样也应该是诗人心头的哀叹。

室中更无人，惟有乳下孙。

"更"是强调，再也的意思。

"惟"，唯独，只。

"乳下"，指还在吃奶。

家里再也没有可派上用场的人了，只有还在吃奶的小孙子。

有孙母未去，出入无完裙。

因为有这个要吃奶的小孙子在，他的母亲还没有离去，但进进出出连一件完好的衣裳都没有。

老妪力虽衰，请从吏夜归，

"老妪"，老妇人。此处是老妇人的自称。

"请"，请让我，是请对方同意的意思。

"从"，跟随。

老太太我虽然衰弱，没什么力气，就让我跟着你们连夜回去吧。

急应河阳役，犹得备晨炊。

"急"，赶快、急忙。

"应"，指应征。

"河阳"，地名，当时政府军在此与叛军对峙。

"役"，兵役。

"犹"，还。

"得"，能够。

"晨炊"，指早饭。

赶快征我到河阳去吧，还赶得上能为军队准备早饭。

老妇人的话到这里就结束了。

这十三句诗，并不是老妇人一口气说下去的，而差役也绝不可能只是安静地在一旁听着。从"有吏夜捉人"一句，就可以想象差役的凶横架势。如狼似虎地扑进屋来，见不到可抓的男人，会不停地恶狠狠地质问、吼叫吧。

夜久语声绝，如闻泣幽咽。

"绝"，断绝。

"如"，好像、仿佛。

"闻"是听到。

"泣幽咽"：轻声的、断断续续的哭声。"幽"是静默，此处指声音极低；"泣"指默默地流泪；"咽"哽咽，指低声地哭。

夜越来越长，说话的声音也消失了，隐约仿佛听到有人在哭，哭声哽咽，低沉，断断续续。

哭的人会是谁呢？是越走越远、哭声慢慢消失在无边暗夜里的老妇人？还是留在家中、丈夫战死、公婆或逃或抓的那个年轻母亲？还是偷偷潜回家中、老伴儿却已不见的老头儿？

哭声，难道不是来自每一个无助的百姓吗！

诗人自己，也该是细心倾听，心绪起伏，彻夜未眠吧。

天明登前途，独与老翁别。

"登"是踏上的意思。

"独"，只有、唯独。

天亮之后诗人上路继续前行，只能与偷偷回到家里的老翁告别了。

结尾两句，有无限深情。想到前一天傍晚投宿时，还是两位老人双双在迎接自己，只隔一夜，就物是人非，只能与逃亡归来的老翁独自作别。老翁接下来会有怎样的遭遇，前去河阳的老妇人又会怎样，我们都不敢想象；诗人虽然未写，却令人不寒而栗。

这首《石壕吏》极简洁，也极古朴，短短数行，便使人看到战乱里普通百姓的命运；诗人有无限的同情与共情，我们才能读到如此悲天悯人、可泣鬼神的诗句。杜甫的诗被称作"诗史"，诗歌里描述的，正是那个时代无数活生生的历史。

杜甫写有"三吏"诗，比起描写守关拒敌的"潼关吏"和依令征兵的"新安吏"，"石壕吏"是典型的恶吏。当恶吏可以随意闯进百姓家抓人的时候，一个王朝的衰亡也就此注定了。

《茅屋为秋风所破歌》

茅屋为秋风所破歌

［唐］杜　甫

八月秋高风怒号，卷我屋上三重茅。茅飞渡江洒江郊，高者挂罥长林梢，下者飘转沉塘坳。

南村群童欺我老无力，忍能对面为盗贼。公然抱茅入竹去，唇焦口燥呼不得，归来倚杖自叹息。

俄顷风定云墨色，秋天漠漠向昏黑。布衾多年冷似铁，娇儿恶卧踏里裂。床头屋漏无干处，雨脚如麻未断绝。自经丧乱少睡眠，长夜沾湿何由彻！

安得广厦千万间，大庇天下寒士俱欢颜！风雨不动安如山。呜呼！何时眼前突兀见此屋，吾庐独破受冻死亦足！

这篇流传深远的杜诗，作于杜甫在四川成都草堂期间。标题上所说的茅屋，就是后世广为人知的杜甫草堂。

杜甫来到成都躲避战乱，在浣花溪边盖起一座茅屋，总算有了一个栖身之所。不料没到一年，大风吹坏了草屋，偏偏又遇上大雨。诗人由自己的遭遇，引发感慨万千，诗中所写是数间茅屋，心中所念是天下家国。

"茅屋"即茅草搭建的屋子；"为"是"被"的意思；"破"是毁坏、破坏。"歌"即是诗歌。

八月秋高风怒号，卷我屋上三重茅。

"八月"指农历八月。传统历法的七、八、九三个月为秋季，诗中所说的八月相当于公历十月初前后。

"秋高"，秋季天空高远，故"秋高"指秋意正浓。

"号"，号叫，呼号。

"三重"，好几层。"三"是虚指，泛指多。

八月秋正浓，狂风如愤怒般呼号，卷走了我家屋顶上的好几层茅草。

茅飞渡江洒江郊，高者挂罥长林梢，下者飘转沉塘坳。

"江"，指草堂邻近的浣花溪。

"挂""罥"，都是悬挂的意思。

"长"，本意是距离远，此处指树木高。所以"长林梢"就是高高的树枝梢头。

"坳"，低凹处，洼地。

茅草乱飞，飘过浣花溪，散落在江边；飞得高的，悬挂在高高的树梢上，飞得低的，飘飘扬扬、兜兜转转，沉落到池塘洼地里去了。

南村群童欺我老无力，忍能对面为盗贼。

"忍能"："忍"，狠心。"能"，如此、这样。

"对面"即面对面，当面。

南村的一群孩子欺负我年老没力气，竟能狠心当面就做强盗抢起东西来。

公然抱茅入竹去，唇焦口燥呼不得，归来倚杖自叹息。

"公然"是大模大样的样子。

"入竹去"，走进竹林里去。

"呼"是呼叫、喝止的意思；"呼不得"即喝止不住。

他们大模大样抱起茅草，跑进竹林里去了。我喊得口干舌燥，也喝止不住，只得独自回来，扶着手杖独自叹气。

俄顷风定云墨色，秋天漠漠向昏黑。

"俄顷"，一会儿的意思。

"定"，停下来。

"漠漠"，阴沉迷蒙的样子。

"向"，趋向、接近的意思。

一会儿风停了，墨色的云布上天空，本是迷蒙的秋色变得昏黑阴暗。

布衾多年冷似铁，娇儿恶卧踏里裂。

"衾"，被子。

"娇儿"，年幼的孩子。

"恶卧"一词，历来解读不一。通常的说法，是指小孩子睡觉的姿势不好。也有解释说，"恶卧"一词为唐代地方俗语，专指小孩子睡觉不安分、不老实。结合诗句来看，似乎更合理，只是很难得知，此处杜甫是不是真的嵌入了方言俗语。还有一种结合上下文字后的推断，此处"恶"应是厌恶的意思，意思是小儿不喜欢不舒服的被子，所以乱蹬。可存此一说。古人说"诗无定解"，以合理为主就是。

"踏"就是踩。

"里"指被子的衬里。

布做的被子已经盖了好多年，变得又冷又硬，就像铁板；年幼的孩子睡觉不老实，乱蹬乱踏，把被里都蹬破了。

床头屋漏无干处，雨脚如麻未断绝。

"屋漏"此处是一个专有名词：古人建房，屋内西北角留有天窗，以便阳光照进。所以"屋漏"是专指房顶某处。

在这句诗里，"床头""屋漏"分指不同地方，可理解为泛指整个屋子。

"雨脚"是雨点相连不绝的意思。

"麻"指麻线。

下雨时房顶漏水，整个屋里没有一点儿干燥的地方，流进来的雨水像麻线一样密集不断。

自经丧乱少睡眠，长夜沾湿何由彻！

"丧乱"："丧"是家中有人死去。"乱"指战乱。安史之乱爆发的同时，杜甫的小儿子死去，国乱家丧的哀痛，一直伴随着杜甫的颠簸岁月。

"沾"是被水浸透的意思。

"何由"，怎能，如何。

"彻"，到。

自从经历国破家亡的丧乱之变以后，我睡眠的时间很少，守着被水浸透的屋子，如何才能听凭漫漫长夜早些结束啊。

安得广厦千万间，大庇天下寒士俱欢颜！风雨不动安如山。

"安"，怎么样。

"广"是面积大、宽敞的意思。"厦"指房屋。"广厦"就是宽敞大屋。

"庇"是遮蔽、遮掩。

"寒士"，本意是指出身低微的读书人，此处代指家境贫寒的所有人。

"俱"，都。

怎样能够得到千万间宽敞的大房子，尽最大力，遮掩庇护着天下所有贫寒之人，让他们脸上露出笑容，让房子在风雨中也能安稳如山一般。

呜呼！何时眼前突兀见此屋，吾庐独破受冻死亦足！

"呜呼"，感叹词，有叹息之意，近似"唉"。

"突兀"，高耸的样子。

"庐"，房子。

"足"，值得。

唉！什么时候眼前忽然就能出现这样的房屋，就算只剩我的茅屋破烂、令我受冻而死，也是值得啊！

别林斯基说："任何伟大的诗人之所以伟大，是因为他的痛苦和幸福的根深深地伸向社会和历史的土壤里，他从而成为社会、时代以及人类的代表的喉舌。"杜甫正是这样的了不起——在诗里，他描写痛苦，但不是单纯写自身的痛苦，而是通过自己的境遇，来表现"天下寒士"的痛苦，表现社会和时代的苦难。狂风连雨无情袭来，"吾庐独破"固然堪忧，但他竟还发愿，盼得有广厦万间，能"大庇天下寒士俱欢颜"。这样的心灵，是何等高贵！

《卖炭翁》

卖 炭 翁

［唐］白居易

　　卖炭翁，伐薪烧炭南山中。满面尘灰烟火色，两鬓苍苍十指黑。卖炭得钱何所营？身上衣裳口中食。可怜身上衣正单，心忧炭贱愿天寒。夜来城外一尺雪，晓驾炭车辗冰辙。牛困人饥日已高，市南门外泥中歇。

　　翩翩两骑来是谁？黄衣使者白衫儿。手把文书口称敕，回车叱牛牵向北。一车炭，千余斤，宫使驱将惜不得。半匹红纱一丈绫，系向牛头充炭直。

　　《卖炭翁》原诗的标题下面，诗人有自注云："《卖炭翁》，苦宫市也。""苦"是"以……为苦"的意思。"宫"指的就是皇宫，"市"就是买。"宫市"是当时唐德宗贞元末，皇宫里需要物品，就向市场上去拿，随便付极少的价钱，基本等同于公开掠夺，并且有宫里的太监专门负责这件事。《卖炭翁》这首诗，写的就是一位卖炭老人遭遇"宫市"掠夺的经过。

卖炭翁，伐薪烧炭南山中。
"伐"是砍的意思，"薪"指木柴。"伐薪"就是砍柴。
卖炭的老翁，在南山里砍柴烧炭，以此谋生。

满面尘灰烟火色，两鬓苍苍十指黑。

"烟火色"是指常年被烟熏火燎的面容。

"苍苍"是灰白的颜色。

他满面灰尘，烟熏火燎的脸色憔悴沧桑，两鬓头发灰白，十个手指也多年被炭染得乌黑。

卖炭得钱何所营？身上衣裳口中食。

"营"是谋求。"何所营"可理解为"做什么用"的意思。

卖炭得来的钱做什么用呢？无非是花在身上穿的衣裳、嘴里吃的食物上面。

卖炭所得是老翁唯一的指望。底层百姓谁不是这样呢，仅能温饱，便已不易。

可怜身上衣正单，心忧炭贱愿天寒。

"可怜"是值得同情怜悯。

"单"就是单薄的意思。

可怜他此刻身上只穿着单薄的衣服，却因为担心炭卖不出价钱，反倒希望天更寒冷。

天气越冷，才有人更需要买炭取暖，才能把炭卖出去，自己的衣食才有着落。为了这些，身穿单衣的老人即使冻得发抖，还是宁愿天气再冷些吧。读到此处，无法不令人同情和叹息。

夜来城外一尺雪，晓驾炭车辗冰辙。

"辗"，此处同"碾"，轧过去的意思。

夜里城外下了一尺厚的大雪，天刚刚亮，老翁驾着装满炭的牛车，碾过冰冻的车轮印，赶去集市。

天刚亮，雪后路上冻着高低不平湿滑的冰凌，车辙印没在雪里，老翁就上路了。至少此时，老翁心里怀着希望啊：这样的雪后，炭总该好卖出去吧！

牛困人饥日已高，市南门外泥中歇。

"困"，疲乏的意思。

太阳已经升得很高，牛累了，人饿了，他们就在集市南门外的泥泞中歇息。

翩翩两骑来是谁？黄衣使者白衫儿。

"翩翩"，本指行动轻快、举止洒脱的状态。此处因为写的是反面人物，翩翩则有讽刺意味，写其得意扬扬、不可一世的样子。

"骑"，读作 ji，四声。意思是：骑马的人。

"黄衣使者"，指宫内太监，穿黄色衣服；"白衫儿"指的是太监的手下、爪牙。

那得意忘形骑马而来的是谁呢？是皇宫内的太监和其手下。

手把文书口称敕，回车叱牛牵向北。

"把"，拿着。

"敕"，皇帝的命令。

"回车"，是把车调回头的意思。

"叱"，吆喝、呵斥。

"北"长安城集市在城南，北面是皇宫的方向。

太监手里拿着文书，嘴里宣称是皇帝的命令，把牛车掉个头，吆喝着牛，就朝皇宫拉去。

一车炭，千余斤，宫使驱将惜不得。

"宫使"，宫中的使者，即指太监和其手下。

"驱将"，"驱"是驱赶，把牛车牵走。"将"是语气助词。

"惜不得"，吝惜不得的意思。

一车炭，一千斤之多，太监们硬是要把整车牵走，老翁是多么舍不得，可又能怎么样呢。

半匹红纱一丈绫，系向牛头充炭直。

"匹"是纺织物长度的计量单位，按照古尺标准，一匹绢布宽是二尺二寸，长为四丈。

"红纱"就是红色的薄丝绸。

"绫"，丝织物的一种。唐代绢帛等丝织品可以直接当作货币使用，诗中虽然没有说明半匹纱、一丈绫的价值，但结合史料记载，当时"宫市"的无耻惯例是

"率用百钱物，买人直数千钱物"，就是拿值百钱的东西，去换购人家价值数千钱的物品。差值基本在十倍以上。由此我们可以知道，千斤炭，至少抵得上十倍的"半匹红纱一丈绫"！

"系"是捆扎的意思。

"直"即"值"；"炭直"就是炭的价值、价钱。

太监们拿出半匹红绸和一丈丝绫，往牛头上一系，就充当炭的价钱了。

据记载，这一切是白居易亲眼所见。诗人用一支素笔写下生动细腻的诗句，甚至不需描绘，只如实记录下的这一幕幕场景，时时读来，都给人历历在目之感。如果不充满深刻的同情，无法写出如此真切的诗句。

我们无法知晓老翁此后的境遇，不敢去想一位孤苦老人伤心回家的背影。可以想象，生在那样的时代，无数底层民众会有怎样的命运。

文言文篇目

成化辛卯初夏余進毘陵
遇竹罏山房得晉熙師，
酌竹林深夜談話閒出意成
索畫余時薄醉隨筆戲作此
圖以供清賞
　　　　　南齊沈貞

隆下西湖惠泉
竹枝小竹趙州
禪茶十載三瓷
涤塵瑩揭風化
三百　南齊沈貞此圖

[明] 沈贞 《竹炉山房图》

《桃花源记》

桃花源记

〔晋〕陶渊明

晋太元中，武陵人捕鱼为业。缘溪行，忘路之远近。忽逢桃花林，夹岸数百步，中无杂树，芳草鲜美，落英缤纷。渔人甚异之，复前行，欲穷其林。

林尽水源，便得一山，山有小口，仿佛若有光。便舍船，从口入。初极狭，才通人。复行数十步，豁然开朗。土地平旷，屋舍俨然，有良田、美池、桑竹之属。阡陌交通，鸡犬相闻。其中往来种作，男女衣着，悉如外人。黄发垂髫，并怡然自乐。

见渔人，乃大惊，问所从来。具答之。便要还家，设酒杀鸡作食。村中闻有此人，咸来问讯。自云先世避秦时乱，率妻子邑人来此绝境，不复出焉，遂与外人间隔。问今是何世，乃不知有汉，无论魏晋。此人一一为具言所闻，皆叹惋。余人各复延至其家，皆出酒食。停数日，辞去。此中人语云："不足为外人道也。"

既出，得其船，便扶向路，处处志之。及郡下，诣太守，说如此。太守即遣人随其往，寻向所志，遂迷，不复得路。

南阳刘子骥，高尚士也，闻之，欣然规往。未果，寻病终。后遂无问津者。

《桃花源记》是中国古代最奇异的故事之一，也是古代汉语留下的最精彩的文字之一，读《桃花源记》，可以使人对汉字充满美的想象。它的作者是东晋文学家陶渊明。

陶渊明生活在东晋末年，社会动荡。他选择远离乱世、投身田园，纯洁而独立。《桃花源记》就是在陶渊明隐居的日子里写下的一篇故事。

其实陶渊明在作这篇文章时，并没有用"桃花源记"的篇名，原题为"桃花源诗并序"，意思是：一首写桃花源的诗以及这首诗的序言。这是一篇有诗、有文的组合，后人把其中的序言作为一篇独立文章，命名为"桃花源记"。这篇文字流传太广，以至原诗反倒没有序言名气大了。

"桃花源"是陶渊明虚构出来的地名。"源"可以理解为源头。在陶渊明的笔下，故事就是从寻找桃花盛开的源头开始的……

晋太元中，武陵人捕鱼为业。缘溪行，忘路之远近。忽逢桃花林，夹岸数百步，中无杂树，芳草鲜美，落英缤纷。渔人甚异之，复前行，欲穷其林。

"太元"：东晋的孝武皇帝在位时使用的年号。年号是中国古代特有的纪年形式之一，一位皇帝统治期内，有一个或者多个年号。年号的用字，都选那些庄严和祥瑞的字词。

"武陵"：地名，今湖南常德一带。

"缘"：本意是依循、根据，这里理解为沿着、顺着的意思。

"夹岸"："夹"的本意是从两侧握住，文中"夹岸"强调的是岸的两边都有桃树。

"步"：古代计算长度的单位，东晋时一步大约是今天的 1.3 米。

"芳"：花草的香气。

"英"：本意是只开花朵、不结果实的一类花，此处就代指花。

"缤纷"：杂乱繁多的样子。

"异"：奇怪。此处为感到奇怪。

"穷"：本意是尽头。此处用作动词，到其尽头的意思。

东晋太元年间，有个武陵人靠捕鱼为生。这天，他沿着小溪一直向前划着船，结果忘记自己走了多远。忽然遇到一片桃花林，沿着小溪两岸，几百步以内开满了桃花，里面没有一棵其他的树。林间花草散发着芬芳，花瓣纷纷扬扬地飘下来。

这个打鱼人感到非常惊奇，继续往前走，打算找到林子的尽头。

　　林尽水源，便得一山，山有小口，仿佛若有光。便舍船，从口入。初极狭，才通人。复行数十步，豁然开朗。土地平旷，屋舍俨然，有良田、美池、桑竹之属。阡陌交通，鸡犬相闻。其中往来种作，男女衣着，悉如外人。黄发垂髫，并怡然自乐。

"便"：副词，即、就。

"仿佛"：好像、隐约的意思。

"才通人"："才"是仅仅，"通"是通过。"才通人"是"仅仅能通过一个人"的意思。

"豁然开朗"："豁"字本意是畅通的山谷，引申为畅通、开阔的意思。"然"是指样子。"开"是打开、张开的意思，"朗"是明亮。"豁然开朗"，形容由狭窄幽暗突然变得开阔敞亮。

"旷"：本意是空间大而明亮，最接近的现代汉语词汇应该是敞亮。

"俨"：本意是恭敬，引申为端正，这里指整齐。

"属"：类，诸如此类的意思。

"阡陌交通"："阡"和"陌"都指的是田间小路，阡、陌各自的方向不同。"交"是连接，"通"是连通。"阡陌交通"，指田间小路交错相通。

"悉"：全部，都。

"外人"：此处第一次出现"外人"一词。文中后面还有两处"外人"。此处之意，与后两处不同。这里的"外"，是对打鱼人而言，指的是超出他的生活常识的，在他的认知以外。所以，这第一次"外人"的意思应该是在自己生活范围之外的人。

"黄发"：黄色的头发。古人认为长寿的老年人头发会由白转黄，所以黄发在这里代指老人。

"垂髫"："髫"是古时候小孩子的一种发型，头发从脑门上垂下来，不用梳理。只有小孩子才有垂髫，长大以后就要按照礼仪把头发束扎起来了，所以"垂髫"指童年，这里是代指小孩。

"怡"：平和而愉快。

到了溪水的源头，桃林终于走完了，随即看到了一座山，山间有小洞口，隐约像是有光亮。打鱼人于是丢下船上了岸，从洞口走进山里。刚开始的时候洞口非常狭小，只能容得下一个人钻过去。继续又走了几十步远，一下子开阔明亮起来。眼前土地平整敞亮，房屋整整齐齐。看上去有肥沃的耕田、漂亮的池塘，还有桑树、竹林诸如此类。田间的小路相互连接，鸡鸣狗吠之声互相可以听到。这个山村里面，来往走动和耕地劳作的男男女女，穿衣打扮的样子，在打鱼人看来，都太奇怪了，像自己生活之外的人。那些老人和孩子，都安静平和，自得其乐。

> 见渔人，乃大惊，问所从来。具答之。便要还家，设酒杀鸡作食。村中闻有此人，咸来问讯。自云先世避秦时乱，率妻子邑人来此绝境，不复出焉，遂与外人间隔。问今是何世，乃不知有汉，无论魏晋。此人一一为具言所闻，皆叹惋。余人各复延至其家，皆出酒食。停数日，辞去。此中人语云："不足为外人道也。"

"问所从来"："问"是询问，"所从来"是从哪里来。这是一个省略句，是村中人在问打鱼人。

"具"：详细。

"便要还家"："便"是就，"要"在这里与"邀"相同，邀请的意思。"还家"就是回家。这依然是个省略句，说的是村中人邀请打鱼人一起回家。

"设"：安排。

"咸"：都。

"先世"：指家族的祖先。

"秦时乱"：或是指秦末的混战，也可能是指秦灭六国期间的战乱，陶渊明没有明说，但总之那是一个更加糟糕的年月。

"妻子"：此处指妻子儿女，与现代汉语"妻子"一词不同。

"邑人"："邑"是聚居，"邑人"，住在一起的人，这里就是同乡、乡亲的意思。

"绝"：断绝，这里理解为与世隔绝。

"遂与外人间隔"："遂"，就的意思；"外人"，此处指桃花源之外，泛指外面世界的人；"间"是不连接的意思，"隔"是分开，"间隔"就是没有联系、不通音讯。

"世"：时代。

"乃"：副词，竟然的意思。

"无论"："无"是不，"论"是说，"无论"，不要说的意思。

"——"：按顺序一个一个的。

"为"：给，对。

"具"：全，都。

"言"：说。

"所闻"：自己所听来、了解到的。

"叹惋"：感叹惋惜。

"延"：本意是引导着进去，有邀请的意思。

"语云"："语"是告诉，"云"是说。

"不足"："足"是值得，"不足"则是不值得、没必要的意思。

"外人"：这里的外人显然是指桃花源之外的人们。

村中人看到打鱼人进来，感到十分惊讶，一个劲儿地问他，是从哪里来的。渔人全都详细地回答了。村中人就邀请渔人到家去，准备了酒，还杀了鸡，做饭招待渔人。村里面听说来了这么样一个人，都跑来询问打听消息。村里人自己说起来，是老祖宗为了逃避秦代的战乱，带领妻子儿女还有同乡来到了现在这个与世隔绝的地方，再也没有出去过，于是就与外面的人没了联系。村人问起来现在外面是什么时代了，竟然不知道有过汉朝，更不用说之后的魏和晋了。这个打鱼人把自己听到、知道的，一一地都详细地说给村中的人们，村人都感叹惋惜。村里的其他人各自继续邀请渔人到家中做客，都拿出酒饭款待。打鱼人停留了几天，向村人告别离开。村中人告诉渔人说："不必对外面的人说起这里。"

既出，得其船，便扶向路，处处志之。及郡下，诣太守，说如此。太守即遣人随其往，寻向所志，遂迷，不复得路。

"既"：已经。

"扶"：此处解释为顺着、沿着。

"向"：过去的。

"志"：本意为记号，此处作动词用，做记号。

"及"：到。

"郡下"："下"指地方，"郡下"就是武陵郡城。

"诣"：拜访、拜见的意思。

"太守"：郡的长官。

打鱼人一出了村，找到自己的小船，就沿着来时的路线往回走，一路上还在每个地方都做了记号。到了郡城，就去拜见太守，把经过都说了出来。太守立刻派人跟着渔人前去，寻找之前留下的标记，终于还是迷了方向，没能再找到去桃花源的路。

南阳刘子骥，高尚士也，闻之，欣然规往。未果，寻病终。后遂无问津者。

"欣然"："欣"是高兴，"欣然"，高兴愉快的样子。

"规"：动词，计划。

"未果"："果"是结局、结果，"未果"就是没有结果。

"问津"："津"的本意是渡口、船停靠的码头，引申为路途的意思。"问津"，打听路途，就是问路，此处是"访求、探求"的意思。

南阳有位叫刘子骥的，是个志向高远、品行纯净的人。听说了渔人去过桃花源这事，高高兴兴打算前往寻找，计划了半天也没有什么动静，不久就因病去世了。后来，就再没有打听桃花源去路的人了。

据说，这位刘子骥，历史上真有其人，并且和陶渊明是远亲，两人关系不错。所以刘子骥之死应该是正常死亡，并不像因为动了寻找桃花源的念头就遭到灭口，故事也扯不到鬼怪灵异上去。作者提到这些，可能就是信手拈来，为给故事增加一点点悬念吧。

陶渊明用三百二十个字，勾画出一个唯美的"世外桃源"，比起作者所处世道的污浊，桃花源美好得就像一个梦。"世外桃源"这个词，让后人可以无限地去梦想，那种属于人类本该如此的生活：没有战争、不被打扰、平和快乐……

故事讲完了。桃花源到底在哪里呢？它至少在每个人的心底吧。希望每个人都找得到自己的桃花源，哪怕它"不足为外人道"。

附录：《桃花源诗》

　　既然《桃花源记》是为诗写的序言，那么我们不妨也来读一下《桃花源诗》，这是以诗人的口吻来讲述桃花源里人们生活的和平与安宁。

> 嬴氏乱天纪，贤者避其世。
>
> 黄绮之商山，伊人亦云逝。
>
> 往迹浸复湮，来径遂芜废。
>
> 相命肆农耕，日入从所憩。
>
> 桑竹垂馀荫，菽稷随时艺；
>
> 春蚕收长丝，秋熟靡王税。
>
> 荒路暧交通，鸡犬互鸣吠。
>
> 俎豆犹古法，衣裳无新制。
>
> 童孺纵行歌，班白欢游诣。
>
> 草荣识节和，木衰知风厉。
>
> 虽无纪历志，四时自成岁。
>
> 怡然有余乐，于何劳智慧？
>
> 奇踪隐五百，一朝敞神界。
>
> 淳薄既异源，旋复还幽蔽。
>
> 借问游方士，焉测尘嚣外。
>
> 愿言蹑清风，高举寻吾契。

　　诗的最后一句，明明白白看出作者的心意：我愿说出心声，愿踏着清风白云，愿高飞入天，去寻找真正理解我的人啊！

　　其实陶渊明有无数知音，在一起寻找桃花源，一起追寻理想。陶翁若有知，也当欣慰。

《小石潭记》

小石潭记

〔唐〕柳宗元

从小丘西行百二十步，隔篁竹，闻水声，如鸣珮环，心乐之。伐竹取道，下见小潭，水尤清冽。全石以为底，近岸，卷石底以出，为坻，为屿，为嵁，为岩。青树翠蔓，蒙络摇缀，参差披拂。

潭中鱼可百许头，皆若空游无所依，日光下澈，影布石上。佁然不动，俶尔远逝，往来翕忽，似与游者相乐。

潭西南而望，斗折蛇行，明灭可见。其岸势犬牙差互，不可知其源。

坐潭上，四面竹树环合，寂寥无人，凄神寒骨，悄怆幽邃。以其境过清，不可久居，乃记之而去。

同游者：吴武陵，龚古，余弟宗玄。隶而从者，崔氏二小生，曰恕己，曰奉壹。

"记"是古文的一种文体，以记录叙事为主，很多类似今天的游记，比如这篇《小石潭记》，就是记载了一次出游。《小石潭记》全名为"至小丘西小石潭记"，作者是唐代文学家柳宗元。

后人把柳宗元的文学地位抬得很高，明朝人挑出唐、宋共八位文学家，称

"唐宋八大家"，柳宗元位列其中。我们曾经读到过柳宗元的名诗《江雪》，其才华确实令人印象深刻。柳宗元被贬到湖南永州期间，寻访了八处优美的山水小景，写成一系列游记文字，称"永州八记"，《小石潭记》是其中第四篇。

　　从小丘西行百二十步，隔篁竹，闻水声，如鸣珮环，心乐之。伐竹取道，下见小潭，水尤清冽。全石以为底，近岸，卷石底以出，为坻，为屿，为嵁，为岩。青树翠蔓，蒙络摇缀，参差披拂。

"小丘"："丘"是堆土而成的小山，此处"小丘"正是《永州八记》第三篇里描写的小山。其实，《永州八记》的八篇是一个连续的整体。

"篁竹"："篁"本意是古代管乐器的一个部件，用上等竹子制成。"篁竹"在这里泛指竹子，算是对竹子的美誉。

"珮环"："珮"和"环"都是玉做的装饰品，前者挂在衣带上，后者则更大一些，中间有孔。

"清冽"："清"是洁净；"冽"是凉、有寒气。

"近岸，卷石底以出"：这句话逐字看，则十分难解，尤其是关于"卷"字，古今众说纷纭。文中此处强调的，是岸边之石与水底石头的不同，结合生活中所见，可以理解为：靠近岸边，石头变得弯曲不平，露出水面。

"坻"：水中高出水面的小块地方。

"屿"：岛。较之坻更大。

"嵁"：高出水面而且高低不平的石头。

"岩"：此处指水面上高耸的石头，比嵁更高。

"蒙络摇缀"："蒙"是遮盖，"络"是缠绕，"摇"是摆动，"缀"是连接，这四字都是写枝叶的样貌。

"参差披拂"："参差"，不整齐；"披"，散开；"拂"，甩动。

　　从小土丘向西走一百二十步，隔着一片精美的竹林，就听到流水声，声音像玉珮玉环相碰，清脆悦耳，令人心中喜悦。砍倒一些竹子，开出一条小道来，一路走下去就看见一个小水潭，潭水格外清凉。小潭的底部是一整块大石头，靠近岸边的地方，石头弯曲不平，露出水面，看上去像水中高地，像小岛，像凹凸的怪石，像高耸的山崖。青翠色的树木和藤蔓，相互覆盖着，缠绕在一起，接连摇动，长短不一的枝叶在风中散了又聚，飘摆不定。

　　潭中鱼可百许头，皆若空游无所依，日光下澈，影布石上。怡然不动，俶尔远逝，往来翕忽，似与游者相乐。

"可"：大约。

"若空游无所依"：好像在空中游动，没有什么依傍的。

"澈"：本意是水清的状态，此处指水清可见底，日光可以直接照射下来。所以可以理解为日光穿透的样子。

"布"：散在各处。

"怡"：本意是呆呆地，文中指静止的样子。

"俶尔"：此处可以按"忽然"来理解。

"翕忽"："翕"的本意是鸟扇动翅膀起飞，比喻轻快；"忽"是急速、快。所以"翕忽"是轻快迅速的样子。

　　潭中的鱼大约有一百来条，像游动在空中，没有什么依托一样。阳光直射到水底，鱼的影子散映在潭底的石头上。鱼呆呆地，一动不动，忽然又游走，去了远处，来来回回地，那样轻快敏捷，像在同游玩的人互相逗着玩。

　　潭西南而望，斗折蛇行，明灭可见。其岸势犬牙差互，不可知其源。

"斗折"："斗"指天上的北斗星。北斗星的七颗星被想象成相连在一起，形成的线条曲折、勾连。"斗折"就是像北斗星一样曲曲折折。

"蛇行"：蛇爬行的样子很猥琐，是像"之"字形一样折线前进。蛇行就是像蛇爬行的线路一样弯弯曲曲。

"差互"："差"是不整齐、没有规律的样子，"差互"就是互相错落。

　　向小石潭的西南方向望，溪水像北斗星似的曲折流淌，水流如蛇前行般蜿蜒前行，忽明忽暗，时隐时现。溪水两岸的形状就像狗的牙齿，相互交错，弄不明白水的源头在哪里。

　　坐潭上，四面竹树环合，寂寥无人，凄神寒骨，悄怆幽邃。以其境过清，不可久居，乃记之而去。

"合"：关闭。

"寂寥"："寂"是安静，"寥"是冷清。

"凄神寒骨"："凄"，因为心情悲伤引起的身体上的寒冷，可简单理解为"凄凉"。此处是感到凄凉的意思。"神"，指内心或心情。"寒"是寒冷，"寒骨"是使骨头寒冷。

"悄怆幽邃"："悄"，忧伤；"怆"，悲伤；"幽"，昏暗而隐蔽；"邃"，深远。

坐在潭边上，四面翠竹绿树环绕包围，安静冷清，空无一人。令人心中悲凉，寒气透骨，四下幽暗深远，充满伤感气息。因为这里的环境太凄凉冷清了，不能长久停留，于是记下了这里的景色后，就离开了。

同游者：吴武陵，龚古，余弟宗玄。隶而从者，崔氏二小生，曰恕己，曰奉壹。

"隶而从"："隶"和"从"都有跟随的意思，但"隶"更有一种从属关系，下级从属上级或者仆人从属主人、晚辈从属长辈。从文中字里行间语气，应是亲友家的晚辈跟随在一起。

"小生"：年轻人。

这次一起出游的人是：吴武陵，龚古，我的弟弟宗玄。跟随着一起来的，还有崔家的两位年轻人，一个叫恕己，一个叫奉壹。

永州山水，在柳宗元之前，并不为世人所知。到了柳宗元笔下，这些偏僻的，甚至是荒凉的山水景致，生出独具特色的美。《永州八记》记载的，多是眼前小景，如小丘、小石潭、小石涧、小石城山，但写得精雕细刻，如沙里淘金，字句闪闪发光。《小石潭记》一处，景色、意境都是一流，但因为作者贬官至此的心情，景物中又多了许多凄清韵味，这就超越了通常写景的平凡境界，文思高明、深远。

《核舟记》

核 舟 记

［明］魏学洢

　　明有奇巧人曰王叔远，能以径寸之木，为宫室、器皿、人物，以至鸟兽、木石，罔不因势象形，各具情态。尝贻余核舟一，盖大苏泛赤壁云。

　　舟首尾长约八分有奇，高可二黍许。中轩敞者为舱，箬篷覆之。旁开小窗，左右各四，共八扇。启窗而观，雕栏相望焉。闭之，则右刻"山高月小，水落石出"，左刻"清风徐来，水波不兴"，石青糁之。

　　船头坐三人，中峨冠而多髯者为东坡，佛印居右，鲁直居左。苏、黄共阅一手卷。东坡右手执卷端，左手抚鲁直背。鲁直左手执卷末，右手指卷，如有所语。东坡现右足，鲁直现左足，各微侧，其两膝相比者，各隐卷底衣褶中。佛印绝类弥勒，袒胸露乳，矫首昂视，神情与苏、黄不属。卧右膝，诎右臂支船，而竖其左膝，左臂挂念珠倚之——珠可历历数也。

　　舟尾横卧一楫。楫左右舟子各一人。居右者椎髻仰面，左手倚一衡木，右手攀右趾，若啸呼状。居左者右手执蒲葵扇，左手抚炉，炉上有壶，其人视端容寂，若听茶声然。

　　其船背稍夷，则题名其上，文曰"天启壬戌秋日，虞山王毅

叔远甫刻”，细若蚊足，钩画了了，其色墨。又用篆章一，文曰
“初平山人”，其色丹。

通计一舟，为人五；为窗八；为箬篷，为楫，为炉，为壶，
为手卷，为念珠各一；对联、题名并篆文，为字共三十有四。而
计其长曾不盈寸。盖简桃核修狭者为之。嘻，技亦灵怪矣哉！

"核舟"，用核桃雕刻的小船；"记"，文言文的一种文体，可记人、事，也可
记山川、器物，以叙述为主。

明有奇巧人曰王叔远，能以径寸之木，为宫室、器皿、人物，以至鸟兽、
木石，罔不因势象形，各具情态。尝贻余核舟一，盖大苏泛赤壁云。

明朝有个手艺奇妙精巧的人叫王叔远，能够把直径一寸的木头，雕刻成宫殿、
日常器具、人像或物件，甚至飞鸟、走兽、树木、石头，没有哪个不能按照木头
原来的表现趋势而刻成各种形状，各有各的神情和姿态。他曾经送给我一只桃核
雕刻成的小船，刻的内容，是苏东坡乘船游览赤壁的情形。

舟首尾长约八分有奇，高可二黍许。中轩敞者为舱，箬篷覆之。旁开小
窗，左右各四，共八扇。启窗而观，雕栏相望焉。闭之，则右刻"山高月小，
水落石出"，左刻"清风徐来，水波不兴"，石青糁之。

核桃船从头到尾约有八分长还多一点儿，差不多是两粒高粱米那么高。中间
高起、宽敞的地方是船舱，上面覆盖着竹叶船篷。旁边刻有打开的小窗户，左右
每侧各有四扇，一共是八扇窗。打开窗子仔细观察，窗栏上刻着雕花，左右相对。
关上窗，就看到窗上还有刻字，右边刻的是"山高月小，水落石出"，左边刻的是
"清风徐来，水波不兴"，用了石青色的颜料涂在所刻字迹上。

船头坐三人，中峨冠而多髯者为东坡，佛印居右，鲁直居左。苏、黄共
阅一手卷。东坡右手执卷端，左手抚鲁直背。鲁直左手执卷末，右手指卷，
如有所语。东坡现右足，鲁直现左足，各微侧，其两膝相比者，各隐卷底衣
褶中。佛印绝类弥勒，袒胸露乳，矫首昂视，神情与苏、黄不属。卧右膝，
诎右臂支船，而竖其左膝，左臂挂念珠倚之——珠可历历数也。

船头上坐着三个人：中间戴着高高的帽子、胡须很多的，是苏东坡，佛印坐

在右边，黄鲁直在左。苏、黄二人共同在看一幅字画长卷。苏东坡右手拿起画卷的一头，左手摸着黄鲁直的后肩。黄鲁直左手握住手卷的末端，右手指着卷上，像在说着什么。苏东坡露出右脚，黄鲁直露出左脚，各自略微侧着身子，他们两膝互相靠近，都遮蔽在手卷下边的衣褶里。佛印的样子极其像弥勒佛，揭开胸前的衣物，露着胸脯和肚子，抬头仰望，神态和表情跟苏、黄不是一类状态。佛印右膝放平，弯着右胳膊支撑在船板上，伸直了左腿，左胳膊上挂着佛珠，整个人就靠在自己左腿上。念珠都能一粒粒清楚地数出来。

　　舟尾横卧一楫。楫左右舟子各一人。居右者椎髻仰面，左手倚一衡木，右手攀右趾，若啸呼状。居左者右手执蒲葵扇，左手抚炉，炉上有壶，其人视端容寂，若听茶声然。

船尾横放着一根船桨。船桨左右，各有一个撑船的人。坐在右边的梳着椎形发髻，仰着脸，左手靠着一根横木，右手扳着右脚趾，好像在大声喊叫的样子。待在左边那个右手拿着蒲扇，左手摸着炉子，炉子上放着一把茶壶，这个个人目光正盯着茶炉，脸色平静，像是一副在倾听茶水声音的样子。

　　其船背稍夷，则题名其上，文曰"天启壬戌秋日，虞山王毅叔远甫刻"，细若蚊足，钩画了了，其色墨。又用篆章一，文曰"初平山人"，其色丹。

船的顶部比较平，制作者的名字就题写在上面，文字是"天启壬戌秋日，虞山王毅叔远甫刻"，字迹细小得像蚊子的脚，一勾一画都看得清楚，字体的颜色是黑的。又盖着一方篆字印，文字是"初平山人"，颜色是红的。

　　通计一舟，为人五；为窗八；为箬篷，为楫，为炉，为壶，为手卷，为念珠各一；对联、题名并篆文，为字共三十有四。而计其长曾不盈寸。盖简桃核修狭者为之。嘻，技亦灵怪矣哉！

总共算下来，这一条船上，刻了五个人、八扇窗；还刻了竹篷，刻了船桨，刻了炉子，刻了茶壶，刻了手卷，刻了佛珠，每样一件；对联、题名和篆文，刻的字一共是三十四个。可算了算整个核舟的长度，甚至还不满一寸。大概这是特意挑选了窄而长的桃核来雕刻的。哇！这样的手艺也真是奇妙不寻常啊！

明朝人津津乐道这样的文章，或许与时代风气有关。到了明代，秦的朴素、汉的雄浑、唐的磅礴、宋的典雅，这些优秀基因被逐渐消磨。

《庄子》二则

《庄子》二则

北冥有鱼

选自《庄子·逍遥游》

北冥有鱼，其名为鲲。鲲之大，不知其几千里也；化而为鸟，其名为鹏。鹏之背，不知其几千里也；怒而飞，其翼若垂天之云。是鸟也，海运则将徙于南冥。南冥者，天池也。《齐谐》者，志怪者也。《谐》之言曰："鹏之徙于南冥也，水击三千里，抟扶摇而上者九万里，去以六月息者也。"野马也，尘埃也，生物之以息相吹也。天之苍苍，其正色邪？其远而无所至极邪？其视下也，亦若是则已矣。

庄子与惠子游于濠梁之上

选自《庄子·秋水》

庄子与惠子游于濠梁之上。庄子曰："鲦鱼出游从容，是鱼之乐也。"惠子曰："子非鱼，安知鱼之乐？"庄子曰："子非我，安知我不知鱼之乐？"惠子曰："我非子，固不知子矣；子固非鱼也，子之不知鱼之乐，全矣！"庄子曰："请循其本。子曰'汝安知鱼乐'云者，既已知吾知之而问我。我知之濠上也。"

庄子，名叫庄周，是与孟子同时代的大思想家，是"诸子百家"里道家思想的代表人物。所谓"道"，在庄子看来，就是自然，既是天地之间的那个大自然，又是人应该合乎初心、自然而然的那个自然。

庄子认为，生命的自由比什么都重要，所以，在"孟子们"急匆匆奔走于各诸侯国的时候，庄子安身在自己的天地里，一边打量外面的世界，一边写出洋洋洒洒的文字。这些文字，有的像精灵，飞翔在现实的和想象中的天空里；有的像歌，唱给懂得的人们，传唱至今。

《庄子》一书，前七篇是庄子本人所撰，其余由门生弟子编写而成。教材里的第一则，是庄子亲笔，后一则记录庄子与他人交往，显然是第三方视角。

北冥有鱼

北冥有鱼，其名为鲲。鲲之大，不知其几千里也；化而为鸟，其名为鹏。鹏之背，不知其几千里也；怒而飞，其翼若垂天之云。是鸟也，海运则将徙于南冥。南冥者，天池也。《齐谐》者，志怪者也。《谐》之言曰："鹏之徙于南冥也，水击三千里，抟扶摇而上者九万里，去以六月息者也。"野马也，尘埃也，生物之以息相吹也。天之苍苍，其正色邪？其远而无所至极邪？其视下也，亦若是则已矣。

"北冥有鱼"，标题是后加的，内容节选自《庄子》内篇中的《逍遥游》。

北冥有鱼，其名为鲲。鲲之大，不知其几千里也；化而为鸟，其名为鹏。鹏之背，不知其几千里也；怒而飞，其翼若垂天之云。

"北冥"：北海。"冥"同"溟"，是传说中的大海。

"化"：变化。

"背"：本意是人体后背的部位，此处指大鹏鸟的脊背。

"怒"：奋力，气势很盛的样子。

北海有一条鱼，它的名字叫作鲲。鲲十分巨大，不知道要大到几千里。鲲变化成为鸟，它的名字就叫鹏，鹏的脊背，不知道要长到几千里。鹏奋力高飞而起，它的翅膀就像挂在空中的云。

是鸟也，海运则将徙于南冥。南冥者，天池也。

"海运"："运"是动、转的意思，"海运"，指的是海水涌动。

"徙"：迁移。

"天池"：天然形成的水池。

这只鸟啊，在海水涌动的时候它就飞去南方的大海。南海是一个天然形成的大水池。

《齐谐》者，志怪者也。《谐》之言曰："鹏之徙于南冥也，水击三千里，抟扶摇而上者九万里，去以六月息者也。"

"《齐谐》"：书名，比庄子时代还要早的一本神话传说书籍，记载过许多奇闻怪事。今天这部书已经失传。

"志怪"："志"是记录、记载，"怪"是奇怪、怪异。"志怪"指记录怪异之事。

"击"：击打，此处指拍打水面。

"抟"：本意是用手把物体捏成、揉成圆形。此处是从"弄圆"这层意思，引申为凝聚成团。既然文中是说飞鸟，所以解释为盘旋更恰当。

"扶摇"：自下而上生成的旋风。

"去以六月息"："去"，离开；"以"，凭借；"息"，本意是气息，此处引申为天地之间的气息，实际指的就是风。关于"六月"，一种解释就是六月，另有说法则认为是六个月。这两个解读就使得文章的意象出现了两个画面：一个是大鸟乘着风，连飞了六个月，翱翔天地间；一种是乘风而起，在六月的天气里冲天而去。一个是像长跑选手，持之以恒；一个是短跑选手，冲刺有力，到底哪一个更符合庄子的心意呢？

《齐谐》是一本专门记录奇闻怪事的书。《齐谐》里面记载说："对于大鹏迁移去南海，这一幕是这样的：先是翅膀拍打着水面，滑翔了三千里，又盘旋着随风冲上九万里的高空，终于乘着六月里的风，离开北海。"

野马也，尘埃也，生物之以息相吹也。天之苍苍，其正色邪？其远而无所至极邪？其视下也，亦若是则已矣。

"野马"：历来研究和解读庄子文章者，把野马解释为大地上的雾气。至于为什么，做注解的人大概认为，这是庄子的比喻，雾气升腾，就像野马奔腾。我们无法向庄子本人求证这一点，不过根据文中大多是在讲风云气息这些主题，如果忽然去写真的野马，好像确实不搭。

"尘埃"："尘"，极细微的土；"埃"，被风吹起的灰尘。

"息"：气息。

"苍苍"：天青色。

"正"：真正的。

"无所至极"：没有办法到达尽头。

"视"：看。

"亦若是则已矣"："亦"，也；"若"，像；"是"，这样；"则"，就；"已"，而已、不过如此罢了。

大地上的雾气，空气里的尘埃，由自然万物的气息生成。青青上天，那就是它真正的颜色吗？还是因为天那么远，就没有办法到达它的尽头呢？大鹏从空中往下看，也不过就像人在地面上看天一样罢了。

这可能就是庄子想要说的。作为一个真正的哲学家，思考宇宙和生命是再自然不过的事情。至于他都想了什么，弄懂两千三百年前的哲学语言，还真不是一件十分容易的事。《北冥有鱼》是整部《庄子》的第一篇第一段，可以说是庄子思想的核心，一下子进到庄子海阔天空的世界里，了解他的想法，明白他的内心，得慢慢来。

庄子与惠子游于濠梁之上

庄子与惠子游于濠梁之上。庄子曰："鲦鱼出游从容，是鱼之乐也。"惠子曰："子非鱼，安知鱼之乐？"庄子曰："子非我，安知我不知鱼之乐？"惠子曰："我非子，固不知子矣；子固非鱼也，子之不知鱼之乐，全矣！"庄子曰："请循其本。子曰'汝安知鱼乐'云者，既已知吾知之而问我。我知之濠上也。"

本篇标题同样是后加上去的。这一则节选自《庄子》外篇中的《秋水》，是弟子记录下来的庄子与友人的一段对话。

庄子与惠子游于濠梁之上。

"惠子"：名叫惠施，庄子的朋友，也是个哲学家。

"濠梁"："濠"是河水名。"梁"，此处是桥的意思。

"游"：悠闲地行走。

庄子和惠子在濠水的桥上闲逛。

庄子曰："鲦鱼出游从容，是鱼之乐也。"惠子曰："子非鱼，安知鱼之乐？"庄子曰："子非我，安知我不知鱼之乐？"惠子曰："我非子，固不知子矣；子固非鱼也，子之不知鱼之乐，全矣！"

"鲦鱼"：一种银白色的小鱼。

"出游"：在水中游进游出。

"从容"：可理解为不慌不忙，悠闲自在。

"子"：称"你"时有礼貌的叫法。

"安"：怎么。

"固"：本来就，当然。

"全"：完全。这里表示肯定的意思。

这是一组有意思的对话：

庄子说："鲦鱼在水里游来游去自由自在，这就是鱼的快乐啊。"

惠施说："先生您又不是鱼，怎么知道鱼的快乐？"

庄子说："先生您又不是我，怎么知道我不知道鱼的快乐？"

惠施说："我不是先生您，当然不知道您怎么想的；可您也本来就不是鱼啊，您不知道鱼的快乐，这完全没错。"

到这里，惠施一对一答，逻辑不算不严密，按说应该是惠施辩赢了吧？

庄子曰："请循其本。子曰'汝安知鱼乐'云者，既已知吾知之而问我。我知之濠上也。"

　　"请"：古汉语中，"请"的意思是，请让我来、请允许我的意思。

　　"循"：追溯，根据线索寻找。

　　"本"：根源。此处指最初开始的话题。

　　"既"：就是。

　　"知之濠上也"：在濠水桥上就知道了。

　　然而，反转来了：

　　庄子说："请允许我倒推一下，回到最初的话题：您问我'你怎么知道鱼快乐'这句话，就说明你已经知道了我知道，所以才来问我是怎么知道。我是在濠水的桥上知道的。"

　　注意这一句："你怎么知道鱼快乐"。庄子的逻辑是：设定惠施在这一句话里，所问的是"怎样知道的"，而不是惠施本来要问的本意。惠施本来是想说"你不会知道"，可是失误在使用了反问句式，给庄子钻了逻辑上的空子。而且庄子还继续捉弄惠施，告诉他自己是怎么知道的——我在桥上知道的。可够气人了。

　　其实庄子不是一个爱抬杠的人，他更向往的是无拘无束；喜欢较真儿的恰恰是惠施，庄子只是跟这位喜欢辩起来没完的老朋友开了个玩笑，只是每次斗嘴认输的，都是惠施。

　　惠施当然也不会因此生气。毕竟放眼望去，能被庄子看得上眼的人，并不多，做得了庄子的朋友，更没有几个。不过两位老朋友也发生过不愉快。

　　惠施做了魏国的宰相，庄子前去看望这位老朋友。惠施的手下劝惠施，不要让庄子见到魏王，万一庄子受到赏识，就可能与惠施争夺相位。惠施就动了小心眼，在魏国都城搜索了三天三夜，想阻拦庄子。庄子听说了，就来见惠施，说："我给你讲个故事——南方有一种名字叫鹓雏的大鸟，你知道它吗？鹓雏从南海飞往北海，不是梧桐树，它不会落下来栖息；不是优质的竹果，它不会去吃；不是甘甜的泉水，它根本不喝。这时候，遇上一只猫头鹰，刚捡到一只死老鼠，正美呢。鹓雏飞过，猫头鹰赶紧护住死老鼠，瞪着鹓雏，嘴里发出'吓'的怒斥声。那么，现在您是想用您的相位来'吓'我吗？"讲完故事，庄子就走了。

　　惠施比庄子早去世。庄子来到惠施的坟墓前，对身边的人说："自从惠子去世，我再没有对手了，我再没有可以聊天的人了！"

《礼记》二则

《礼记》二则

虽有嘉肴

选自《礼记·学记》

虽有嘉肴，弗食，不知其旨也；虽有至道，弗学，不知其善也。是故学然后知不足，教然后知困。知不足，然后能自反也；知困，然后能自强也。故曰：教学相长也。《兑命》曰"学学半"，其此之谓乎！

大道之行也

选自《礼记·礼运》

大道之行也，天下为公。选贤与能，讲信修睦。故人不独亲其亲，不独子其子，使老有所终，壮有所用，幼有所长，矜、寡、孤、独、废疾者皆有所养，男有分，女有归。货恶其弃于地也，不必藏于己；力恶其不出于身也，不必为己。是故谋闭而不兴，盗窃乱贼而不作，故外户而不闭。是谓大同。

《礼记》是一部儒家经典，被列为是与《论语》《孟子》同等重要的经学著作之一。孔子在世的时候，整理过一本名为《礼》的古书，而《礼记》，字面意思就能看出，是与《礼》有关的记录，实际上，它是孔子身后的儒家弟子学习《礼》的论文和笔记。

《礼记》里收录了包括孔子本人及其后代弟子的文字，但比《论语》那样的语录更系统，所以被看作记述和讲解儒家思想最全、最集中的一部书，也就是说，它把儒家学者关心的所有核心内容都包括了进去。

简单地理解，儒家所说的礼，可以算作做人准则、生活规范、治国之道等方面的一系列道理。

> 虽有嘉肴，弗食，不知其旨也；虽有至道，弗学，不知其善也。是故学然后知不足，教然后知困。知不足，然后能自反也；知困，然后能自强也。故曰：教学相长也。《兑命》曰"学学半"，其此之谓乎！

本则出自《礼记·学记》，讲的多与教育有关。教育是儒家十分重视的传统，正是依靠教育的功效，儒家思想得以代代相传。

"嘉肴"："嘉"是美好，"肴"，本意是做熟的鱼肉，代指食物、好吃的。

"弗"：不。

"旨"：味美。

"至道"："至"是达到极点，至极的意思；"道"，通俗的理解，可以解读为"道理"。

"善"：好。

"困"：本意有阻碍、不通畅的意思，此处指头脑中的疑惑、困惑

"自反"："反"的本意是颠倒、翻转。学习是探究外部世界，学习中的"反"则是回过头来关注内心，可以理解为反思或反省。所以，自反就是自我的反思或反省。

"自强"：自我通过努力变得强大。

"教学相长"："长"的本意是增加，此处理解为进步。"教"是传授知识；"学"是学习知识。也可理解为教知识的人和学知识的人。总之，教与学是相互促进的，来共同进步，无论是教学方法的完善，还是知识的增长，或是教与学双方参与者

的提升。

"《兑命》"："兑"字，同"说"，《说命》是一篇古老的文字，记录的据说是商代君王与臣下的对话。《说命》收录在一部叫作《尚书》的古书里。

"学学半"：《礼记》引用《说命》原文的时候似乎记得不够准确，甚至连题目可能也错记成了《兑命》。《说命》全文里只有"惟教学半"这句话，并没有"学学半"这几个字。"惟教学半"的字面意思是：教学是学习的一半。对这句古老的话应该这样理解：教的过程中，施教者本人也在学习，所以教学的本质里有一半是在不断学习。《礼记》引用这句话，虽然没有引用准确，但要表达的，也正是这个意思。

"其此之谓乎"："其"，代词，此处就是代指《说命》里面的话。"此之谓"就是这个说法、道理。"乎"字表语气。

虽然有好吃的菜，不去吃，就不知道它味道美；虽然有最好的道理，不去学习，就不知道它的好处、意义。所以学过了以后，才知道自己的学问远远不够；传授知识给人以后，才知道自己还有疑惑不通的地方没讲明白。知道自己差得远，这样就能够反省自己，继续努力；知道自己有困惑的地方，这样才能自我努力，变得强大起来。所以说：教和学是互相促进，都能使自身获得提高。《说命》里说："教学的本质，有一半是在不断学习。"它所说的就是这个道理吧！

在这一则里，提到的"学""教""自反""自强"等概念，都是重要的教育思想，即使以当代视角来看，也并不过时。有人认为《礼记》的《学记》这一篇，就是中国教育思想的本源。

> 大道之行也，天下为公。选贤与能，讲信修睦。故人不独亲其亲，不独子其子，使老有所终，壮有所用，幼有所长，矜、寡、孤、独、废疾者皆有所养，男有分，女有归。货恶其弃于地也，不必藏于己；力恶其不出于身也，不必为己。是故谋闭而不兴，盗窃乱贼而不作，故外户而不闭。是谓大同。

这一则出自《礼记·礼运》。

"大道"：比起上一则里提到的"至道"，此处的"道"更具体，指的是政治制度，也就是治理国家的方法。"大道"则是理想化的、最美好的制度。儒家学派认为这种美好不在现实中，而是存在于久远的上古时代，哪怕那只是传说中的时代。

"天下"：古人知识范围之内的整个世界。

"为"：是，作为。

"公"：公共，与"私"相反。

"选贤与能"："选"，选择、挑选。"贤"，既有道德又有才能的人。"与"，据说就是"举"，这一类替代用法很难说清，便于理解的解释是，大概率是在漫长的传播过程里出现的错别字。"举"，意思是推选。"能"，有才干的人。虽然"贤"同样包括才能，但在这句话里，"贤"偏重于道德品质，后面的"能"，强调能力才干。

"修"：培养。

"独亲其亲"："独"，仅是、单独的；前一个"亲"，是以……为亲，是"把……当作亲人"的意思；后一个"亲"，是特指父母。下文中的"独子其子"是同样的用法。

"终"：本意是结束，古汉语里，君子之死，称作"终"，意思应该是体面地死去。

"矜、寡、孤、独、废疾者"："矜"，与"鳏"字同用，意思是老年时失去妻子的男人。"寡"是老年时死去丈夫的女子。"孤"是自幼失去父亲的孩子。"独"是到了老年没有子女的人。"废"，本意是坏掉的房屋，引申为失去能力，"废疾"指的是因为生病而失去生活能力的人。

"分"：职分。此处指职业、工作。

"归"：女子出嫁。

"货恶其弃于地也，不必藏于己"：这句话与下一句类似排比，两句的逻辑和语序都比较复杂，故单独拎出来说——"货"，财物。"恶"，厌恶、不喜欢。"其"是代词，即指前面提到的"货"。"弃于地"，丢在地上。"不必"，不一定。"藏于己"，自己私下收存起来，据为己有。所以整句话的意思是说：厌恶将财物丢在地上，不一定是因为想把它归为己有。

"力恶其不出于身也，不必为己"："力"，指体力或是力气。与前一句一样，语序也应该是"恶力不出于身"。这句意思大意是说：不喜欢力气不出于自己，不一定是为了自己的私利。

"谋"：此处指阴谋。

"兴"：发动起来。

"盗窃乱贼"："盗"是抢劫，"窃"是偷东西，"乱"是叛乱造反，"贼"是害人。

"作"：兴起。

"外户而不闭"："户"是门，这里用作动词，指"关门"。"外户"，指出门时从外面关上门。"闭"，特指从里面把门插上，此处是锁上门的意思，把门关牢防止外人进入。"外户而不闭"说的是出门时候把门掩上就行了，不必防护得小心翼翼。

"大同"：儒家学者理想中的完美社会。

在大道施行的时候，天下是人们所共有的，选拔推举有德、有才的人，讲求诚信，培养和谐的社会氛围。所以，人不只是把自己的父母当作亲人来侍奉，不单单是养育、疼爱自己的子女，让老年人能得养天年，让壮年人能为社会效力，幼儿能顺利地成长，失去妻子的男人、死掉丈夫的女人、年幼时失去父亲的孩子、老年时失去子女的人、因病失去生活能力的人，都能得到供养。男子有活儿干，女子能嫁得出。反对把财物随意丢弃，但不一定是因为想占为己有；厌恶力气不出于自己，（愿意为公众之事竭尽全力）这不一定是为自己谋私利。这样一来，阴谋诡计就会闭塞而不会兴起，抢劫、偷窃、造反和害人的事情不会得逞。所以出门时门从外面带上就可以了，不必非得闩上、锁牢，这就叫作理想社会。

《马说》

马 说

[唐]韩 愈

世有伯乐，然后有千里马。千里马常有，而伯乐不常有。故虽有名马，祇辱于奴隶人之手，骈死于槽枥之间，不以千里称也。

马之千里者，一食或尽粟一石。食马者不知其能千里而食也。是马也，虽有千里之能，食不饱，力不足，才美不外见，且欲与常马等不可得，安求其能千里也？

策之不以其道，食之不能尽其材，鸣之而不能通其意，执策而临之，曰："天下无马！"呜呼！其真无马邪？其真不知马也！

"说"，是一篇文言文里的议论文，议论的对象是马，故名"马说"。这个题目是后人加的。

《马说》的作者是唐代文学家韩愈，这是一位被后人奉为"唐宋八大家"之首的人物。韩愈认为春秋、战国、秦汉时代的文风是最值得提倡的，所以他号召，作文要学习古文时代。他所写的文字，直率，透彻，讲逻辑，有气势，这些特点，从《马说》中，可以感受到。

世有伯乐，然后有千里马。千里马常有，而伯乐不常有。故虽有名马，祗辱于奴隶人之手，骈死于槽枥之间，不以千里称也。

"伯乐"：本名孙阳，字伯乐，春秋时秦国人，擅长相马。

"祗"：这是"只"的繁体字。此处是只能、只是的意思。

"奴隶人"：此处理解为奴仆即可，指从事辛苦劳动、地位低下的人。

"骈"：本意是两匹马并驾齐驱，引申为并列、一起的意思。"骈死"则是一起死。

"槽枥"：二者都是喂马时盛饲料的木头容器。"槽枥之间"泛指马的存身之处。

人世间先有懂马的伯乐，然后才有千里马被发现。千里马经常存在，但是伯乐不常出现。所以即使有名贵的马，也只能辱没在马夫、奴仆这类人的手里，与普通的马一道死在马厩里，不能得到千里马的称号。

马之千里者，一食或尽粟一石。食马者不知其能千里而食也。是马也，虽有千里之能，食不饱，力不足，才美不外见，且欲与常马等不可得，安求其能千里也？

"一食"：吃一次，即一顿饭的意思。

"或"：有时候。

"一石"："石"是古代的容量单位，折合今天六十公斤左右。

"食马者不知其能千里而食也"：前后两个"食"字，都与"饲"同，喂养的意思。"食马者"就是喂马的人。

"才美不外见"："才"是能力，"美"指美好的素质条件，"见"，与"现"同，显现的意思。

"且"：尚且。

一匹能日行千里的马，一顿饭有时吃光一石粮食。喂马的人不知道它是千里马，就不会按千里马的食量来喂养它。这样的马，虽然有日行千里的能力，却吃不饱，力气不够，它的能力和风采也就不能表现在外面，想要与寻常的马同等对待尚且办不到，又怎样要求它能够日行千里呢？

策之不以其道，食之不能尽其材，鸣之而不能通其意，执策而临之，曰："天下无马！"呜呼！其真无马邪？其真不知马也！

"策"：本意是马鞭，此处作动词，用马鞭驱赶的意思。

"不以其道"：不按照对待千里马的正确方法。

"不能尽其材"：不能竭尽发挥千里马的才能价值。

"鸣"：此处指马叫。

"临"：面对。

"邪"：与"耶"同，语气助词，用在句尾，近似"吗"的意思。

挥鞭驱使着千里马，却不按照正确的方法，喂养着它，又不能最大限度发挥它的才能，千里马嘶鸣，不能懂得它的意思，还拿着鞭子，站在它面前，说："天下没有千里马！"哎呀！难道是真的没有千里马吗？是他们真的不认得千里马啊！

韩愈在这篇文章里写的是千里马，而更想说的，是怀才不遇的自己。写《马说》之时，韩愈还不到三十岁，在官场上遇不到有识之士来提携自己。所以，韩愈能把千里马遭遇到的不平、委屈以及不幸，在文字里一吐为快，更把不识千里马的喂马者的无能数落得淋漓尽致。成名后的韩愈一直善待那些年轻而有才华的学子，能做到如此推己及人、不忘初心，永远值得敬重。毕竟既是千里马又能做伯乐的，太少了。

课外诵读篇目

［明］ 文徵明 《携琴访友图》

《式微》

式　微

选自《诗经·邶风》

式微式微，胡不归？

微君之故，胡为乎中露？

式微式微，胡不归？

微君之躬，胡为乎泥中？

历史上对《诗经》里篇章的解读，历来有不同见解。比如，这首《式微》，近年流行的解读，是受到奴役驱使的劳动者在表达不满，如"微君之故，胡为乎中露"一句，大意应为：要不是因为你们这些贵族老爷，我们怎么还会待在露水中泥地里劳作呢？听上去就充满怨愤。但是按照传统来讲解《诗经》，则有另一番答案。古人认为这首短诗，或者是写一位流亡的国君，在接受臣子的规劝；或者是写一位忠贞的女子在以诗明志。总之各执一词，谁也没说服谁。

《子衿》

子 衿

选自《诗经·郑风》

青青子衿，悠悠我心。
纵我不往，子宁不嗣音？

青青子佩，悠悠我思。
纵我不往，子宁不来？

挑兮达兮，在城阙兮。
一日不见，如三月兮！

这是一首女子写给自己喜欢的男子的诗。

诗名里，"子"，是君子，也指俊美的男子；"衿"，是衣领——看到衣服，就想起那个人，心情就很美好，这样的感情多真挚啊。

"佩"是男子随身佩戴的玉，玉既是一种装饰，又是身份的象征。

诗中翻来覆去描写女子的心思和举动：不管是想到衣物还是饰物，女子都心驰神往地思念着他，甚至还有一丝小抱怨——

"纵我不往，子宁不嗣音？""纵我不往，子宁不来？"，意思是：就算我不去找你，你就不能给我捎个信儿来吗？就不能来看我吗？女子使小性的神情一下子就鲜活地出现在我们面前，单纯，又活泼。

　　然后呢，她又轻快地跑到城门那里去，望呀望着，一天没见面，居然像隔了好久好久，像有三个月那么久了吧……

　　爱是人心里最单纯的情感。将近三千年前，我们的祖先就用诗歌记录着自己纯真的世界，今天我们读到这些美妙的诗句，心灵也会变得清澈。

《送杜少府之任蜀州》

送杜少府之任蜀州

〔唐〕王 勃

城阙辅三秦，风烟望五津。
与君离别意，同是宦游人。
海内存知己，天涯若比邻。
无为在歧路，儿女共沾巾。

这首五言律诗，源于一次送别，出自初唐少年王勃。

如果有这样一个选择题：只选一句诗，当作最能代表唐诗水平的典范，在洋洋洒洒的无数句子里，怎么选？"海内存知己，天涯若比邻"这一句肯定可以占有一席。它太美丽，以致跨越了时间和空间；它太宏伟，十个字就覆盖了人们在送别时的所有想象力和表达力。

天地间最远的距离是天涯，人世间最远的距离是生死，而一首永垂不朽的诗歌，能够让天涯比邻，让逝者永生。请牢记王勃的《送杜少府之任蜀州》，这是一位天才少年给世界的馈赠。

《望洞庭湖赠张丞相》

望洞庭湖赠张丞相

〔唐〕孟浩然

八月湖水平，涵虚混太清。
气蒸云梦泽，波撼岳阳楼。
欲济无舟楫，端居耻圣明。
坐观垂钓者，徒有羡鱼情。

　　这首诗可以看作孟浩然为自己写的一篇自荐信，收件人是当时的高官、中书令张九龄。中书令相当宰相级别，所以诗的标题里称"张丞相"。张九龄与孟浩然、王维有交情，孟浩然希望得到张九龄的引荐，可以跻身仕途，所以在进京应试之前写了本篇作品给张九龄。诗人婉转含蓄，诗句中期望得到赏识的心思表达得十分委婉，从洞庭湖的壮阔（"气蒸云梦泽，波撼岳阳楼"）写到自己的志向（"欲济无舟楫，端居耻圣明"），再暗示希望能得到举荐（"坐观垂钓者，徒有羡鱼情"），态度不卑不亢，字句也未落俗套。只是毕竟有求于人，所以全诗前后的语境和氛围明显脱了节，后人有评论说"前半何等气势，后半何其卑弱"，也不是没道理。

《题破山寺后禅院》

题破山寺后禅院

〔唐〕常　建

清晨入古寺，初日照高林。
曲径通幽处，禅房花木深。
山光悦鸟性，潭影空人心。
万籁此都寂，但余钟磬音。

　　本诗最出名的是第二联的两句："曲径通幽处，禅房花木深"，勾勒出一种清幽含蓄的意境，后世写到寺庙禅院，很容易引用或想到此句。其实，如果把本篇看作一首五言律诗的话，这一联并不对仗。但这两句确是太深入人心，格律反倒不那么重要了。

《送友人》

送 友 人

[唐]李 白

青山横北郭，白水绕东城。

此地一为别，孤蓬万里征。

浮云游子意，落日故人情。

挥手自兹去，萧萧班马鸣。

李白传世的诗歌作品，律诗并不算多，这可能与他的性格有关。

律诗，是非常注意格式、规律，甚至是很严格和苛刻的，在唐代形成极为标准化的一种形式。能写出"君不见黄河之水天上来""疑是银河落九天""蜀道之难难于上青天"这些神仙诗句的李白，性格是多么无拘无束，想象力是多么奇妙！所以李白大概是真的不愿意被律诗那些太多的规矩、格式束缚着，而更喜欢自由自在地把心头感受奔放地抒发出来。不过这并不是说李白写不出好的律诗，这首《送友人》即是唐代五言律诗的一流佳作。只是更多时候，伟大的才华不喜欢也不需要受到限制吧。

《卜算子·黄州定慧院寓居作》

卜算子·黄州定慧院寓居作

［宋］苏 轼

　　缺月挂疏桐，漏断人初静。谁见幽人独往来，缥缈孤鸿影。　　惊起却回头，有恨无人省。拣尽寒枝不肯栖，寂寞沙洲冷。

　　定慧寺是苏轼贬官在黄州期间的住所。苏轼侥幸逃过一死，被打发到相对偏僻的黄州任职。黄州的日子，对于苏轼，正如词中所写的那样，连月亮都好像是残缺的，人也如"缥缈孤鸿影"般孤独。然而他就是那只"拣尽寒枝不肯栖"的孤鸟，高傲而绝不低头，品味着沙洲上的寂寞和凄冷。

　　黄州对于苏轼，现在看来无异于凤凰涅槃一般，这里或许是苏轼的伤心地，但也造就了苏轼：正是在黄州期间，苏轼的诗词文章喷薄而出光焰万丈。

　　黄州带给苏轼的，是人生的挫折，却留给中国文化无与伦比的精彩，这是历史的幸运，是文学的幸运。

《卜算子·咏梅》

卜算子·咏梅

［宋］陆　游

驿外断桥边，寂寞开无主。已是黄昏独自愁，更着风和雨。　　无意苦争春，一任群芳妒。零落成泥碾作尘，只有香如故。

陆游在这首《卜算子》词里，托物言志，借歌咏傲然不屈的梅花，比喻自己虽经历坎坷但志向高洁的品质。词中，"驿外""断桥""黄昏""风和雨"烘托出梅花寂寞忧伤的处境，这也正是词人心境与遭遇的写照。

而陆游接下来写梅花诸多品质——不与群芳争春，只求灵魂纯洁，即使花落，化成泥土碾成尘埃，品格也同香气一起永留人间——则更像一曲傲然高歌的人格宣言。

九年级·上册

［元］ 胡廷晖 《春山泛舟图》

古诗词篇目

〔元〕 赵孟頫 《蜀道难》

《行路难》（其一）

行路难（其一）

［唐］李　白

金樽清酒斗十千，玉盘珍羞直万钱。

停杯投箸不能食，拔剑四顾心茫然。

欲渡黄河冰塞川，将登太行雪满山。

闲来垂钓碧溪上，忽复乘舟梦日边。

行路难，行路难，多歧路，今安在？

长风破浪会有时，直挂云帆济沧海。

　　"行路难"是古乐府诗歌标题，常用来写世路艰难、离别悲伤之类的内容，历代都有诗人以此为题留下诗句。李白留下三首《行路难》，或许不是同一时期所作，但诗中意气相通，都写诗人心中的渴望与纠结。本篇是其中的第一首。

金樽清酒斗十千，玉盘珍羞直万钱。

　　"樽"，古代盛酒的容器。

　　"清酒"，指清澈、醇厚的酒，质量上乘。

　　"斗"，容积单位，斗字本意也是一种盛酒的器皿，后引申用来计算容量。一斗可容纳液体五六公斤。

　　"十千"是价格，十个一千，即一万。此处为虚指，并非精确的钱数。表示价值高昂。

"羞"即是"馐"，意思是美食。"珍羞"则是珍贵而美味的食物。

"直"即"值"，动词价值的意思。

黄金装饰的酒杯盛满清澈的美酒，一斗酒，上万钱；玉制盘里的美味佳肴同样价值万钱。

停杯投箸不能食，拔剑四顾心茫然。

"箸"，就是筷子。

"顾"，本意是回头看，也泛指看，此处是张望的意思。

"茫然"，指迷茫、困惑的样子。

停下酒杯，放下筷子，吃不下去，拔出佩剑四下环视，心中茫然若失。

诗人为何会如此呢？

欲渡黄河冰塞川，将登太行雪满山。

想要渡过黄河，坚冰堵塞了河流；想要登上太行山，大雪布满山间。

李白爱酒，能让他丢下眼前美酒而茫然若失，这是有多少心事在心头啊！李白作此诗时，正是遭到来自朝廷的排挤，被皇帝"赐金放还"。这个打击令诗人闷闷不乐。李白自视甚高，并不认为自己只会写诗，而是始终想在政治上做一番惊天伟业出来。此刻，心中抱负受到打击，不正像渡河时河水被冰封、登山时雪阻前路吗！

这句诗恰好呼应标题"行路难"，冰河雪山，便是诗人仕途受阻的写照。

闲来垂钓碧溪上，忽复乘舟梦日边。

这句诗里包含了两个典故。

"垂钓碧溪上"，说的是著名的姜子牙，也叫姜尚。他八十岁时在渭水河边钓鱼，遇到周文王，受到重用，成为西周的开国元勋。"垂钓"即钓鱼；"碧溪"是描写河水碧绿。

"乘舟梦日边"指的是商朝的伊尹。传说伊尹本是奴隶，梦见自己乘着大船，围绕太阳和月亮行驶。后来伊尹得到君王赏识，被任命为宰相。

姜尚和伊尹都是起初不得志、最终大有作为的历史人物。诗人笔锋忽转，写到两位前代贤臣，显然李白认为他们的经历足以励志，自己也终有东山再起的时候。于是希望重新点燃，心情由郁闷又自信起来。

从拔剑四顾的心有不甘，到对前路多艰的感叹，再重新振奋起信心，心境起伏，虽有迷茫，但绝不消沉，李白这个家伙，内心确实够强大。

行路难，行路难，多歧路，今安在？

"歧"，本意是岔道，即偏离正途的小道。歧路依大道而存，是沿途分出的岔路。

"多歧路"也是一个历史上的典故：战国时有位叫杨朱的智者，遇到岔路，就停下，困惑地哭起来。据杨朱自己说，哭是因为岔路就像人生，担忧选错了路，就再也回不了头。后代也用这个典故来指因误入歧途而感伤。

李白在此句里反复感叹两遍"行路难"，又想到古代那位遇歧路而哭的智者，发问"今安在"，既是感慨自己身在何处，前途未卜，又是在仰天而问，歧路哭的古人如今在哪里呢？他当年的心情，应该同我此时一样吧！脚下的路，人生的路，同是艰难纷杂。

长风破浪会有时，直挂云帆济沧海。

路再难，又怎样呢！最后一句，让整首诗的格调重新高昂起来。

"长风"，指持续的强劲的风，能吹动船只迅速前进。

"破浪"："破"是冲破，"浪"是波浪。船迎着波浪前进，击破一切迎面而来的波浪。破浪多比喻船行进时的气势。

"会"，终将，一定的意思。

"云帆"，指高高的船帆，或指入云端般高扬，或比喻与云间相连。

"济"，渡过。

一定有借长风而破浪前行的时机，到那时高扬风帆，泛舟远渡碧海，壮怀便可得舒展。

写到此，诗人应该暂时打开了怀才不遇的心结，心性中的骄傲重新占据了上风。至少在这一刻，胸怀与诗歌的天地一起无限高远、无限壮阔起来。读这样的诗，可以追随诗人的内心，体会字句里波涛般的情感起伏，触摸着这种丰富的感受，便是真正享受到了诗歌之美。

《酬乐天扬州初逢席上见赠》

酬乐天扬州初逢席上见赠

〔唐〕刘禹锡

巴山楚水凄凉地，二十三年弃置身。

怀旧空吟闻笛赋，到乡翻似烂柯人。

沉舟侧畔千帆过，病树前头万木春。

今日听君歌一曲，暂凭杯酒长精神。

从标题来看，这是一首酬答诗。以诗相赠是古代诗人交往的常见风气，收到赠诗，写诗回赠，就是酬答诗。赠诗给刘禹锡的，是大名鼎鼎的白居易。二人第一次见面时，正值刘禹锡重新被朝廷起用，从外地赶赴京城，途中路经扬州，与白居易相遇。白居易十分欣赏刘禹锡的才华，为刘禹锡的仕途坎坷表达不平，于是作诗相赠。同年，二人在洛阳再次相逢，刘禹锡作本篇，酬答当日白居易赠诗之情。

题目中，"酬"即酬答、答谢之意；"乐天"就是白居易，白居易字乐天；"扬州初逢"意思即在扬州第一次相逢；"席上"指的是酒宴之上；"见"是"被"的意思，"见赠"是说自己被以诗相赠。

巴山楚水凄凉地，二十三年弃置身。

"巴""楚"分别是川东和湖南、湖北的古称。在唐代，巴楚之地是远离中原的荒凉所在，刘禹锡被排挤出朝廷，先后在这一带做地方官。"巴山楚水"泛指刘禹锡待过的地方，"凄凉地"则指上述地区相比繁华的中原内地，清冷而萧索。

"二十三年"是引用白居易赠诗，白居易诗中有"亦知合被才名折，二十三年折太多"一句，大意是：你的才名太高，按理说经历些挫折也正常，但是遭遇二十三年的曲曲折折，这磨难也太多了。刘禹锡在长达二十三年的时间里屡次被贬官，这份经历实不多见。

"弃置身"是诗人自称，即遭到遗弃放置的身体。

在巴山楚水的荒凉之地，自己被弃置一般度过了二十三年。

怀旧空吟闻笛赋，到乡翻似烂柯人。

"怀旧"，指怀念旧友。

"空"是形容徒然的、没有结果的；"吟"是吟唱诗歌。

"闻笛赋"，此处包含一个典故：向秀是三国时魏国的文士，向秀的好友嵇康被权臣杀害，向秀路过逝者的旧居，听到有邻人吹笛，不禁悲从中来，闻笛声而作赋，写就《思旧赋》追念故交。刘禹锡在诗里借用向秀思旧的故事，怀念曾经与自己一起倡导变革朝政的老朋友们。

"乡"指故乡。刘禹锡家乡是洛阳。

"翻"，反而、却的意思。

"柯"的意思是斧子的柄。"烂柯人"也是一个典故，记载在南北朝时编辑的各种奇闻逸事里：一位叫王质的人上山砍柴，遇到两个童子下棋，就在一旁观看。下棋的童子还递给王质一颗枣子，王质把枣含在嘴里，也就不觉得饿。一盘棋下完，童子对王质说："为什么还不回去？"王质起身要走，才发现身边砍柴的斧头柄已经腐烂了。等他回到家，与他同辈的人都已经死去了。后来"烂柯"一词就指不知不觉间岁月流逝，物是人非。此处诗人提到这个故事，是用来表达自己暮年回到家乡这一刻恍如隔世的感受。

心中怀念旧友，只能徒然吟诵古人闻笛而作的歌赋；回到故乡，时光不再，物是人非，自己却好像已是传说中的烂柯之人。

沉舟侧畔千帆过，病树前头万木春。

"沉舟"，指没在水中的船只。

"病树"，意思是生病的树木。

"沉舟""病树"都是诗人自比，诗人虽然不复有当年锐气，但并不自哀自怨，正如诗句中表现出的如此豁达。

沉船旁，有成千的新船驶过；病树前，数以万计的草木争相迎接春天。

世间万物，也如自然界的轮回一般，新生总会取代老死，沉舟边的千帆竞发，预示着时代正如奔流，永远是向前的。

今日听君歌一曲，暂凭杯酒长精神。

"暂"是暂且。

"凭"是依靠、依托。

"长"是增长、振作。

今天听到阁下为我歌咏的诗篇，暂且就借这一杯美酒，增加振奋起那些心底从未放弃的精神。

这一句既是向赠诗人表达谢意，又是在与关心自己的前辈共勉，字句中可见豁达胸襟。这也是刘禹锡诗歌里最常见到的情绪，坎坷半生，不改坚忍。

白居易读到"沉舟侧畔千帆过，病树前头万木春"两句，忍不住赞叹说：这是有神灵护佑，才能写出来的奇妙诗句啊！千年来这两句也被无数人津津乐道，鼓舞着人们对万物新生满怀希望。

《水调歌头》

水调歌头

［宋］苏 轼

（丙辰中秋，欢饮达旦，大醉，作此篇，兼怀子由。）

明月几时有？把酒问青天。不知天上宫阙，今夕是何年。我欲乘风归去，又恐琼楼玉宇，高处不胜寒。起舞弄清影，何似在人间？ 转朱阁，低绮户，照无眠。不应有恨，何事长向别时圆？人有悲欢离合，月有阴晴圆缺，此事古难全。但愿人长久，千里共婵娟。

这首非凡的名篇，来自苏轼，源于丙辰中秋的一场大醉。

"水调歌头"是词牌名，"明月几时有"是词的首句，"明月"云云，可知是写中秋。有古人说："中秋词自东坡《水调歌头》一出，余词尽废。"意思是：写中秋的诗词，自从苏轼的这首《水调歌头》一出现，其余就不用读了，更别再写了。这话并不夸张，此后每到中秋月圆，谁不会念起"但愿人长久，千里共婵娟"呢！

公元 1076 年，即北宋神宗皇帝熙宁九年；按照中国传统的天干地支纪年法，是丙辰年。这一年苏轼四十岁，由于受到政敌的打压，他离开京城，在山东密州做地方官。苏轼很久没有和家人在一起了，尤其是与他感情最深的弟弟子由，已经七年未见面。这年中秋夜，尽情的酒宴让苏轼一直喝到天亮，酒兴和思念伴随着诗情，便成就了这首《水调歌头》。

丙辰中秋，欢饮达旦，大醉，作此篇，兼怀子由。

这行文字是苏轼为词写的引首语，交代了时间以及作词的初衷：

丙辰年，中秋夜，快活地通宵畅饮美酒，不出所料地大醉，于是写下这一篇，来思念子由。

明月几时有？把酒问青天。

此二句，极其接近唐人李白神采。李白写过"举杯邀明月，对影成三人"，这一回，月亮再被苏轼敬了一杯酒。万古明月，就这样结识了两位人间的神仙人物。与月亮做朋友，多么幸运，又多么寂寞啊！

不知天上宫阙，今夕是何年。我欲乘风归去，又恐琼楼玉宇，高处不胜寒。起舞弄清影，何似在人间？

问明月，问天宫，想要乘风归去，如此问，如此想，恰恰因为苏轼觉得自己就是从那个神仙世界落入人间的啊！这是醉话，也不是醉话，看似奇思妙想，实际自然而然。那么，回去，还是不回去呢？琼楼玉宇虽美，但高处不胜寒，哪比得上人间起舞，美不胜收呢！爱人间，就爱它的一切，不如意的人生，也是值得一过的。古往今来，能活得如此通透，又有几人！这恰好验证了，苏轼的文采、性情、魅力，皆来自他内心伟大的人性。

词的下阕，作者从神游回到人间，写思念，写月光之美，写心头的触动：

转朱阁，低绮户，照无眠。

"转"和"低"，是说月光流转，从低处照进，流转在朱阁上，低照进雕花的窗户。

"朱阁"是华丽的楼台。

"绮户"是装饰精美的窗。

"照无眠"是月光映照下，词人自己心事难眠，也可以理解为月光照着不眠的人。

不应有恨，何事长向别时圆？

此处是词人的喃喃自语：月亮不该有什么不满意、有什么怨恨啊，那它为什么总是在人们离别的时候才圆得这般美呢?

苏轼埋怨完明月,同情过离人忧愁,紧接风格一转,胸怀释然,写道——

人有悲欢离合,月有阴晴圆缺,此事古难全。

人间的和月中的不完美既然自古便是如此,那么还是不要为离别而忧伤吧。这几句从人说到月,从古说到今,不像神仙口吻,倒如同一个阅尽世间的老者,把说理娓娓道来。

但愿人长久,千里共婵娟。

这一句,就算初读不懂,也会被这十个字美得呆住吧!

这里的"但愿"与现代汉语的"但愿"一词略有差异,此处,"但"是"只有","愿"是希望、祈愿。

"婵娟"到底是什么?它可以是形容词,形容姿态优雅美妙的样子;它还是名词,就是美女、美人的意思;它还指月亮里传说的嫦娥。总之"婵娟"只与一切美好有关,在这句词里,苏轼用"婵娟"代指明月。

那么"但愿人长久,千里共婵娟"怎么翻译呢?好像没法翻译。

它是在说:唯有祈愿心中牵挂的人长久美满,千里之遥也能一起拥有一轮明月。

它是人世间最美的祝愿。

它是人心底最深的慰藉。

它的美,就像亘古的月光,不变,不朽。

可以想象,那夜的场景应该是这样的:

当"但愿人长久、千里共婵娟"从苏轼口中诵出那一刻,喧闹的世界瞬间安静,万籁俱寂下几乎能听见月光洒落的声响;人们如仰望圆月一般,崇拜地注视着苏轼,月光分明地照耀在每个人的脸上,照耀到苏轼闪动着泪光的眼,脸上有醉意,也挂着骄傲……

据说,几年后的中秋节,苏轼请人再演唱起自己这首词,然后他自己也随着节拍跳起舞来,一边舞蹈,一边回头对身边的人说:"这就是神仙啊!"

文言文篇目

［宋］ 范宽 《雪景寒林图》

《岳阳楼记》

岳阳楼记

［宋］范仲淹

　　庆历四年春，滕子京谪守巴陵郡。越明年，政通人和，百废具兴，乃重修岳阳楼，增其旧制，刻唐贤今人诗赋于其上，属予作文以记之。

　　予观夫巴陵胜状，在洞庭一湖。衔远山，吞长江，浩浩汤汤，横无际涯，朝晖夕阴，气象万千，此则岳阳楼之大观也，前人之述备矣。然则北通巫峡，南极潇湘，迁客骚人，多会于此，览物之情，得无异乎？

　　若夫淫雨霏霏，连月不开，阴风怒号，浊浪排空，日星隐曜，山岳潜形，商旅不行，樯倾楫摧，薄暮冥冥，虎啸猿啼。登斯楼也，则有去国怀乡，忧谗畏讥，满目萧然，感极而悲者矣。

　　至若春和景明，波澜不惊，上下天光，一碧万顷，沙鸥翔集，锦鳞游泳，岸芷汀兰，郁郁青青。而或长烟一空，皓月千里，浮光跃金，静影沉璧，渔歌互答，此乐何极！登斯楼也，则有心旷神怡，宠辱偕忘，把酒临风，其喜洋洋者矣。

　　嗟夫！予尝求古仁人之心，或异二者之为，何哉？不以物喜，不以己悲，居庙堂之高则忧其民，处江湖之远则忧其君。是进亦忧，退亦忧。然则何时而乐耶？其必曰"先天下之忧而忧，后天下之乐而乐"乎！噫！微斯人，吾谁与归？时六年九月十五日。

岳阳楼在今天湖南岳阳，位于洞庭湖的东北岸边，最初是三国时东吴水师的阅兵台，后因为岳阳属巴陵郡管辖，就称之为"巴陵城楼"。南北朝时期，这里开始成为一处名胜。到了唐代，经过重新修建，定名为"岳阳楼"，诗仙李白曾有诗题于楼内。到这时为止，比起其他频频出现在唐人诗文中的天下名楼，岳阳楼还没有十足的名气，要等到三百年后，宋朝人的一篇文章横空出世，才使得岳阳楼名声大震，"岳阳楼"这三个字甚至融入了中华文明的血脉。这篇雄文，就是北宋名臣范仲淹的《岳阳楼记》。

范仲淹是北宋时期杰出的政治人物，他在地方任职期内，主持过西北的军事防务，在中央朝廷里，做到宰相级别的高位；在文学领域里，此公诗词文章俱佳，在宋代群星璀璨的文坛，也是一流水准。如果只选一个作品代表范仲淹的文学成就，那必是《岳阳楼记》；在中国历史的文化宝库中，如果推选代表古代文章最高成就的作品，同样少不了《岳阳楼记》。

庆历四年春，滕子京谪守巴陵郡。越明年，政通人和，百废具兴，乃重修岳阳楼，增其旧制，刻唐贤今人诗赋于其上，属予作文以记之。

全篇第一段，交代了写《岳阳楼记》的缘由。

"庆历"是北宋仁宗皇帝的年号，"庆历四年"是公元1044年。

"滕子京"是范仲淹的朋友，此时在巴陵郡也就是岳阳地区做地方官。文中称"谪守"，"谪"是贬官、降职的意思，"谪守"就是降职做了太守。

"越明年"："越"是度过的意思。"明年"指来年、下一年。"越明年"就是到了第二年。

"政通人和"，指政治治理顺畅，百姓和睦安定；"百废具兴"是各种被荒废的事业都得到振兴。此处"具"同"俱"，是都、全部的意思。

"增其旧制"："增"是增加，"制"本意是规定、标准，这里指岳阳楼的建筑规模和标准。"增其旧制"就是扩大它原有的规模。

"属"与"嘱"同，嘱咐、嘱托的意思，"予"就是"我"。

庆历四年（1044年）的春天，滕子京被降职到巴陵郡做太守。到了第二年，政事顺通，百姓安乐，各种荒废的事业都兴办起来。于是重新修建岳阳楼，扩大它原有的规模，把唐代名家和当代人记叙和描写岳阳楼的诗词文章刻在楼上，还嘱托我写个文章记下这件事情。

予观夫巴陵胜状，在洞庭一湖。衔远山，吞长江，浩浩汤汤，横无际涯，朝晖夕阴，气象万千，此则岳阳楼之大观也，前人之述备矣。然则北通巫峡，南极潇湘，迁客骚人，多会于此，览物之情，得无异乎？

"夫"：发语词，无明显实意。

"胜状"："胜"是美好、优美的意思，"状"是样子，"胜状"即美景。

"衔"：本意是放置在马嘴中用以防止马叫出声的一根棒子形状的工具，引申为用嘴咬住、含住或叼着这样一种动作。在此处文中，"衔远山"与下面的"吞长江"，都是用拟人的动作来描写洞庭湖水的气势。

"浩浩汤汤"："浩"是水势大，"汤"，此处读作"shang"，一声，意思是水大而急。"浩浩汤汤"是形容水势浩大奔流的样子。

"横无际涯"："横"是从左到右，也指东西走向。"际"是天地的边缘，"涯"是水域的边缘，"无际涯"泛指无边无际。

"朝晖夕阴"："晖"就是阳光。"朝晖"，早晨的阳光。"夕"是黄昏、傍晚。"阴"指没有阳光。文中此处写早晚之间的阴晴变幻。

"气象"："气"的本意是云蒸腾生出的雾，"象"是形状、样子的意思。"气象"代指景色。

"大观"："大"是盛大，"观"是景观，"大观"是盛大壮阔的景象。

"然则"："然"字本意是这样，"则"是那么。文中此处有转折之意，所以"然则"可以理解为"虽如此……那么"的意思。

"南极潇湘"："极"是到达，"潇"和"湘"分别是两条河流的名字。在有些诗中常见"潇湘"一词，多是指湘水、潇水流经的地区。

"迁客"："迁"，贬谪、降职。"迁客"即指被降职的官员。

"骚人"："骚"字出自战国诗人屈原所作长诗《离骚》。《离骚》被视为古代诗歌的典范和高峰，所以"骚"字与文学有关，与诗人有关，"骚人"一词，就是指有才华的文人。

"览物之情，得无异乎"："览"就是看，"物"指景物，"览物之情"即常说的"触景生情"。"得无"连用，表示猜测，大概会是如何如何。"异"是不同。

岳阳楼的常规美景，前人都说得差不多了，那就换一个新的角度，虽然文章题目是"岳阳楼记"，却避开楼不记，而去写洞庭湖，写登楼的人，写人类共通的心情。对啊，重复那些老话，有什么意思呢！

依我来看，这巴陵郡的美景，尽在洞庭湖上。它仿佛衔住远处的山峰，吞吐着长江的水流，湖水浩荡，东西两向无边无际，早晨到黄昏阴晴多变，气候景象千变万化。这就是岳阳楼的壮观的一面，之前人们的记述已经很详尽了。虽说如此，那向北连通巫峡，向南到达潇水和湘水，如此风景，被贬的官员、往来的文人大多在这里聚会，触景生情，大概会有所不同吧？

　　若夫淫雨霏霏，连月不开，阴风怒号，浊浪排空，日星隐曜，山岳潜形，商旅不行，樯倾楫摧，薄暮冥冥，虎啸猿啼。登斯楼也，则有去国怀乡，忧谗畏讥，满目萧然，感极而悲者矣。

"若夫"：文章段落的发语词。类似"像那样"的意思。

"淫雨霏霏"："淫"是过多的意思。"霏霏"是雨细而密的样子。

"开"：指乌云散开，天气转晴。

"阴风"：阴暗而寒冷的风。

"排空"："排"有推、挤的意思，"排空"指水浪汹涌起伏，像要冲向天空。

"曜"：指光芒。

"山岳"："岳"是高山，"山岳"泛指山峰。

"潜形"："潜"字本意是沉入水中，此处指隐藏。"形"指形状、痕迹。

"樯倾楫摧"："樯"是船的桅杆，"楫"是划船用的木桨。"倾"是倒下，"摧"是折断。

"薄暮冥冥"："薄暮"指靠近黄昏的时分，"冥冥"是昏暗的样子。

"忧谗畏讥"："忧"是发愁，"谗"是说坏话陷害的意思，"畏"是害怕，"讥"是诽谤。

"萧然"：冷落荒凉的样子。

"感"：引起感慨的意思。

要是像那样，细雨连绵停不下来，一连几个月天不放晴，冷风发怒般吼叫，浑浊的水浪汹涌起来像要冲向天空，太阳和星星都隐藏起了光辉，山峰被遮挡了形迹，商人和旅客不能通行，船的桅杆倒了，桨断了，临近傍晚时的天色昏暗，老虎发出长长的呼啸，猿猴在悲伤地啼叫。此刻登上这座楼啊，就会有那样一种——离开国都、怀念家乡、担心遭人陷害自己、害怕受到诽谤、满眼望去都是荒凉景象、感慨到了极点的——悲伤心情。

这一段全写恶劣天气带给人的凄楚感受，读来令人心有余悸。

至若春和景明，波澜不惊，上下天光，一碧万顷，沙鸥翔集，锦鳞游泳，岸芷汀兰，郁郁青青。而或长烟一空，皓月千里，浮光跃金，静影沉璧，渔歌互答，此乐何极！登斯楼也，则有心旷神怡，宠辱偕忘，把酒临风，其喜洋洋者矣。

"至若"：还是发语词，类似"至于像"。

"波澜不惊"："波"是水纹，"澜"是大波浪。"波澜"泛指水波。"惊"字本意是震动，引申为动起来。

"上下天光，一碧万顷"："上下"分别指的是天空和水面。"天光"意思是天空的颜色。"顷"是古代的面积单位，一顷约相当六万平方米以上。"万顷"自然是虚数，表示广阔。此句描写简练而夸张——水天一色，碧绿广阔。

"沙鸥翔集"："沙鸥"，一种水鸟的名字。"翔"是飞翔，"集"是停息。

"锦鳞"："锦"字本意是有彩色花纹的丝织品，引申用以形容色彩美丽。"鳞"是鱼身上的甲片，代指鱼类。"锦鳞"就是色彩美丽的鱼。

"芷"：植物名，代指香草。

"汀"：水边的小块平地，小洲。

"郁郁"：树木茂盛的样子。

"而或"：时而，有时候。

"皓"：洁白而明亮。

"璧"：中心有空的玉器，白色居多。

"渔歌互答"："答"是答应、回应。"渔歌"是打鱼人的歌声，"互答"指歌声相和。

"心旷神怡"："旷"是开阔，"怡"是愉快。心情开阔，精神愉快。

"宠辱偕忘"："宠"是荣耀，"辱"是屈辱，"偕"是一起，"忘"是忘记、忘掉。

"把酒"："把"是持、执的意思，"把酒"就是握住酒杯。

"洋洋"：高兴的样子。

至于到了春风和煦、阳光明媚的时候，湖面波纹平静，水天一色，碧绿广阔，沙鸥时而飞翔，时而停下聚集，美丽的鱼在水中游来游去，岸边香草与洲上的兰花，青翠茂盛。时而大片的雾气完全散去，明亮的月光洒向千里碧波，月光金光闪闪地跳动在水面，静静的月亮倒影就像沉入水中的玉璧，渔夫的歌声相互唱和，这样的快乐是何等的无穷无尽！此时登上这座楼，就会感到心胸开阔、精神愉悦，荣耀也好，屈辱也好，一起都忘掉了，握着酒杯，面对湖上清风，真是高兴极了。

这一段文字朗朗上口，大部分是四字一组，且多有对仗，充满汉语的韵律美和节奏美，是诗一样的语言。所描绘的画面色调明快，多姿多彩，美得令人目不暇接，成为古代文学描写景物的千古绝唱。

> 嗟夫！予尝求古仁人之心，或异二者之为，何哉？不以物喜，不以己悲，居庙堂之高则忧其民，处江湖之远则忧其君。是进亦忧，退亦忧。然则何时而乐耶？其必曰"先天下之忧而忧，后天下之乐而乐"乎！噫！微斯人，吾谁与归？时六年九月十五日。

"嗟夫"："嗟"，感叹词。类似"唉"。"夫"，句首发语词，无实意。

"尝"：曾经。

"求"：探求，寻找。

"或异二者之为"："或"，有可能、或许的意思。"异"，不同。"二者"指前文中悲和喜的两种心态。"为"，可理解为表现、作为。这句的意思其实就是：或许与前面两种心情都不一样。

"何哉"：为什么呢。

"不以物喜，不以己悲"："以"是因为。"物"指内心之外的一切。"己"则是内心的、内在的感受、得失。这句是说：不因为外物大好而欢喜，不因为内心纠结而难过。

"庙堂"：指朝廷。"居庙堂之高"是指在朝中做高官。

"忧"：担忧。

"处江湖之远"在文中是说被贬谪到边远地区做地方官而身处民间。

"进"：对于古代知识分子来说，步入仕途做官，即为进。反之，离开权力中心，则为退。

"先天下之忧而忧，后天下之乐而乐"：先于全天下人的担忧之前而担忧，在全天下人快乐了之后再快乐。

"噫"：又是一个感叹词，有长叹一声之意。

"微"：如果没有。

"吾谁与归"："归"字古汉语里有"相合"之意，指心性合得来。所以此处可以理解为"志同道合"。这句话此处为倒装句，理顺的语序应为"吾与谁归"，我和谁一道呢。

"时六年九月十五日"：这是本文写作的时间，庆历六年（1046 年）的九月十五日。

唉！我曾经探求古时品德高尚者的内心世界，或许他们与以上要么悲、要么喜那两种心情都不一样，为什么呢？不因为外物大好而欢喜，不因为内心纠结而难过。在朝廷里做高官就替老百姓担忧，心系他们的疾苦；在边远地区做地方官就为君王担忧，关注国事的安危。这样的话，处在高高的朝堂上要担忧，处在僻远的江湖间也要担忧。既然这样，那么他们什么时候才会快乐呢？他们一定会这样说："先于全天下人的担忧之前而担忧，在全天下人快乐了之后再快乐吧"唉！没有这样的人啊，我与谁志同道合呢？写于庆历六年（1046 年）九月十五日。

这一段作者由表及里，从登楼远眺世间景物转入更深刻的内心反省。

如果没有最后这段，本篇也能算得是才子名作，炼字造句，美不胜收；而有这一段殿后，这篇《岳阳楼记》瞬间就光耀了千古！也只有范仲淹这样的政治家，能有此胸怀吧。

宋人作文，喜欢说理；理分高下，高尚者，可以为后世留下"不以物喜，不以己悲"这样的醒世名言；更有"先天下之忧而忧，后天下之乐而乐"的警句，供后人仰望，做万世楷模。

《醉翁亭记》

醉翁亭记

〔宋〕欧阳修

　　环滁皆山也。其西南诸峰，林壑尤美，望之蔚然而深秀者，琅琊也。山行六七里，渐闻水声潺潺，而泻出于两峰之间者，酿泉也。峰回路转，有亭翼然临于泉上者，醉翁亭也。作亭者谁？山之僧智仙也。名之者谁？太守自谓也。太守与客来饮于此，饮少辄醉，而年又最高，故自号曰醉翁也。醉翁之意不在酒，在乎山水之间也。山水之乐，得之心而寓之酒也。

　　若夫日出而林霏开，云归而岩穴暝，晦明变化者，山间之朝暮也。野芳发而幽香，佳木秀而繁阴，风霜高洁，水落而石出者，山间之四时也。朝而往，暮而归，四时之景不同，而乐亦无穷也。

　　至于负者歌于途，行者休于树，前者呼，后者应，伛偻提携，往来而不绝者，滁人游也。临溪而渔，溪深而鱼肥，酿泉为酒，泉香而酒洌，山肴野蔌，杂然而前陈者，太守宴也。宴酣之乐，非丝非竹，射者中，弈者胜，觥筹交错，起坐而喧哗者，众宾欢也。苍颜白发，颓然乎其间者，太守醉也。

　　已而夕阳在山，人影散乱，太守归而宾客从也。树林阴翳，鸣声上下，游人去而禽鸟乐也。然而禽鸟知山林之乐，而不知人之乐；人知从太守游而乐，而不知太守之乐其乐也。醉能同其乐，醒能述以文者，太守也。太守谓谁？庐陵欧阳修也。

　　《醉翁亭记》是欧阳修的佳作，也是中国古代散文最吸引人的名篇之一。醉翁亭位于安徽滁州的琅琊山麓，是北宋僧人，也是欧阳修的朋友智仙率领人建造的。经过历代整修和重建，醉翁亭至今完好。《醉翁亭记》一文，记述了亭子的由来、琅琊山中景色，以及一千年前某一次游山的愉快经过。

　　环滁皆山也。其西南诸峰，林壑尤美，望之蔚然而深秀者，琅琊也。山行六七里，渐闻水声潺潺，而泻出于两峰之间者，酿泉也。峰回路转，有亭翼然临于泉上者，醉翁亭也。作亭者谁？山之僧智仙也。名之者谁？太守自谓也。太守与客来饮于此，饮少辄醉，而年又最高，故自号曰醉翁也。醉翁之意不在酒，在乎山水之间也。山水之乐，得之心而寓之酒也。

　　"滁"就是滁州。

　　"壑"字本意是沟或者坑，"山中之壑"指的就是山谷。

　　"蔚然"是草木茂盛的样子，"深秀"指景色幽深而秀美。

　　"琅琊"是山名，晋代的琅邪王司马伷曾带兵在此驻扎，因此得名，又称琅邪山。

　　"潺潺"是古拟声词，指流水的声音。

　　"峰回路转"指山间道路随着山峰的走势变化而曲折盘转。今天"峰回路转"已经成为一个成语，多用来比喻事情发生变化和转机。

　　"翼"是鸟的翅膀，"翼然"是形容一种姿势或姿态，像鸟张开翅膀那样。

　　"临"是从高处向下的意思。

　　"辄"，就的意思。

　　"醉翁之意不在酒"，这一句人们耳熟能详，出处即在于此。"意"是意趣，情趣。

　　"寓"是寄托。

　　环绕在滁州周围的都是山。滁州西南方向的数个山峰，密林深谷，格外秀美。一眼望过去，那树木茂盛而且幽静秀丽的，是琅琊山。沿着山路走上六七里，渐渐听到潺潺的流水声，看到有流水从两座山峰之间倾泻而出的，是酿泉。山峰兜兜转转，山路弯弯曲曲，有一座亭子像鸟儿展翅一般，居高建在泉水之上，那就是醉翁亭。建造亭子的人是谁呢？是山中的和尚智仙。给亭子取名字的是谁呢？

是太守用自己的别号来命名的。太守和宾客们来这里饮酒，喝了一点点就醉了，而且太守年纪又最大，所以就自己起了个称号叫"醉翁"。喝醉酒的老头儿，意趣并没在喝酒上，而是在山光水色之中。欣赏山水景致的乐趣，领会在心里，寄托在酒上了。

> 若夫日出而林霏开，云归而岩穴暝，晦明变化者，山间之朝暮也。野芳发而幽香，佳木秀而繁阴，风霜高洁，水落而石出者，山间之四时也。朝而往，暮而归，四时之景不同，而乐亦无穷也。

"林霏"指树林之间的水雾，"开"是散开、消散。

"云归"指云雾聚拢，"归"字有"合、并在一起"的意思。"暝"是昏暗。

"晦"，昏暗，与"明"词义正相反。

"风霜高洁"是指风吹过，带来天高气爽，霜色也变得洁白。

"四时"即四季。

赶上太阳升起，树林中的雾气就很快消散，云又聚拢过来，山上岩石和洞穴又变得昏暗，如此明暗变化不定的，这是山中早晨和黄昏的模样。（春天里）野花开了，发出幽幽香气，（夏日）好看的树木枝繁叶茂，生成浓密的绿荫，（到了秋天）秋风过，天高气爽，霜色洁白，（冬季）水流少了，水位退下去，会露出水底的石头来，这是山中的四季美景。清晨上山来，傍晚回家去，一年四季风光是不一样的，乐趣也是无穷无尽的呢。

> 至于负者歌于途，行者休于树，前者呼，后者应，伛偻提携，往来而不绝者，滁人游也。临溪而渔，溪深而鱼肥，酿泉为酒，泉香而酒洌，山肴野蔌，杂然而前陈者，太守宴也。宴酣之乐，非丝非竹，射者中，弈者胜，觥筹交错，起坐而喧哗者，众宾欢也。苍颜白发，颓然乎其间者，太守醉也。

"负者"指背着东西的人。

"伛偻"是弯腰曲背，此处形容老人走路的样子，代指老人。"提""携"都是用手拉、牵引的意思，此处指拉着小孩子，代指儿童。

"酒洌"："洌"是清凉的意思，此处指酒的口感清澈。

"山肴野蔌"："肴"的本意是酒宴上的熟肉，"山肴"指山中野味肉类。"蔌"

是蔬菜，"野蔌"即指野菜。

"前陈"，摆放在面前。

"酣"，尽兴地喝酒。

"丝竹"，泛指乐器，此处代指音乐。

"射"是古代酒席间的一种游戏，把小竹箭投进面前的壶里，投中数量少的要被罚酒。"弈"是下棋。

"觥筹交错"："觥"是酒杯，"筹"就是酒筹。"觥筹交错"是描写酒杯和酒筹交互错杂在一起的样子。

"喧哗"："喧"是大声说话，"哗"是指笑的声音很大。

"苍颜"，苍老的容颜。

"颓然"，倒下的样子。此处是写醉态，醉倒的样子。

至于那些背着东西的人在路上唱着歌，行路的人在树下休息，前面的人招呼着，后面的人答应着，老人弯着腰走，小孩子被大人领着走。来来回回不间断的，是滁州百姓来山中游玩。到溪边来钓鱼，溪水很深，鱼肉很肥美，用酿泉来造酒，泉水都变得香起来，酒也更清洌了，野味野菜，都横七竖八地摆在面前，这是太守在主办宴席。在宴会上畅饮的乐趣，不在于有没有音乐，投壶的射中了，下棋的赢了，酒杯和酒筹交互错杂在一起，一会儿站起来一会儿坐下去并且大声说笑的，是快活的宾客们。容颜苍老、头发花白、醉醺醺地坐在众人中间的，是喝醉的太守。

　　　　已而夕阳在山，人影散乱，太守归而宾客从也。树林阴翳，鸣声上下，游人去而禽鸟乐也。然而禽鸟知山林之乐，而不知人之乐；人知从太守游而乐，而不知太守之乐其乐也。醉能同其乐，醒能述以文者，太守也。太守谓谁？庐陵欧阳修也。

"已而"，不久。

"阴翳"："阴"指树荫，"翳"是遮蔽。"阴翳"形容枝叶茂密成荫。

"禽"是鸟类的总称。"禽鸟"，泛指鸟类。

这一段里许多"乐"字，其中，"不知太守之乐其乐"中的前一个"乐"字，与其他的"乐"不同，它是动词，是"以……为乐"，或是"对……感到快乐"的意思。

不久，到了太阳下山的时候，夕阳把人的影子照得散乱，太守回去了，宾客们也一起跟随着走了。山林里树荫遮蔽，鸟在高处低处鸣叫，这是游人离开后属于鸟儿们的快乐。鸟只知道生活在山林中的快乐，却不知道人们的快乐，人们知道跟着太守一起玩的快乐，却不知道太守是以游人的欢乐为快乐啊。喝醉了能够与大家一起欢乐，醒来后能够写下文章记述这等乐事的人，是太守啊。太守是谁呢？就是庐陵人欧阳修。

什么是真正的快乐？就像醉翁之意在山水之间一样，醉翁的快乐，其实是在与民同乐里。欧阳修是一位亲民的好官，他写过一首叫《食糟民》的诗，里面有"我饮酒，尔食糟。尔虽不我责，我责何由逃"这样的句子，意思是：我喝酒，你们只能吃酿酒的渣滓，你们虽然没有责骂我，但我的罪过又怎么逃得掉呢！这是一个有良知的官吏对自己良心的拷问，读来令人动容。

附录："莫教弦管作离声"

欧阳修在滁州期间深受百姓热爱，他离任时，写下《别滁》，向滁州父老作别：

> 花光浓烂柳轻明，酌酒花前送我行。
> 我亦且如常日醉，莫教弦管作离声。

诗里说，又是春光热闹时，父老送别，且歌且醉，不要在这欢乐时刻奏起离别的乐章，就让那次"在乎山水之间"的尽兴而归，永远留在记忆里吧。

古今送别诗文，都会拨动到人心里最柔软的部分，此处"莫教弦管作离声"一句，便敲打在读者心上。能让百姓担酒相送的人，值得爱戴。北宋同时代的诗人黄庭坚，用独特的方式向欧阳修表达了最深的敬意，他把《醉翁亭记》浓缩成了一首词，居然仿若天成——

瑞鹤仙·环滁皆山也

环滁皆山也。望蔚然深秀，琅琊山也。山行六七里，有翼然泉上，醉翁亭也。翁之乐也。得之心、寓之酒也。更野芳佳木，风高日出，景无穷也。

游也。山肴野蔌，酒洌泉香，沸筹觥也。太守醉也。喧哗众宾欢也。况宴酣之乐、非丝非竹，太守乐其乐也。问当时、太守为谁，醉翁是也。

《湖心亭看雪》

湖心亭看雪

[明] 张 岱

　　崇祯五年十二月，余住西湖。大雪三日，湖中人鸟声俱绝。是日更定矣，余拏一小舟，拥毳衣炉火，独往湖心亭看雪。雾凇沆砀，天与云与山与水，上下一白，湖上影子，惟长堤一痕、湖心亭一点、与余舟一芥、舟中人两三粒而已。

　　到亭上，有两人铺毡对坐，一童子烧酒炉正沸。见余大喜曰："湖中焉得更有此人！"拉余同饮。余强饮三大白而别。问其姓氏，是金陵人，客此。及下船，舟子喃喃曰："莫说相公痴，更有痴似相公者。"

　　杭州西湖中央有小岛，岛上有亭，名为"湖心亭"，宋代时就已存在。《湖心亭看雪》一文为明代人张岱所作，可知湖心亭在明代时，就是观景的好去处。

　　张岱是明末清初时期的文人，一生闲适，留下不少诗文，其中短文尤其精彩，在当时有"小品圣手"之称。小品文没有明确的标准，基本是指篇幅短小的散文，文字精致，更加强调自由和趣味，在明、清两代尤其流行。《湖心亭看雪》，算是张岱小品的上乘之作。

崇祯五年十二月，余住西湖。大雪三日，湖中人鸟声俱绝。是日更定矣，余挐一小舟，拥毳衣炉火，独往湖心亭看雪。雾凇沆砀，天与云与山与水，上下一白，湖上影子，惟长堤一痕、湖心亭一点、与余舟一芥、舟中人两三粒而已。

"崇祯"：明代最后一个皇帝的年号。崇祯五年是公元 1632 年，距明朝灭亡还有 12 年光景。

"更定"：一个计量时刻的说法。"更"是古代计算夜里时间的单位，以现在的时间来说，晚上八点到第二天早六点，这十个小时算是夜间，每两小时为一更。晚八点为初更开始，也称定更或更定。

不过，在这个时候出门看雪，实在是很另类，显然张岱是个性情中人。

"挐"：拿或是带领着的意思。"挐一小舟"可理解为带着一条小船。至于谁来撑船，文中也自会提到。

"毳衣"：羽毛或动物细毛制成的大衣。

"雾凇沆砀"："雾"是指下雪时的湿气，"凇"是水气遇冷结成的冰花，"沆砀"二字连用，指雾气一片白茫茫的样子。

"芥"：本意是小草，引申为既小又轻的船，古汉语称"芥舟"。后又作量词，有"一芥小舟"的用法。

崇祯五年（1632 年）十二月，我住在西湖边。大雪一连下了三天，湖中无论游人还是飞鸟都没了踪影和声音。这天更定时分到了，我就安排了一条小船，裹着细毛皮衣，围着火炉，独自前往湖心亭看雪景。湖面上冰花弥漫，天和云化作一团，山和水浑然一体，天地之间，白蒙蒙苍茫一片。湖上能看到的影子，只有长堤的一道细细痕迹、湖心亭的一点轮廓，还有我的一芥小船，和船上两三个小小人影罢了。

转成白话就能发现，文言文除了简洁，更有现代汉语无法替代的美感，尤其是"湖上影子，惟长堤一痕、湖心亭一点、与余舟一芥、舟中人两三粒而已"这一句，一痕、一点、一芥、两三粒，寥寥数语，把若有若无的雪中身影，写得云淡风轻，却又韵味十足。

到亭上，有两人铺毡对坐，一童子烧酒炉正沸。见余大喜曰："湖中焉得更有此人！"拉余同饮。余强饮三大白而别。问其姓氏，是金陵人，客此。及下船，舟子喃喃曰："莫说相公痴，更有痴似相公者。"

"毡"：粗制的毛织品，类似毛毯。

"三大白"：古人罚酒时用的杯子，称作"白"。后泛指酒杯。"三大白"即指三大杯酒。

"金陵"：就是今天的南京。

"舟子"：即船夫、撑船的人。

"喃喃"：拟声词，形容小声唠叨、嘟囔。

"相公"：此处是对士人的尊称。

"痴"：入迷、着迷。

到了湖心亭上，看见有两人铺好毡子，相对而坐，一个童子在一旁烧着酒炉，炉中酒正热得滚沸。他们看见我，十分高兴，说："在这湖中哪能想到会遇见您这样的人啊！"于是拉着我一起饮酒。我努力喝了三大杯，然后与他们道别。问他们的名字，得知是金陵人，在此地客居。等到我下船的时候，船夫小声嘟囔着说："不要说相公您痴迷，还有比相公您更痴的人啊！"

大雪是文人心头普遍偏爱的景物，西湖是无数文字描绘过的地方。当西湖遇上连日大雪，可以想象，能让人多么如醉如痴；再加上居然还能碰到意趣相投者，这雪中游真的尽兴，值得饮三大白。

文中最后说到一个"痴"字，既是指作者对雪夜景色的痴迷，又写出了作者身上一种傻乎乎的可爱。痴不是傻，而是对某个事物爱到忘我时，流露出来的真性情。这个真性情，才是这篇小文最打动人之处。

课外诵读篇目

〔元〕 吴镇 《芦花寒雁图》

《月夜忆舍弟》

月夜忆舍弟

〔唐〕杜　甫

戍鼓断人行，边秋一雁声。

露从今夜白，月是故乡明。

有弟皆分散，无家问死生。

寄书长不达，况乃未休兵。

　　除去慷慨激昂，边塞诗歌里也有一类，对现实里的人和事，表达出更深的关切和同情，杜甫这首《月夜忆舍弟》正是这样。虽然从记载上看，杜甫一生并未曾到达过偏远的边塞地区，但是他会怀念从军戍边的亲人，在戍鼓和雁声里，在月光下和白露成霜的夜间，盼望远征的兄弟能送来报平安的书信……杜甫在诗中写到的，是人心底最深的渴望，是与故乡明月相守，是和平而安宁。

　　战乱带给人类的，除了所谓的乱世出英雄，难道更多的不是那些远离亲人甚至失去亲人者的悲苦吗？

《长沙过贾谊宅》

长沙过贾谊宅

〔唐〕刘长卿

三年谪宦此栖迟，万古惟留楚客悲。

秋草独寻人去后，寒林空见日斜时。

汉文有道恩犹薄，湘水无情吊岂知？

寂寂江山摇落处，怜君何事到天涯！

又是一首提到贾谊的诗。

刘长卿是晚于李白、杜甫一代的唐朝诗人。这首《长沙过贾谊宅》，是他被贬官到长沙时，拜访贾谊故居，感慨自己与前代名士遭遇近似，心有不甘而作。贾谊在汉文帝年间，就因得罪权贵被驱逐出长安都城，到长沙做地方官。诗中"楚客"即指客居在长沙的贾谊。"人去后""日斜时"既是诗句描述的现实，又是化用贾谊在长沙期间所著文章中的句子——贾谊写过"庚子日斜兮，鵩集予舍""野鸟入室兮，主人将去"，以看到不祥的鵩鸟，引出自己的不幸。刘长卿则是借"人去后"和"日斜时"，表现来访先辈故居时的黯然心情。"湘水无情"一句，是指贾谊曾赴湘江悼念屈原，此刻诗人来湘江岸边贾谊旧居凭吊，同样是在寻求知音。然而江水只是滚滚流逝，留下诗人一唱三叹式的慷慨余哀。

《左迁至蓝关示侄孙湘》

左迁至蓝关示侄孙湘

［唐］韩　愈

一封朝奏九重天，夕贬潮州路八千。

欲为圣明除弊事，肯将衰朽惜残年！

云横秦岭家何在？雪拥蓝关马不前。

知汝远来应有意，好收吾骨瘴江边。

韩愈被皇帝贬官去遥远的广东潮州做地方官，途中到蓝关，见到赶来送行的侄孙韩湘，于是作此诗。

韩愈为什么被贬官呢？起因正是诗中所说的"欲为圣明除弊事"，想要为皇帝去除有害的事情。公元819年，唐宪宗派人迎凤翔法门寺佛骨入皇宫供奉，以示信佛诚意。还要安排把佛骨送至各大寺庙，接受香火朝拜。韩愈不赞成这样的举动，写了一篇《谏迎佛骨表》，劝谏皇帝，而且告诉皇帝，自东汉以来信佛的帝王都短命。这下子触怒了唐宪宗，险些把韩愈杀掉。有朝臣求情，才改为降职去潮州，令韩愈立即离京。这就是诗里所说的"一封朝奏九重天，夕贬潮州路八千"。

"云横秦岭家何在？雪拥蓝关马不前"一联，写得苍凉，有悲壮感，末句里甚至做好了客死他乡的准备。这是韩愈仕途中遭遇的最重一次打击，好在唐宪宗还不是个太糟糕的皇帝，第二年就召回了韩愈，使这位文坛领袖人物不至于埋骨瘴江边。

《商山早行》

商山早行

［唐］温庭筠

晨起动征铎，客行悲故乡。
鸡声茅店月，人迹板桥霜。
槲叶落山路，枳花明驿墙。
因思杜陵梦，凫雁满回塘。

温庭筠是唐代晚期诗人。晚唐王朝衰败，盛唐气象早已一去不返，晚唐诗歌也不再有开阔的胸怀和澎湃的激情，诗人们能做的，只是诗句语言的雕琢、诗篇构思的锤炼这些技巧性的追求，诗歌的气质精致细腻，境界却远逊于中唐以前。

本首诗里"鸡声茅店月，人迹板桥霜"一联常被后世称道，能看出诗人在字句上确实下足了功夫。有一则古代评论很有意思，评论者举例唐代各个时期的名句，盛唐有"海日生残夜，江春入旧年"，中唐句如"风兼残雪起，河带断冰流"，晚唐句即"鸡声茅店月，人迹板桥霜"，说这些都是形容景物，确实妙绝千古；但是盛、中、晚唐的时代气象截然不同，所以说诗歌文章都是"关气运，非人力"，正所谓时代造就了文学诗歌的气质。

《咸阳城东楼》

咸阳城东楼

[唐]许 浑

一上高城万里愁，蒹葭杨柳似汀洲。
溪云初起日沉阁，山雨欲来风满楼。
鸟下绿芜秦苑夕，蝉鸣黄叶汉宫秋。
行人莫问当年事，故国东来渭水流。

这首诗可以看作一曲感慨唐末王朝没落的哀歌。诗中借咏怀秦汉旧事，发出对唐王朝每况愈下的叹息。咸阳是秦朝都城，诗人登临咸阳城楼远眺，家乡远隔万里，目之所及，历史的过往从眼前闪过：溪云初起处，是姜子牙垂钓的磻溪；飞鸟归巢的地方，是秦时旧宫苑；蝉鸣声里，黄叶飘零，汉时宫殿满是荒芜秋意……历史沧桑休要再说，时局风雨飘摇，只剩渭水东流，带走大唐的辉煌，一去不返。

本首诗的作者许浑是官宦世家，晚唐时出任过监察御史之职，后隐居。他还写过"兴亡不可问，自古水东流"的诗句，抒发的同样是哀挽王朝江河日下的心声。

《无题》

无 题

［唐］李商隐

相见时难别亦难，东风无力百花残。
春蚕到死丝方尽，蜡炬成灰泪始干。
晓镜但愁云鬓改，夜吟应觉月光寒。
蓬山此去无多路，青鸟殷勤为探看。

古今历来有一个共识：李商隐的诗不易读懂。对他更多的作品，人们经常猜测，他写的到底是什么呢，又想表达什么呢？大家众说纷纭，恰恰形成了李商隐诗歌的一个特色。我们不确定他的性格和心理，也许诗人本来就不想让外人过多地进到自己的内心世界里去吧？读那些诗，能真切地感受到文字的美，就够了。诗歌本来就是不可言说的，而文字在诗歌里也不再仅仅是文字的本来意思，更是像一支画笔，描绘汉语那些奇妙的想象和意境，让人不解，又为之着迷。比如，这首连标题诗人都懒得费心思的作品，有人认为诗人写的是自己仕途失意，有人则认为是作者在写因爱情不可得而带来的苦楚。诗中"春蚕""蜡炬""蓬山""青鸟"这些大量的象征，或许能引领着读者去揣摩诗人心意，相思与别离，关切与珍重，人类情感中有永恒的喜悦和痛苦，那些最打动人之处，不过如此吧。

《行香子》

行 香 子

[宋] 秦　观

　　树绕村庄，水满陂塘。倚东风，豪兴徜徉。小园几许，收尽春光。有桃花红，李花白，菜花黄。　　远远围墙，隐隐茅堂。飏青旗，流水桥旁。偶然乘兴，步过东冈。正莺儿啼，燕儿舞，蝶儿忙。

　　秦观是宋词名家，深受苏轼赏识，"两情若是久长时，又岂在朝朝暮暮"便是秦观最著名的词句。秦观作品风格多委婉含蓄，意韵悠长感伤，极少轻浅直白，本篇格调则与以往略有不同。

　　这首词全篇都写田园春色，很像现在的小视频，把花开缤纷的模样和莺啼燕舞之景逐个收录下来，画面生动，意趣盎然。

《丑奴儿·书博山道中壁》

丑奴儿·书博山道中壁

［宋］辛弃疾

少年不识愁滋味，爱上层楼。爱上层楼，为赋新词强说愁。　而今识尽愁滋味，欲说还休。欲说还休，却道"天凉好个秋"！

本篇是辛弃疾闲居时所作。作者回忆少年时代本应无忧无虑，却偏作"无病呻吟"而"强说愁"，如今满腔愁苦却"欲说还休"，心中悲慨难以言状，只能化作悠悠一句"却道'天凉好个秋'"。有学者说"却道"一句是吞咽式的表情，表示有许多忧愁不能明说。结合作者的身世遭遇，这一句里，隐藏着报国无门的苦闷，饱含着失地未收复的遗憾，含意的确深长。

九年级·下册

［宋］佚名　《秋山红树图》

古诗词篇目

［明］戴进　《关山行旅图》

《渔家傲·秋思》

渔家傲·秋思

〔宋〕范仲淹

塞下秋来风景异，衡阳雁去无留意。四面边声连角起，千嶂里，长烟落日孤城闭。　　浊酒一杯家万里，燕然未勒归无计。羌管悠悠霜满地，人不寐，将军白发征夫泪。

这篇《渔家傲·秋思》的作者范仲淹，是北宋仁宗皇帝时期的宰相。

北宋是中国历史上文化的黄金时代，学者、诗人、词人们能够有优渥的环境进行创作，官员里有真才实学的人比例也很高，在做到宰相级别的著名人物中，就有很多知名的诗词大家，范仲淹即是其中之一。

范仲淹官声很好。在西北塞外，范仲淹还统辖宋军，抵御过西夏人的入侵。军旅生涯给范仲淹的词作增添雄壮之风，让填词这一原本属于文人的风雅乐事变得有大情怀、大气象。《渔家傲·秋思》就是范仲淹描述真实生活体验的一首佳作。

"秋思"即秋天的思绪之意。这份思绪中，有无限的寂寥与苍凉。

塞下秋来风景异，衡阳雁去无留意。

"塞下"指塞外边境。写作此篇时，范仲淹正镇守延州。延州在陕西，包括今天的延安和周边地区。这里是北宋抵抗西夏入侵的前线。

"异"就是不同。

"衡阳雁去"：即"雁去衡阳"。有传说，湖南衡阳有"回雁峰"，秋天北雁南下，最远到达此地而止，就不再向南飞了。

"留意"，想要留下来的意愿。

秋天到了，西北边塞与内地风光大不相同，天上的大雁又飞去了遥远的南方衡阳，一点也没有停留之意。

四面边声连角起，千嶂里，长烟落日孤城闭。

"边声"，指边塞地区特有的声响，如马鸣风啸、羌笛战鼓，这些惊心动魄之声便勾勒出塞外气势。

"嶂"是高耸如屏障一样的山峰。"千嶂"指险峰林立，绵延不断。

"长烟落日"是化用唐诗"大漠孤烟直，长河落日圆"的诗意。在时间之河里，塞外的壮阔不曾改变。孤城，群山间，一座坚城，据守在长烟落日下，构成一幅顽强、坚毅的画面。

"闭"是城门关闭。指宋军坚守关塞，以死拒敌。

军中号角连声吹响，周围边声随之而起。险峰层峦绵延，烽烟不绝，落日西斜，将士坚守孤城，护卫国门。

浊酒一杯家万里，燕然未勒归无计。

"浊酒"，通常指米酒，不需要充分过滤所以显得浑浊。浊酒一词多出现在诗词里，带有思念、离愁等诸多象征意义。

"燕然未勒"："燕然"说的是燕然山，在今天蒙古境内。东汉统帅窦宪率兵追击匈奴，出塞三千余里，追至燕然山，汉军大获全胜。窦宪登燕然山，在山石上刻下文字纪念胜利。"勒"就是刻字于石上的意思。此处"燕然未勒"的意思是，还没有完成勒石燕然山那样的壮举，比喻战事还没有取得胜利，大功未成。

"归"是回家。

"计"是考虑、打算。"无计"的意思是没有这个打算。

饮一杯浊酒，想起家乡在万里之外；外患未平，勒石燕然那样的功业还没有得成，还不到考虑归家的时候啊。

羌管悠悠霜满地，人不寐，将军白发征夫泪。

"羌管"是古代西部羌族地区的一种管状乐器，也叫作"羌笛"。

"霜"指秋霜。

"寐"是睡着。

"将军"指作者自己；"征夫"，出征的士兵。上至将军，下至兵士，都困守在塞外这苦寒之地。

悠长的羌笛声传来，秋霜已经铺满大地。夜正深，无人入睡，将军操劳白了头发，出征的士卒流下思念亲人的眼泪。

大雁、边声、长烟、落日、孤城、浊酒、白发……这些词语在诗词中时常出现，它们代表的意境几乎一望而知，既雄浑，又寂寥，几分悲凉，无限苍劲。

这首《渔家傲》把边塞风情写得动静结合，情景交融，音与画历历在目：

景是塞外的秋天景象，情是戍边军人的思乡之情；南飞的大雁、将士脸上滑下的泪，是动态特写；群峰、长烟、落日以及杯中的浊酒，是凝住的、静止的；此起彼伏的号角声、羌管奏响的乐曲，是传来的音；孤城雄关屹立、将士坚毅的脸，是生动的画。

这样的作品，意象之壮阔，早已跳出儿女情长、男欢女爱一类风雅韵事。读后使人沉思，发人深省。

《江城子·密州出猎》

江城子·密州出猎

[宋]苏 轼

老夫聊发少年狂，左牵黄，右擎苍，锦帽貂裘，千骑卷平冈。为报倾城随太守，亲射虎，看孙郎。　　酒酣胸胆尚开张。鬓微霜，又何妨！持节云中，何日遣冯唐？会挽雕弓如满月，西北望，射天狼。

这首《江城子·密州出猎》作于宋神宗熙宁七年（1074 年）。苏轼因为与当时掌权的王安石持不同政见，继续被排斥在朝廷以外，这一年他由杭州调至山东密州做知州。本篇记叙的就是苏轼在密州期间一次轰轰烈烈的巡游打猎。

老夫聊发少年狂，左牵黄，右擎苍，锦帽貂裘，千骑卷平冈。

"聊"，姑且、暂且的意思。

"少年狂"，年轻人的狂放。

"黄"是猎狗，"苍"是猎鹰。

"擎"，举。

"锦帽貂裘"是古时汉代精锐的羽林军也就是皇家卫队的打扮。苏轼这样写是为了显示出猎时的威武装扮。

"千骑"，形容骑马的随从很多。

为报倾城随太守，亲射虎，看孙郎。

这句里苏轼表示：为了报答大家全城出动跟随我这个太守，看我学历史上的孙权，亲自射只老虎回来！

此处提到的"孙郎"，是三国时的孙权。

我们在诗词里经常会遇到许多典故，孙郎射虎，是赤壁大战前孙权箭射猛虎以鼓舞士气的故事。

典故可以为词增加色彩，也让我们领略作者们满腹经纶的才华。书读得多了，典故就熟悉，写文章乃至做人就都有大气象，所谓"腹有诗书气自华"。

酒酣胸胆尚开张。鬓微霜，又何妨！

"酣"的意思是酒喝得兴致正浓。

"胸胆尚开张"，是胸怀打开、豪情万丈。

鬓发白，上岁数，又怎样？抒发的依旧是狂放之情。

持节云中，何日遣冯唐？

这一句依然用典故：

"持节"："持"，手握；"节"是代表权力的凭证物。手握凭证，即奉皇帝命令的意思。

"云中"，地名，在山西，汉朝时属于边境地区。

汉朝大臣冯唐奉皇帝命，前来赦免了云中守将的罪名，并和守将一起守卫疆土。这正是苏轼为国效力的渴望：什么时候能像历史再现一样，有冯唐带着皇帝的命令来重新起用我呢？

会挽雕弓如满月，西北望，射天狼。

"会"，终将。

"雕弓"，雕刻着花纹装饰的弓。

"西北望"，向西北方向瞭望。当时北宋西北地区边疆有对西夏国的战事，西北指的就是作战前线。

"天狼"，天狼星。古人对星象的看法是，天狼星代表战事凶险。此处天狼星即代指入侵的异族。

这一句说的是：一定会把雕弓拉得如同满月，射向天狼星。表达出诗人愿赴前线杀敌的雄心与激情。

这是一首标准的豪放之作，有真情在胸中涌动。正是这份真挚，读来令人血脉偾张。

附录："十年生死两茫茫"

同样是用"江城子"词牌，同样是真情实感，苏轼另有一首记录梦境怀念亡妻的作品，写得柔肠百转黯然神伤，使我们能了解到，作者人生际遇里种种迥然不同的情感。

江城子·乙卯正月二十日夜记梦

十年生死两茫茫，不思量，自难忘。千里孤坟，无处话凄凉。纵使相逢应不识，尘满面，鬓如霜。　　夜来幽梦忽还乡，小轩窗，正梳妆。相顾无言，惟有泪千行。料得年年肠断处，明月夜，短松冈。

这是一首悼亡词，苏轼写给去世整整十年的妻子。妻子葬在故乡，苏轼此时身在千里之外，无法在妻子长眠的地方陪伴。

阴阳相隔，最可怕的其实不是死亡本身，而是生死两茫茫、再不能相见的悲凉吧。如果再见面，我们还能认得出对方吗？

下阕是一个梦，梦里有妻子那熟悉的身影，梦里有热泪千行。梦醒来更肝肠寸断，墓前种满松树的小山岗上，此刻应洒满如水的月光……

在词里我们看到了苏轼令人感动的另一面。唯有情至深处，才能写得如此清澈、如此凄美。

《破阵子·为陈同甫赋壮词以寄之》

破阵子·为陈同甫赋壮词以寄之

［宋］辛弃疾

醉里挑灯看剑，梦回吹角连营。八百里分麾下炙，五十弦翻塞外声，沙场秋点兵。　　马作的卢飞快，弓如霹雳弦惊。了却君王天下事，赢得生前身后名。可怜白发生！

从小学开始，我们已经学过不止一首辛弃疾的词作，而直到这一篇《破阵子》才是辛弃疾作品的主要风格。

辛弃疾是南宋时期一位文武双全的热血词人。关于这位英雄与这首《破阵子》，有一个故事：

公元 1162 年的一天，在北方金人占领的地盘上发生这样惊人一幕：五十名南宋军士如入无人之境，骑马闯进驻扎着五万金军的大营。冲杀一阵后，为首的宋将捉住一个人，扔到马背上，然后率领五十名宋军又冲出金营呼啸而去，留下身后的金兵目瞪口呆。

被捉走的是一个宋军叛将，宋军把他带回南宋朝廷，砍了脑袋。而率领五十名勇士奇袭敌营的，就是二十三岁的辛弃疾。辛弃疾因为年轻时的勇武，被称作"青兕转世"。青兕，是青黑色的犀牛，性情刚烈，力大无比，这很符合辛弃疾的早年形象。他既是诗人，又是一位在沙场冲锋陷阵的军人，有这样体验的，在两宋词人中，屈指可数。

这次经历成为辛弃疾一生的骄傲，直到晚年，他依旧难忘沙场，在寄给朋友的一首词中，辛弃疾慷慨激昂地追忆早年岁月，那首词，就是本篇《破阵子·为陈同甫赋壮词以寄之》。

"破阵子"是词牌的名称。"陈同甫"，名亮，是辛弃疾的好友也是南宋的一位词人。"赋"就是作诗的意思。"壮词"则是雄壮之词，可见辛弃疾忆及往事时的气概。把这样一首词寄给友人，足以显示辛弃疾心中的激荡不平。

醉里挑灯看剑，梦回吹角连营。

"挑灯"，把灯芯拨亮。

"吹角"，吹响军中号角。

"连营"，指军帐相连，连在一起的众多军营。

喝醉了酒，拨亮灯火，细细端详着陪伴了自己一生的宝剑，睡梦里又回到号角声此起彼伏的军中大营。

八百里分麾下炙，五十弦翻塞外声，沙场秋点兵。

"八百里"，此处是一个典故：《世说新语》里记载，富豪王恺家里有一头健壮的大牛，叫"八百里驳"。后世诗词中通常就以"八百里"来代指牛。

"麾下"就是部下，指手下的将领和兵士。

"炙"就是烤熟的肉食。接着上面的典故：那头叫"八百里驳"的大牛，因王恺打赌赌输，被杀作炙。

"五十弦"，传说古代有一种五十根弦的乐器"瑟"。此处泛指乐器。

"翻"，有演奏、演唱的意思。

"塞外声"："塞外"即边塞沙场，"声"是声响，指战地的乐曲或战歌声。

这句是写塞外战场的豪情：

将士们分食烤牛肉，军乐奏响塞外战曲，秋高马肥时节，战场正在点兵。这一切都是那么的激动人心。

这是辛弃疾无数次魂牵梦萦的场景。

马作的卢飞快，弓如霹雳弦惊。

"的卢"是古代著名的战马。

"霹雳"，本指雷鸣声，此处指箭射出时弓弦发出的巨响。

跃上像的卢一样的战马飞驰向前，箭射向敌人，弓弦发出霹雳般的声响。

上马挽弓，杀敌报国，扬名天下，是辛弃疾一生念念不忘的理想。

了却君王天下事，赢得生前身后名。可怜白发生！

"了却"，了结，完成。

"君王天下事"：对于有作为的君王而言，天下事即国家大事；辛弃疾眼中的"君王天下事"，当然应是复兴大业，收复中原。

"赢得"，争取到。

"生前身后"，指活在世上之时与死去之后。

"可怜"是可叹、可惜的意思。

这句是写：

替君王了却收复失地的大业，为自己一生赢得报效国家建功立业的声望。可叹壮志未酬人已老，满头生出白发。

如果没有最后一句，这首"壮词"，果然充满慷慨激昂的雄壮之风；然而，追忆自己雄姿英发的青年时光后，再感叹"可怜白发生"，又平添悲壮味道。

辛弃疾六十八岁病逝。据史载，临终前，他大呼两句"杀贼！杀贼！"死不瞑目。辛弃疾是南宋时期真正的文人和战士，即使英雄迟暮，而血从未冷。

《满江红》

满 江 红

〔清〕秋　瑾

　　小住京华，早又是中秋佳节。为篱下黄花开遍，秋容如拭。四面歌残终破楚，八年风味徒思浙。苦将侬强派作蛾眉，殊未屑！　身不得，男儿列，心却比，男儿烈。算平生肝胆，因人常热。俗子胸襟谁识我？英雄末路当磨折。莽红尘何处觅知音？青衫湿！

"满江红"是著名词牌，宋代以来使用这一词牌填词的作品很多，其中不乏佳作。这首"小住京华"是清代人所写，水准并不输给前人。关于本篇作者，尤其值得一说。

秋瑾，是中国近代史上的奇女子，辛亥革命的先烈之一。秋瑾生于官宦人家，自幼喜好并擅长诗词文章，能骑马击剑。最终投身反清革命，壮烈牺牲。

秋瑾随丈夫在京城居住时，写下这首《满江红》，词中充满不甘平庸的豪情壮志。

"小住"指暂时居住。"京华"是对"京城、首都"美化的称谓，清代京城即北京。秋瑾丈夫在京为官，秋瑾与浑浑噩噩的日子格格不入，而向往激昂的英雄生涯。

小住京华，早又是中秋佳节。为篱下黄花开遍，秋容如拭。

"早"：指时间很快。

"为篱下"：按词谱音韵的规定，"为"字读音应是二声，意为"在某处"；"为篱下"就是在篱笆下面。

"秋容"，意即秋天的景象。

"拭"，擦拭。

在京城短暂居住，转眼间就又到了中秋佳节。长在篱笆下面的黄色菊花都盛开了，在菊花的点缀下，秋景明净，碧空如洗。

四面歌残终破楚，八年风味徒思浙。

"四面歌残终破楚"，这句用"四面楚歌"典故：秦末楚汉相争，刘邦的汉军在垓下包围了楚军，汉军主帅韩信命人唱起楚地歌曲，楚军误以为汉军已攻下楚地，集体惶恐而斗志瓦解，最终覆亡。后世以"四面楚歌"比喻面临或陷入困境。

"八年"，指秋瑾从成婚到写作本篇时，已历八年岁月。

"风味"，所指应该是作者在各地感受到的风土人情和世间百态。

"徒"，徒然，白白地。

"浙"，指浙江，秋瑾故乡是浙江绍兴。

国事艰难，如同当年四面楚歌，楚军注定最终落败；八年处境，品味世事，至今徒然思念着浙江故乡。

秋瑾有见识，有个性，心忧天下志在江湖。当时清末之国运，正如同陷入四面楚歌，有志之士都在寻找冲破困局的道路。

苦将侬强派作蛾眉，殊未屑！

"苦"，竭力、极力。

"将"，是副词，"把、让"的意思

"侬"，旧诗文中多指自己。

"强派"，强行指定和安排。

"蛾眉"，本意是女子细长而弯的眉毛。此处代指女性。

"殊"，很，非常。

"屑"，认为值得。

他们竭力想安排摆布我做一个官太太、贵妇人，我是多么不屑于此啊！

身不得，男儿列，心却比，男儿烈。算平生肝胆，因人常热。

"列"，属类，范围。

"烈"，本意是火势猛的意思，引申为气势强盛，表示性情时，指刚强、耿直一类。

"肝胆"，本意是人体内的肝和胆两器官，多用于比喻，此处指真诚而有血性。

今生虽然不能得志加入男儿行列，但我的心比男子还要刚烈。算下来，平生怀一腔赤胆忠心，常常为他人、为国、为民热血沸腾。

俗子胸襟谁识我？英雄末路当磨折。

"俗子"：庸常之人。

"胸襟"：胸怀、志向。

"磨折"，即折磨，磨炼和挫折。

凡夫俗子胸怀狭窄，怎么能够懂得我？英雄无路可走时，自当经受磨难挫折。

莽红尘何处觅知音？青衫湿！

"莽"，指草木茂盛的地方。

"红尘"，本意指车马过后扬起的飞尘，红色象征繁华，红尘越多，名利追逐越盛，所以红尘是指纷攘的世俗生活。后来又多用以代指人世间。

"青衫湿"：指眼泪洒落弄湿衣衫。此处是用白居易长诗《琵琶行》诗意：白居易感慨琵琶女的命运，引发自己的共鸣而写道："座中泣下谁最多，江州司马青衫湿。"

人世间俗尘滚滚，草木一生，到哪里才能找到志同道合之人？这真令人泪湿满衣衫！

这就是秋瑾，血性慷慨，诗句间掷地有声。写这篇作品后的第二年，秋瑾摆脱家庭束缚，东渡日本留学，自号"鉴湖女侠"。在日期间，广结义士，成为坚定的反清革命者。三年后，秋瑾在故乡绍兴计划武力暴动抗清，失败被捕，从容就义。

秋瑾墓位于杭州西湖畔，柔美的西子湖与忠烈的女英雄相伴相辉，光耀千古。

《十五从军征》

十五从军征

选自《乐府诗集》

十五从军征，八十始得归。

道逢乡里人："家中有阿谁？"

"遥看是君家，松柏冢累累。"

兔从狗窦入，雉从梁上飞。

中庭生旅谷，井上生旅葵。

舂谷持作饭，采葵持作羹。

羹饭一时熟，不知饴阿谁。

出门东向看，泪落沾我衣。

　　《十五从军征》当是汉末、魏晋这一大动乱年代的民歌，这期间中国历史处于无休止的动荡，底层百姓的生活充满苦难，诗歌里所描述的一位返乡老兵之所见所闻，正是民生疾苦的写照。因为这首诗具有汉乐府质朴自然的鲜明特点，后人把它收录在一部叫《乐府诗集》的诗歌选本里。"十五从军征"是诗的首句，用作标题。

十五从军征，八十始得归。

"从军"即参加军队。

"征"是征战、打仗。

"始"，才。

十五岁就参加军队去征战，到了八十岁，才得以回家。

平淡无华的一句诗，仅十个字，"十五"和"八十"或许是虚写，但离家时的青年，归来已是垂暮，细想使人心生寒意，不敢想象这位老兵的一生有怎样的经历。

道逢乡里人："家中有阿谁？"

"阿"字此处是口语，无实际意思。

在路上遇到家乡的邻居，于是问道："我家里还有什么人？"

"遥看是君家，松柏冢累累。"

"遥看"，远远看过去。

"君"，乡人对老兵的称谓，相当于"您"的意思。

"冢"，坟墓。

"累累"，重叠，众多的样子。

这句是乡人的回答，并且指给老兵看——

从这里远远望过去，就能看到，原来您家的那个地方，现在成了一片松柏树林，里面重重叠叠都是坟墓了。

这个答案其实并不太意外，但真的听到，仍然心痛。

兔从狗窦入，雉从梁上飞。

"窦"，洞；"狗窦"，狗钻进钻出的洞口。

"雉"，野鸡。

野兔从狗洞进出，野鸡在屋梁上飞来飞去。

野兔、野鸡本来都是惧怕人的，一有动静就会受惊而走。显然这里已经长久没有人迹，它们才大模大样出没在废弃的屋子里。

中庭生旅谷，井上生旅葵。

"中庭"，院落中间的空地。

"旅谷""旅葵"都是野生的植物。"旅"的意思是不种而生，"谷"是谷物杂粮，"葵"类似豌豆。

院子中间长满野生的谷子，水井四周也长出野菜来。

舂谷持作饭，采葵持作羹。

"舂"，是给谷子去皮。

"持"，本意是拿着、握着。此处意思相当于"拿来、当作"。

"羹"，菜汤。

舂好野谷，拿来做饭；摘下葵叶，煮成菜汤。

羹饭一时熟，不知饴阿谁。

"一时"，一会儿工夫。

"饴"，赠送、送给。

一会儿工夫，饭菜做熟了，可是却不知道，除了自己，还可以送给谁吃。

出门东向看，泪落沾我衣。

"沾"，浸湿，打湿。

老兵走出家门向着东方张望，老泪纵横，打湿了身上征衣。

整首诗安静得怕人，虽然有野兔跑进草丛的脚步声，野鸡飞起时的扑棱，舂谷时的劳作声，煮菜时柴火的噼啪声，但是一切都是沉默的。老兵不再像年轻人那样号啕大哭，只有无声的泪水洒落衣襟，沉默之下，更是无尽的凄凉与悲苦。

老兵活着回到了家，比起那些无人收拾的白骨，这是一种万幸；然而，松柏林间的坟堆处，还能算是家吗？比起无家可归，这样的家破人亡，悲哀更是无以复加。从艺术性上看，这些诗句感染力之强，两千年后我们仍能从中读到哀痛，由这哀痛，而去想象那个遥远时代里无数普通人的命运，是如何的不幸。

《白雪歌送武判官归京》

白雪歌送武判官归京

［唐］岑　参

北风卷地白草折，胡天八月即飞雪。

忽如一夜春风来，千树万树梨花开。

散入珠帘湿罗幕，狐裘不暖锦衾薄。

将军角弓不得控，都护铁衣冷难着。

瀚海阑干百丈冰，愁云惨淡万里凝。

中军置酒饮归客，胡琴琵琶与羌笛。

纷纷暮雪下辕门，风掣红旗冻不翻。

轮台东门送君去，去时雪满天山路。

山回路转不见君，雪上空留马行处。

这首《白雪歌送武判官归京》，是唐代边塞诗里最出色的一首长诗；作者岑参，是盛唐杰出的诗人之一。岑参多年任职塞外，这样的经历令他能够把边塞、军旅，以及异域的风情收在诗中，使边塞诗呈现出最鲜活的状态。

"白雪歌"即歌咏漫天白色大雪纷纷落下的诗歌；"武判官"是一位姓武的官员，判官是官职名。武判官将要从塞外回京城去，天降大雪，岑参作此诗送别。

北风卷地白草折，胡天八月即飞雪。

"胡天"即指塞外的天空。"胡"是古代汉民族对北方各民族的通称。

"八月"指农历八月，属秋季，塞外苦寒，秋天已是飞雪时节。

北风席卷大地，吹折了白草，塞外八月天气，就已是大雪纷飞。

忽如一夜春风来，千树万树梨花开。

忽然就好像一夜之间春风吹来，千万棵树上白色梨花纷纷盛开。

春天梨花开时，满树白花似雪。此处诗人反用梨花来喻雪。诗人并不畏惧严寒，在他眼里，雪景犹如春景，这样的心态，乐观而豪迈。

散入珠帘湿罗幕，狐裘不暖锦衾薄。

"珠帘"是形容帘子的华丽，珍珠串成的门帘。

"罗"指绫罗，是丝绸织物；"幕"是帐子里的帷布，"罗幕"则是丝绸制成的帷布，比喻帐子的精美。"珠帘""罗幕"都是美化的写法。

"裘"是动物皮毛做成的衣物；"狐裘"即狐皮大衣。

"锦"也是一种丝绸制品，"衾"是被子，"锦衾"就是丝绸被。

雪花飘散闯入帐帘打湿了营帐里的帷布，天寒地冻，狐皮衣袍都不保暖，丝绸锦被也显得单薄了。

将军角弓不得控，都护铁衣冷难着。

"角弓"是用兽角装饰在两端的强弓。

"控"，指拉开（弓弦）。

"都护"，武将官名，此处泛指戍边的武官。

"铁衣"，即指铠甲。

"着"，穿着。

将军的兽角弓冻得拉都拉不开；都护的铠甲冰冷，难以穿上身。

瀚海阑干百丈冰，愁云惨淡万里凝。

"瀚海"，指沙漠。

"阑干"纵横交错的样子。

"惨淡"，指暗淡。

无边的沙漠纵横交错，漫天大雪之下，结成百丈坚冰；阴云凝结在万里长空，天光暗淡，就像一副愁容。

中军置酒饮归客，胡琴琵琶与羌笛。

"中军"，指主将。

"置酒"，备下酒宴。

"归客"，要远归的宾客。此处即指诗人送行的对象武判官。

"胡琴""琵琶""羌笛"，都是塞外常见乐器。此句指奏响乐曲。

主将摆下酒宴，与即将归京的伙伴一起畅饮，一旁奏响胡琴琵琶羌笛之声。

户外的冰天雪地与营帐里的开怀畅饮宴酣乐声形成鲜明对比，纵然条件艰苦，边疆将士热烈不改。

纷纷暮雪下辕门，风掣红旗冻不翻。

"辕门"，此处泛指军营大门。军营有战车相围，车辕相对，形成入口，故称"辕门"。

"掣"，拉、扯之意。

"翻"，飘动。

黄昏时候，大雪纷纷扬扬落在辕门外，红色的军旗被冰冻住，寒风如拉拽一般吹来，竟然一动不动。

轮台东门送君去，去时雪满天山路。

"轮台"，地名，唐时边塞重地。

"天山"，新疆境内的著名山脉。

走出轮台堡垒的东门外，与阁下话别而去，临行时大雪布满天山南北。

虽是送别，依依惜别中却有浑然豪迈之感。

山回路转不见君，雪上空留马行处。

山路回转曲折，已望不见阁下的身影，茫茫雪地上只留下马蹄行进的印迹。

全诗几乎句句写雪，不停地变化着雪中的画面，直到这最后一句，才隐隐有惆怅韵味：马蹄去处，友人远去，无须直抒情意，情景已回味无穷。不过，随着绵绵不断的雪花遮住离去的行踪，当雪把世界变成一片苍茫时，天地间又将再次融入慷慨雄劲的豪情。

纵使苦寒，理想不悔，这是唐人最宝贵的灵魂，也是边塞诗的诗魂。

《南乡子·登京口北固亭有怀》

南乡子·登京口北固亭有怀

［宋］辛弃疾

何处望神州？满眼风光北固楼。千古兴亡多少事？悠悠。不尽长江滚滚流。　　年少万兜鍪，坐断东南战未休。天下英雄谁敌手？曹刘。生子当如孙仲谋。

辛弃疾作词，擅长咏史和怀古，这也使得辛词中经见典故，把历史故事嵌入自己的作品，借历史的风云沧桑来抒发自己的心意，这是辛弃疾词的一大特色。辛弃疾有两首"北固亭怀古"之作，本篇即其中之一。

"南乡子"是词牌名。"京口"就是今天的镇江，在古代是长江边上的重要据点。京口有北固山，山上建有楼台，称"北固亭"，作为军事瞭望之所。辛弃疾登临北固亭，眺望江北神州故土，遥想三国往事，悠悠天地间，说不尽的历史兴亡，就像脚下的江水，滚滚东流去。

何处望神州？满眼风光北固楼。

"神州"，本意是古代中国地理概念，主要是指华夏文明区域。此处代指原属北宋的中原地区，此时被金国占领。

"北固楼"即北固亭。

从哪里可以眺望中原故土？登上北固楼，可见眼前满目壮丽景色。

这一句写辛弃疾登高上北固楼远眺，虽然望不到中原旧地，但眼前江山壮美，更激起英雄心底无限感慨。

千古兴亡多少事？悠悠。不尽长江滚滚流。

"悠悠"是形容遥远与长久。

千年盛衰兴亡，多少沧桑变幻，就如同这江水滚滚，奔流而去，汇入了大海一样的历史中，遥不可及。

年少万兜鍪，坐断东南战未休。

"年少"，年纪轻。指的是三国时期年少便主政江东的孙权。

"兜鍪"是古代战士的头盔，"万兜鍪"比喻千军万马。

"坐断东南"，指孙权十九岁起就继承父兄打下的基业，坐镇整个中国东南。

"战未休"是战争一直没有停止。

遥想三国时候，那年轻的孙权统领东吴的万千健儿，占据江南，百战犹酣。

天下英雄谁敌手？曹刘。生子当如孙仲谋。

"曹刘"，指曹操和刘备。曹、刘、孙的对抗最终形成历史上的三国鼎立。

"生子当如孙仲谋"，这是有历史记载的曹操原话。孙权，字仲谋，赤壁大战前，曹操率军与孙权军队对阵，见孙权气度非凡，率军雄壮威武，心生赞叹。曹操与孙权的父亲曾一起共事，因此以长辈口吻赞叹说道："生儿子就要像孙仲谋这样啊！"

天下英雄谁是孙权的对手？曹操和刘备可以和他鼎足成三。难怪曹操说："生儿子就应当如孙仲谋一般。"

南宋同样坐拥东南，但遗憾的是这里缺少孙权一样的英武领袖。豪情壮志与万千无奈就如江水，在辛弃疾的词中和心头奔涌。

遗憾和追忆是辛弃疾词中重要的主题，他歌颂前辈的伟大人物和英雄事迹，追忆和憧憬古代的光辉岁月；他感慨历史上那一幕幕功亏一篑的征战，其实是为南宋无法收复北方山河而耿耿于怀。这些情感深刻地影响了辛弃疾的词风，豪迈起来，如波涛壮阔；到敏感处，又一唱三叹，余韵深沉。辛词情感之丰富和强烈，宋词中几乎无人能够超越。人们评价辛弃疾为"词中之龙"，这条"龙"被现实束缚起手脚，心中有无限不甘，却只能仰天长叹。

《过零丁洋》

过零丁洋

〔宋〕文天祥

辛苦遭逢起一经，干戈寥落四周星。

山河破碎风飘絮，身世浮沉雨打萍。

惶恐滩头说惶恐，零丁洋里叹零丁。

人生自古谁无死？留取丹心照汗青。

这是一首伟大的诗，作品与作者，在中国历史上都光耀千古。

文天祥是南宋末期的宰相，著名的民族英雄。

南宋王朝守着半壁山河，维持了百余年相对稳定的局面。到南宋后期，蒙古帝国崛起，迅速横扫世界，在中国大地，把西夏和金国先后吞没。南宋抵御蒙古数十年，在最后的日子里，这个王朝用它难得的高贵和不屈保持了华夏民族的尊严，赢得后世尊敬。

1276 年，元军攻破南宋都城临安，占领南宋绝大部分领土。部分南宋皇族和大臣一路逃亡，撤退到大陆最南端的广东沿海，依靠水师和陆上部队，坚持抵抗。文天祥率领陆上残兵屡败屡战，历经坎坷：他先是代表朝廷与元军谈判，被敌人扣押，幸好得到机会逃走；寻找到宋军余部后，继续带兵抗敌，终于寡不敌众，再次落入敌手。元军主师多次逼迫文天祥给南宋海上守将写劝降信，遭到文天祥拒绝。元军把文天祥押上战船，让他目睹元军在崖山海面对南宋发起最后总攻。船过广东的伶仃洋海域（当时称零丁洋），文天祥写成千古绝唱《过零丁洋》，表明自己心志。

辛苦遭逢起一经，干戈寥落四周星。

"遭逢"是遭遇、经历的意思，指遇到朝廷选拔。

"起"，得到提拔。

"经"，指儒家的经典著作。南宋以经学为最高学问，精通儒家经典就可以顺利通过考试而进入官僚体系。文天祥二十岁即考中状元，一直是研究儒家著作的大学问家。一经的意思是某一个儒家经典。

"干戈"："干"是盾牌，"戈"是长矛，都是兵器。"干戈"一词，就代指战争。

"寥落"："寥"是空旷，"落"是掉落，"寥落"则有稀少、冷清、孤寂、衰败之意。

"四周星"，关于文天祥所说的"四周星"到底是什么意思，历来争论不少。一种是：周星是古代纪年的方法，每十二年为一轮，记为一个"周星"。文天祥作此诗时四十四岁，岁数已算是进入第四个周星。所以"四周星"是诗人自指年龄。教材中解释为四周年。从德祐元年（1275 年）起兵抗元至被俘恰是四年。

早年经历艰辛苦难，靠着精通儒家经典学问得到朝廷选拔，从此走上仕途；国家遭遇战争危难，自己年近半百，衰败感日渐增多。

山河破碎风飘絮，身世浮沉雨打萍。

"山河破碎"，指南宋各地陆续沦陷，王朝已名存实亡。

"风飘絮"指柳絮随风飘动，无所依靠，不知命运所终。

"身世浮沉"，是说自己家庭数年里遭遇坎坷，母、子死于战乱，妻子被敌人囚禁，种种世事沉浮不堪回首。

"雨打萍"，雨水击打水上浮萍，声响凄凉，意境悲苦。

山河破碎的时代里，个人命运就如风中柳絮般飘零，如浮萍般无所依。

惶恐滩头说惶恐，零丁洋里叹零丁。

"惶恐滩"，文天祥家乡江西有地名为"惶恐滩"，文天祥在江西抗战时兵败，曾经过此地。

"惶恐"则是惊惶恐惧的意思。

"零丁洋",在广东省珠江入海口外,今天此处叫作"伶仃洋"。文天祥被元军用船押送到此。

"零丁",有孤单、无所依靠的意思。

路过惶恐滩头,诉说心中惶恐;身处零丁洋上,感叹人生零丁。

就诗歌而言,诗人把心情天衣无缝地嵌入地名,"惶恐滩头""零丁洋里"两句浑然天成。

人生自古谁无死?留取丹心照汗青。

"留取",即留下、留得。

"丹心",比喻赤胆忠心。

"汗青",史书的代称。纸张问世前,用竹简来记录大事和历史;竹简在加工时要经火烤,使其更加坚韧,便于长期保存;烤的时候青色竹简里面的湿润水分会渗出,就像流汗,所以把竹简称作"汗青"。竹简用以记史,故而后世以"汗青"代指史书。

自古以来谁不会死去呢?但气节不死,留下一颗忠心,如日月之光,照耀在史书上。

这两句诗,从此成为历代爱国志士忠心不渝的铮铮心声。

文天祥用这首《过零丁洋》回顾自己的一生,感叹世事的艰难,记录抗敌经历,抒发以死明志的决心,受到无数人的敬仰。

零丁洋外,南宋水师在崖山全军覆没,宋军从主帅到士兵全部战死,无人降敌。大臣陆秀夫背着宋代最后一位小皇帝拜别大地,跳下悬崖。追随朝廷的南宋十万官民跳海殉国,据历史记载,崖山海战发生在公元 1279 年,成为华夏民族古代历史中最为悲壮的一页。

南宋覆亡后,文天祥被押解到北京,北京这时已经成了元朝政权的都城,称"元大都"。1283 年 1 月 9 日,文天祥在元大都慷慨就义,据记载,临刑前,文天祥问监斩官:何处是南面?然后向南跪拜,说道:"我的事情已经了结,心中无愧了!"起身从容赴死。南面,是文天祥心中不会消亡的南宋故国,是他一颗丹心永远托付的地方。

《山坡羊·潼关怀古》

山坡羊·潼关怀古
〔元〕张养浩

　　峰峦如聚，波涛如怒，山河表里潼关路。望西都，意踌躇。　　伤心秦汉经行处，宫阙万间都做了土。兴，百姓苦；亡，百姓苦。

　　这是一首元代散曲，"山坡羊"是曲牌名。"潼关"，位于陕西关中平原以东，是古代重要的军事要塞，守卫陕西的大门。"怀古"是中国古代诗词作品中常见的类型，大多有感而发，借瞻仰、凭吊历史古迹来表达心志。

　　本篇的作者张养浩，在元朝京都和地方上都任过高位，最终不满统治黑暗，辞官隐居。张养浩是位有良知的官员，写这首元曲时，他在陕西为官，巡视途中经过潼关，见饥民遍野，惨不忍睹，张养浩散尽身上财物，全力救灾。在这首《山坡羊·潼关怀古》里，能够读出他对民生疾苦的殷殷关怀。

峰峦如聚，波涛如怒，山河表里潼关路。
　　"聚"是聚集、包围在一起的意思。
　　"怒"，本意是愤怒，引申为形容词，指气势强劲不可抑制。
　　"山河表里"一词中，"表"是外表，"里"是内部；潼关外临黄河，内据高山，地势险要，古籍中记载称潼关一带为"表里山河"。
　　山峰相连，如同聚集一般，黄河波涛气势汹涌，从潼关脚下流过。这就是自古称作"表里山河"的潼关险道。

望西都，意踌躇。

"西都"，指潼关以西的古都长安，即今天的西安。长安是中国古代定都次数最多的古城，历史源远流长。

"踌躇"，犹豫不决或徘徊不定，此处是形容心绪起伏，感慨万千。

眺望西都长安古城，不禁思绪万千。

伤心秦汉经行处，宫阙万间都做了土。

"经行处"，指经过、经历的地方。

"宫阙"："宫"指宫殿，"阙"是宫门前用来瞭望的高楼。"宫阙"泛指宫殿楼台。

"做了土"，即成为尘土的意思。

在漫长的历史上，秦宫毁于战火，随着强大的帝国一起灰飞烟灭；西汉恢宏的长安城也在数次战乱后荡然无存。

让人感到心痛和哀伤的，是经过秦、汉历史上曾经辉煌无比的那些地方，数不尽的宫阙楼台都化作了一片黄土。

兴，百姓苦；亡，百姓苦。

"兴"是兴起、变得强大。

"亡"是衰败，灭亡。

王朝兴起，苦的，是老百姓；朝代灭亡，苦的，是老百姓。

王朝建立兴起，无不是用无数生命做基石，以百姓的牺牲来成就帝王的功业；王朝衰亡，则更动荡不安，民不聊生。

在这首短小而深刻的作品里，作者从潼关地势的险要，联想到昔日秦、汉帝国的辉煌，目睹如今的衰败，不禁慨叹：无论朝代兴或是亡，留给百姓的，始终只是痛苦。诗句间的悲悯是如此沉重深邃，不仅在元代散曲作品中如空谷回音一般稀有，就是在整个中国古代诗歌史上也难得一见。

悲天悯人是一种伟大的情感，让我们得以看到黑暗中，人性依旧散发光芒。

文言文篇目

［明］　戴进　《三顾草庐图》

《鱼我所欲也》

鱼我所欲也

选自《孟子·告子上》

鱼，我所欲也；熊掌，亦我所欲也。二者不可得兼，舍鱼而取熊掌者也。生，亦我所欲也；义，亦我所欲也。二者不可得兼，舍生而取义者也。生亦我所欲，所欲有甚于生者，故不为苟得也；死亦我所恶，所恶有甚于死者，故患有所不辟也。如使人之所欲莫甚于生，则凡可以得生者何不用也？使人之所恶莫甚于死者，则凡可以辟患者何不为也？由是则生而有不用也，由是则可以辟患而有不为也。是故所欲有甚于生者，所恶有甚于死者。非独贤者有是心也，人皆有之，贤者能勿丧耳。

一箪食，一豆羹，得之则生，弗得则死。呼尔而与之，行道之人弗受；蹴尔而与之，乞人不屑也。万钟则不辩礼义而受之，万钟于我何加焉！为宫室之美、妻妾之奉、所识穷乏者得我与？乡为身死而不受，今为宫室之美为之；乡为身死而不受，今为妻妾之奉为之；乡为身死而不受，今为所识穷乏者得我而为之：是亦不可以已乎？此之谓失其本心。

从宋代开始，儒家的学者把《礼记》里的两篇文字——《大学》《中庸》单独摘出来，与《论语》和《孟子》组在一起，形成了一部合集，即《四书》。此后近一千年里，《四书》都是每一个古代读书人必须牢记在心的教材。以今天的标准来看，《孟子》文章确实不错，作为议论文的样板，尤其写得理直气壮。就比如《鱼我所欲也》。

这一则出自《孟子·告子上》。题目是教材所加。

> 鱼，我所欲也；熊掌，亦我所欲也。二者不可得兼，舍鱼而取熊掌者也。生，亦我所欲也；义，亦我所欲也。二者不可得兼，舍生而取义者也。

"欲"是想要。

"兼"是同时的意思；"得兼"就是同时都得到。

"义"，在孟子看来，义是君子最重要的品质之一。可简明理解为"正义的行为"。而正义，包含的意义很多，比如小处看，自己做了坏事，要有耻辱感，看到别人做坏事，更应当厌恶，这些都是正义的；大处看，国家之间如何共存，人的生死怎样才有意义，在孟子心里，也都有一个"义"为标准。

义甚至是大于生命的，所以在这段话里，我们发现了一个熟悉的成语：舍生取义。

鱼是我想要的，熊掌也是我想要的，要是这两样东西不能同时得到，那么我就不要鱼了，而去拿熊掌。生命，也就是活着，自然也是我所需要的，道义，也是我所需要的，如果这两样东西真的不能同时有，那么我宁可舍弃生命也要选取道义。

孟子确实会把握文字的情绪，用鱼与熊掌不可兼得做例子，把生活里的价值取向，延伸到生死大义的人生态度上，一下子就把整篇文章的基调打造得慷慨激昂起来。

> 生亦我所欲，所欲有甚于生者，故不为苟得也；死亦我所恶，所恶有甚于死者，故患有所不辟也。

"苟得"："苟"字本意，有随便的、草率的、廉价的、不光彩的诸多含义。"苟得"指通过不体面的办法而获得。有一个词叫"苟且偷生"，用在此处很恰当。

"恶"是厌恶、不喜欢。

"患"指灾祸。

"辟"，与"避"同，躲避的意思。

生命是我想要的，但我需要的，还有超过生命的东西，所以我不去苟且偷生；死亡是我所厌恶的，但我厌恶的还有比死更严重的，因此哪怕有灾祸，我也不躲避。

前面讲的是在大义面前应该做什么——舍生取义；这里继续上一段的观点而反过来论述：应该不做什么——不苟且，不逃避。这样翻来覆去，使论点熟透，是加强论述的好办法。

> 如使人之所欲莫甚于生，则凡可以得生者何不用也？使人之所恶莫甚于死者，则凡可以辟患者何不为也？由是则生而有不用也，由是则可以辟患而有不为也。

"如使"，假如的意思。

假如人们所要的，没有比生命更值得在乎，那么凡是能够用来得以活下去的手段，还有哪个是不能用的呢？如果人们所厌恶的，都大不过死亡，那么凡是可以躲避祸患的做法，就有什么理由不去做呢？因此看来，用某种手段就能够活命，有的人却不肯去用；做到某个法子就能躲开灾祸，有的人不愿那样做。

讲完该做什么、不该做什么之后，在这一节里，孟子进一步直指人心，提出常人之心和非常人的不同，突出取大义者的难能可贵。论述到这个程度，层层剥笋一样，讲得透彻，读得过瘾。

> 是故所欲有甚于生者，所恶有甚于死者。非独贤者有是心也，人皆有之，贤者能勿丧耳。

由此可见，人所想要的，有的超过生命；所厌恶的，有的比死亡还要糟。不单单是有德有才之人具备这样的本心，其实每个人都有，只是贤德之人永远不会丧失它罢了。

孟子认为每个人的内心深处，都有同样的伟大基因，这跟他老人家一贯所提倡的"人性本善"是一致的。孟子努力要做的，就是让这种善活起来，人同此心。

> 一箪食，一豆羹，得之则生，弗得则死。呼尔而与之，行道之人弗受；蹴尔而与之，乞人不屑也。万钟则不辨礼义而受之，万钟于我何加焉！为宫室之美、妻妾之奉、所识穷乏者得我与？

"一箪食，一豆羹"，《论语》里也曾这样写到过，指粗陋的饭食。"箪"是寒酸的竹饭碗，"豆"是高脚盘子，"羹"是用肉（或肉菜相杂）调和五味做的粥状食物。

"呼尔而与之"是吆喝着施舍给对方，一副毫不尊重人的样子。

"行道之人"，路上走过的人。

"蹴尔而与之"，用脚踢过去给对方。"蹴"是踩踏，踢的意思。用脚把食物拨弄过去给对方，这更是侮辱性的姿态了。

"屑"是"认为值得"的意思。"不屑"则是认为不值得。"乞人不屑"，说的是讨饭的人都觉得，不值得放弃尊严来接受这样侮辱的施舍。

"万钟"，指丰厚的待遇。"钟"，古代的容量单位，可用于称重粮食。

"辩"，同"辨"，辨别，"礼"是守规矩，"义"是来路正。"不辩礼义而受之"，是不分辨是否合乎礼与义的标准。

"加"，本意是增加，此处指带来更多好处。

"奉"，侍奉，伺候的意思。

"穷乏者"，就是贫穷的人。

"得我"：感激我。"得"，与"德"同，感激的意思。

一碗饭，一盘粥，有它，就能活下去；得不到它，就会饿死。没有礼貌地一边吆喝，一边拿给人吃，路上饥饿的行人不愿接受；用脚拨弄过去给别人吃，就连乞丐都不认为值得拿。高官厚禄，如果不弄清楚是否合乎礼、来路正不正，就接受了它，这样的高官厚禄对我能增添什么好处呢？是为了住着华丽的住宅、有妻妾伺候、我所认识的穷人们都来感激我吗？

这一节孟子先暂停下来说理，换做用各种事例，来论证道义的价值。

> 乡为身死而不受，今为宫室之美为之；乡为身死而不受，今为妻妾之奉为之；乡为身死而不受，今为所识穷乏者得我而为之：是亦不可以已乎？此之谓失其本心。

"乡"，与"向"同，先前、从前。乡字与向字，怎么能够弄混或者传抄错误呢？似乎不太好理解。向，繁体字的写法是"嚮"，而乡字的繁体，是"鄉"。这样一看，就容易明白问题出在哪里了。"向"，古汉语里有"从前"的意思，所以此处，乡，是从前。

"已"，停下来。

　　"本心"，孟子所谓本心，指的是人的本性，后代儒家学者把它解释为人的羞恶之心。

　　从前，有人为了大义，宁肯死也不接受的，现在却为了住宅的华丽，接受了；从前，有人为了大义，宁肯死也不接受的，现在却为了妻妾的侍奉，接受了；从前，有人为了大义，宁肯死也不接受的，现在为了得到穷人们的感激，也接受了。这样的行为还不应该停下来吗？这就叫作丧失了人本应有的羞恶之心。

　　在这一节里，孟子继续举例子，不过举的都是反例，是错误的和愚蠢的做法。

　　一个道理，经过孟子翻来倒去的讲理，正面、反面的举例，说得清清楚楚了：人生有大义，大义高于生死。

　　其实在孟子之前的春秋时期，这个道理并不陌生。那时候，人们并不是把生命看得高过一切，有人可以为理想、为承诺、为自己认为对的事，从容地选择死去。孟子在战国时代重新呼吁舍生取义，恰恰表明，能做到这一点的人，可能越来越少。

《唐雎不辱使命》

唐雎不辱使命
选自《战国策·魏策四》

秦王使人谓安陵君曰："寡人欲以五百里之地易安陵，安陵君其许寡人！"安陵君曰："大王加惠，以大易小，甚善；虽然，受地于先王，愿终守之，弗敢易！"秦王不说。安陵君因使唐雎使于秦。

秦王谓唐雎曰："寡人以五百里之地易安陵，安陵君不听寡人，何也？且秦灭韩亡魏，而君以五十里之地存者，以君为长者，故不错意也。今吾以十倍之地，请广于君，而君逆寡人者，轻寡人与？"唐雎对曰："否，非若是也。安陵君受地于先王而守之，虽千里不敢易也，岂直五百里哉？"

秦王怫然怒，谓唐雎曰："公亦尝闻天子之怒乎？"唐雎对曰："臣未尝闻也。"秦王曰："天子之怒，伏尸百万，流血千里。"唐雎曰："大王尝闻布衣之怒乎？"秦王曰："布衣之怒，亦免冠徒跣，以头抢地尔。"唐雎曰："此庸夫之怒也，非士之怒也。夫专诸之刺王僚也，彗星袭月；聂政之刺韩傀也，白虹贯日；要离之刺庆忌也，仓鹰击于殿上。此三子者，皆布衣之士也，怀怒未发，休祲降于天，与臣而将四矣。若士必怒，伏尸二人，流血五步，天下缟素，今日是也。"挺剑而起。

秦王色挠，长跪而谢之曰："先生坐！何至于此！寡人谕矣：夫韩、魏灭亡，而安陵以五十里之地存者，徒以有先生也。"

"唐雎"，人名，战国时期人物。"不辱使命"的意思是没有辜负出使任务。"辱"字本意是羞耻、耻辱，引申义有"使……感到羞辱"，即辱没、玷污、辜负之意。

唐雎作为小国使节，出使强大的敌国，成功地维护了本国利益。这个故事见于《战国策》一书中。

《战国策》是由西汉刘向整理编辑的，记载了秦灭六国之前二百四十年间历史上的诸多事件。"策"是谋略的意思，战国时充满了国与国的争斗，是谋略之士大展身手的舞台，所以《战国策》是一部关于那个时代政治策略、外交手段以及风云变幻的各诸侯国关系的历史记录。《战国策》按国分类，根据国别，分为十二策，本篇"唐雎不辱使命"，出自十二策之中的"魏策四"。

唐雎是安陵国人，安陵国是魏国的附庸，在战国各个雄霸强国的夹缝里默默生存，但仍旧逃不过大国的虎视眈眈，于是发生故事中的一幕。

秦王使人谓安陵君曰："寡人欲以五百里之地易安陵，安陵君其许寡人！"安陵君曰："大王加惠，以大易小，甚善；虽然，受地于先王，愿终守之，弗敢易！"秦王不说。安陵君因使唐雎使于秦。

"秦王"：此时的秦王，正是后来的秦始皇嬴政。

"安陵君"：安陵国的国君。安陵在魏国境内，首领称"君"不称"王"，地位在"王"之下。安陵国对魏称臣，又保留相对的独立，在战国的大混战中存活下来，挺不容易。

"易"：交换。所谓交换，在秦国不过是抢夺的另一个说法而已。这一点在秦国此前的历史上屡见不鲜。

"其许"："许"是答应的意思，"其"字，本有祈使用法，表示请求，但从秦王口中说出，用以加重语气则有威胁之意。

"加惠"："加"是施加、给予的意思，"惠"是好处。

"说"就是"悦"。

秦王派人对安陵国君说："我想要用五百里的土地交换安陵国，安陵君请一定要答应我!"安陵君回答说:"大王给予这么大的恩惠,用大土地换我们的小地盘,实在是太好了;不过即使如此,我从先王手中继承这个封地,愿意终生守卫它,不敢交换!"秦王很不高兴。安陵君为缓解紧张,派遣唐雎出使去秦国。

这一段里,短短几句话,秦王和安陵君两个人物形象,就很鲜活地呈现在读者眼前:秦王恃强凌弱,此时秦军已灭魏国,更没把安陵君放在眼里;安陵君不卑不亢,既保持着了一国之主的尊严,又懂得示弱,希望通过外交息事宁人。安陵君可谓深得战国时期小国生存之道了。

> 秦王谓唐雎曰:"寡人以五百里之地易安陵,安陵君不听寡人,何也?且秦灭韩亡魏,而君以五十里之地存者,以君为长者,故不错意也。今吾以十倍之地,请广于君,而君逆寡人者,轻寡人与?"唐雎对曰:"否,非若是也。安陵君受地于先王而守之,虽千里不敢易也,岂直五百里哉?"

"错意":介意、在意的意思。"错"与"措"同。

"请广于君":"请"在这里是敬辞,表示希望。"广"是广阔,此处是变得广阔,即增广、扩充。"请广于君"的意思则是,希望安陵君扩大领土。

"逆":不顺从,对着干。

"轻":轻视,看不起。

"岂直":哪里只是。

秦王对唐雎说:"我用五百里的土地交换安陵,安陵君却不听从我,这是为什么?况且秦国已灭掉韩国、魏国,而安陵凭方圆五十里的土地就能幸存下来,只不过是我把安陵君看作长辈,所以不去介意。现在我用大于安陵十倍的土地换安陵,希望安陵君扩大领土,可是安陵君不顺从我,这是在轻视我吗?"唐雎回答说:"不,不是像您所说这样。安陵君从先王手中继承了封地,所以守护它,即使是方圆千里,也不敢交换,何况仅仅五百里土地呢?"

这是唐雎与秦王的第一轮交锋。这一回合,唐雎对答自如,秦王没占到什么便宜。

> 秦王怫然怒,谓唐雎曰:"公亦尝闻天子之怒乎?"唐雎对曰:"臣未尝闻也。"秦王曰:"天子之怒,伏尸百万,流血千里。"唐雎曰:"大王尝闻布衣之怒乎?"秦王曰:"布衣之怒,亦免冠徒跣,以头抢地尔。"

"怫然怒":"怫"是愤怒,"怫然"就是愤怒的样子。"怫然怒",可以理解为勃然大怒。

"公"：尊称，先生的意思。

"尝"：曾经。

"布衣"：指平民百姓。古代服装体现阶层等级，普通平民穿粗麻布制成的衣物。

"免冠徒跣"："免"是除掉，"冠"是帽子，"徒"是空着，"跣"是光着脚。

秦王大怒，对唐雎说："先生也曾听说过天子发怒吗？"唐雎回答说："我未曾听说过。"秦王说："天子发怒，结果会倒下数百万人的尸体，鲜血流淌数千里。"唐雎说："大王曾经听说过百姓发怒吗？"秦王说："老百姓发怒，不过就是摘了帽子，光着脚，用头往地上撞罢了。"

唐雎曰："此庸夫之怒也，非士之怒也。夫专诸之刺王僚也，彗星袭月；聂政之刺韩傀也，白虹贯日；要离之刺庆忌也，仓鹰击于殿上。此三子者，皆布衣之士也，怀怒未发，休祲降于天，与臣而将四矣。若士必怒，伏尸二人，流血五步，天下缟素，今日是也。"挺剑而起。

"庸夫"：平庸之辈。

"士"：此处指有本领的人。

"专诸之刺王僚"："专诸"，人名，春秋时期吴国的猛士，也是一位厨师。"王僚"是指吴王姬僚。姬僚的哥哥公子光要杀姬僚，安排专诸行刺。专诸把短剑藏在蒸熟的鱼里，趁给姬僚献鱼时，从鱼腹中拔剑杀死姬僚。专诸也死于吴王卫兵刀下。

"彗星袭月"：古代认为彗星是不祥之物，彗尾的流光干扰到月光，则会有大事发生。古人认为是发生灾变的征兆。

"聂政之刺韩傀"："聂政"是个侠刺客，战国早期韩国人，受人之托，刺杀韩国丞相韩傀。

"白虹贯日"：据说聂政行刺当日，有一道白光直冲太阳。与彗星袭月一样，同被认为是一种不祥征兆。

"要离之刺庆忌"：这依旧是一个刺客的故事，并且与专诸那一则有关联——庆忌是姬僚的儿子，组织军队要为父亲报仇。要离是吴国的一个屠夫，但是有勇有谋，他与已当上吴王的公子光密谋，制造了自己家破人亡的苦肉计，假意投奔庆忌，得到庆忌信任。最终要离找到机会，刺杀庆忌成功。

"仓鹰击于殿上"：要离动手时，据说有苍鹰直飞扑撞到宫殿上。这也被视作为某种兆头。

"怀怒未发"："怀"是心中所藏。心中藏着怒气而没有发作出来。

"休祲降于天"："休"，吉祥、吉利的意思；"祲"，本意是邪气，指不祥之兆。

"与臣而将四矣"："与"，一起；把我算在一起，就将是四个刺客了。这一句唐雎是在暗示秦王，自己会像前三位布衣刺客一样不客气地动手。

"缟素"："缟"是白色的绢布，"素"是白色的丝绸，"缟素"一词代指穿丧服。天下人穿丧服，是国王死后的礼仪，所以此处唐雎是在明白地告诉秦王，后果是什么。

"挺剑而起"："挺"是拔出。拔出佩剑站起身来。

唐雎说："这是平庸之辈发怒，不是有本领的人发怒。专诸刺杀吴王僚的时候，彗星的尾巴扫过月亮；聂政刺杀韩傀之时，一道白光直冲上太阳；要离刺杀庆忌时，苍鹰扑在宫殿上。他们三个人，都是平民里的有识之士，他们心存愤怒还没发作出来，上天就降示了吉凶的征兆。现在加上我，将成为四个这样的人了。如果有胆识之辈被迫必须发怒，那么就有两个人的尸体会倒下，五步之内洒满鲜血，天下百姓都要穿上丧服，今天就是这样。"说完，拔剑站起。

这一段唐雎滔滔不绝地讲述了三个著名的刺杀事件，来表明自己决心不辱使命的态度；到最后还有实际行动，告诉秦王这不仅仅是个警告。

秦王色挠，长跪而谢之曰："先生坐！何至于此！寡人谕矣：夫韩、魏灭亡，而安陵以五十里之地存者，徒以有先生也。"

"色挠"："色"指神色、神情；"挠"字本意是弯曲，引申为屈服。色挠，就是露出屈服的神情。

"长跪"："跪"是古人的坐姿，大致是双膝着地，屁股挨着自己小腿和脚跟坐下去。"长跪"是腰挺起，使上半身直起来，比起常规的跪姿，用肢体语言表示出尊敬。

"谢"：道歉。

"谕"：明白、理解。

"徒"：只是。

秦王显出屈服的神情，直起身跪坐着，向唐雎道歉说："先生请坐！怎么会到这种地步！我明白了：韩国、魏国灭亡，但安陵能凭借方圆五十里的地方幸存下来，只是因为有先生您啊！"

这篇文字不长，刻画人物栩栩如生，文学水准远远超出一般的历史记录。《战国策》中有不少这样的文字，甚至可以当作小说来读。后世有人就认为，这一篇文学性远大于历史实际情况，如唐雎持剑而起这一细节，就明显不合理。依秦律，使节不得持有武器，这一条有后来发生的更著名的"荆轲刺秦王"一事可作旁证：荆轲要是可以随身携带唐雎一样的长剑，就不必费尽心思把匕首藏在地图里了。

秦国和秦王在许多人心中都不是善类，虎狼般的秦王在唐雎面前丢了面子，是大家更希望看到的情形。唐雎一介小国使臣，铮铮骨气强过那些望风而降者太多了。不过，唐雎虽不辱使命，却无法改变历史的进程和安陵国的最终命运。秦武力征服天下已成定局，安陵最终还是被并入秦帝国的版图，安陵君的后人，也在秦末的大混战中战败身亡。

《送东阳马生序》

送东阳马生序

［明］宋 濂

余幼时即嗜学。家贫，无从致书以观，每假借于藏书之家，手自笔录，计日以还。天大寒，砚冰坚，手指不可屈伸，弗之怠。录毕，走送之，不敢稍逾约。以是人多以书假余，余因得遍观群书。既加冠，益慕圣贤之道。又患无硕师名人与游，尝趋百里外，从乡之先达执经叩问。先达德隆望尊，门人弟子填其室，未尝稍降辞色。余立侍左右，援疑质理，俯身倾耳以请；或遇其叱咄，色愈恭，礼愈至，不敢出一言以复；俟其欣悦，则又请焉。故余虽愚，卒获有所闻。

当余之从师也，负箧曳屣行深山巨谷中。穷冬烈风，大雪深数尺，足肤皲裂而不知。至舍，四支僵劲不能动，媵人持汤沃灌，以衾拥覆，久而乃和。寓逆旅，主人日再食，无鲜肥滋味之享。同舍生皆被绮绣，戴朱缨宝饰之帽，腰白玉之环，左佩刀，右备容臭，烨然若神人；余则缊袍敝衣处其间，略无慕艳意，以中有足乐者，不知口体之奉不若人也。盖余之勤且艰若此。今虽耄老，未有所成，犹幸预君子之列，而承天子之宠光，缀公卿之后，日侍坐备顾问，四海亦谬称其氏名，况才之过于余者乎？

今诸生学于太学，县官日有廪稍之供，父母岁有裘葛之遗，无冻馁之患矣；坐大厦之下而诵诗书，无奔走之劳矣；有司业、博士为之师，未有问而不告、求而不得者也；凡所宜有之书，皆集于此，不必若余之手录，假诸人而后见也。其业有不精、德有不成者，非天质之卑，则心不若余之专耳，岂他人之过哉？

东阳马生君则，在太学已二年，流辈甚称其贤。余朝京师，生以乡人子谒余，撰长书以为赞，辞甚畅达。与之论辨，言和而色夷。自谓少时用心于学甚劳，是可谓善学者矣。其将归见其亲也，余故道为学之难以告之。谓余勉乡人以学者，余之志也；诋我夸际遇之盛而骄乡人者，岂知予者哉？

"东阳"是地名，今属浙江。"马生"是一位姓马的年轻人，"生"是老师对弟子的称谓，弟子也可以自称"生"，所以"生"就近似"学生"之意；也可用于长者称呼晚辈。对题目表述的理解看，本文是作者赠送给马生的文字，类似一封信。"序"是指专门这一种文体，也称"赠序"，从唐代开始逐渐出现，一般是在送朋友远行时所作，内容大多安慰、勉励之类。所以，本文标题就是：送给东阳马姓同学的临别赠言。

本文作者宋濂，是明朝初年有名的学者，做过太子的老师，主持过修订前朝史书，是当时读书人的典范。宋濂是浙江东阳人，本文中的马生正是宋濂的后辈同乡。马生要离开京城回家乡看望父母，临行之前拜望宋濂，于是就得到了这篇赠序。

余幼时即嗜学。家贫，无从致书以观，每假借于藏书之家，手自笔录，计日以还。天大寒，砚冰坚，手指不可屈伸，弗之怠。录毕，走送之，不敢稍逾约。以是人多以书假余，余因得遍观群书。既加冠，益慕圣贤之道。又患无硕师名人与游，尝趋百里外，从乡之先达执经叩问。先达德隆望尊，门人弟子填其室，未尝稍降辞色。余立侍左右，援疑质理，俯身倾耳以请；或遇其叱咄，色愈恭，礼愈至，不敢出一言以复；俟其欣悦，则又请焉。故余虽愚，卒获有所闻。

"嗜"：非常喜好，热爱。

"致书以观"："致"是得到，"致书以观"是得到书来观看、阅读。

"每"：经常。

"假借"：就是借。假字和借字都是借用的意思，暂时从别人那里取来使用，需归还。

"弗之怠"：语序应是"弗怠之"，不放松下来抄书这件事。

"走送"："走"在古汉语里是跑的意思，"走送"就是跑着送回去，以示按时守约。

"加冠"："加"字本意增添上，"冠"是帽子，"加冠"是古代男子成人礼仪，到二十岁，开始把头发束起来带上成人的帽子，以此表示已成年。所以，"加冠"也代指二十岁。

"硕师"："硕"本意是大，引申为成就大或品德高。"硕师"就是有大学问的老师。

"德隆望尊"："德"是品德，"隆"是高，"望"是名气、声望，"尊"是尊贵、地位高。

"未尝稍降辞色"："未尝"，不曾，从来不。"稍"，一点点。降，低下来。"辞"是说话，"色"是神情、态度。这句是说，从未有一点点减少过严厉的话语和态度，也就是没给过好脸色和温和的话语。

"援疑质理"："援"是引用，"疑"是疑问，"质"是问询，"理"是道理。

"叱咄"：训斥、呵责。

"俟"：等待。

我年幼时就非常爱好学习。家里贫穷，没有办法得到书来看，常常向藏书的人家借来书，亲手抄下来，计算着日期按时送还。冬天太寒冷了，砚台里的墨汁都冻成了坚冰，手指也冻得不能弯曲、伸直，即使这样抄书也不松懈。抄写完，马上跑着去还书，不敢稍微超过约定的期限。因此就有很多人把书借给我，我凭着这个办法得以读了许多书。到成年以后，更加仰慕古代圣贤的学说，又苦于不能与学识渊博的老师及有名气的人交往，曾经赶到数百里以外，追随乡里有学问的前辈，拿着经书向他请教。这位前辈德高望重，门生弟子挤满了他的屋子，他的态度和言辞从未有过温和的时候。我站着陪侍在他身边，提出疑难，询问道理，俯下身子，侧着耳朵恭敬地请教；有时遇到他大声责骂，我的表情会更加恭顺，礼节更加周到，不敢说一个字反驳；等到他高兴了，就又去请教。所以，我虽然愚笨，最后获得不少教益。

当余之从师也，负箧曳屣行深山巨谷中。穷冬烈风，大雪深数尺，足肤皲裂而不知。至舍，四支僵劲不能动，媵人持汤沃灌，以衾拥覆，久而乃和。寓逆旅，主人日再食，无鲜肥滋味之享。同舍生皆被绮绣，戴朱缨宝饰之帽，腰白玉之环，左佩刀，右备容臭，烨然若神人；余则缊袍敝衣处其间，略无慕艳意，以中有足乐者，不知口体之奉不若人也。盖余之勤且艰若此。今虽耄老，未有所成，犹幸预君子之列，而承天子之宠光，缀公卿之后，日侍坐备顾问，四海亦谬称其氏名，况才之过于余者乎？

"负箧曳屣"："负"是背着，"箧"是装书的箱子，"曳"是拖着，"屣"就是鞋。

"穷冬"：指深冬天气。"穷"是极、顶点的意思。

"皲裂"：皮肤冻裂。

"媵人"：指旅店里的仆役。

"沃灌"：此二字都是浇的意思。

"衾"：被子。

"寓逆旅"："寓"是作为客人居住在某处的意思，泛指居住。"逆"，古汉语里有"迎接"之意，在旅途中迎接人的地方，是旅店，所以"逆旅"是旅店、客店的代称。

"主人日再食"：旅店店主每天提供两顿饭。"再"是两次的意思；"食"，本意是饲养、喂养，也就是管饭吃。

"容臭"："容"的本意是盛着或包裹着，"臭"此处读作 xiu，四声，香气的意思。"容臭"，盛着香气的小包裹，特指香囊。

"烨然"："烨"的本意是火光明亮灿烂，"烨然"指光彩鲜明的样子。

"缊袍敝衣"："缊"是乱麻，"敝"是破，"缊袍敝衣"就是破麻布衣服。

"以中有足乐者，不知口体之奉不若人也"："中"指心里、内在的；"口体之奉"是嘴里和身体上得到的供养，也就是指的吃穿用品等身外之物。这句话是说：因为内在有足够令自己快乐的事，就不觉得吃穿之类比不上别人。

"耄老"：八十岁至九十岁的年纪，称作"耄"。作者去世时也只是七十二岁，所以此处是夸张的说法，即指岁数大。

"预"：参与。

"谬称其氏名"："谬"字本意是错误的。错误的称赞我的姓名，则显然是在表示谦虚。

"况才之过于余者乎"：结合上下文看，意思是，我只是比较勤奋，其实没有什么成就，尚且能得到如此多的荣耀，何况那些才能超过我的人呢？作者想说的是，勤奋加上才华，必会有所成。

当我外出求师的时候，背着书箱，拖着鞋子，走在深山峡谷之中。隆冬里刮着猛烈的寒风，雪有好几尺深，脚上的皮肤冻裂了都不知道。回到客舍，四肢僵硬费劲不能动弹。旅店里的仆役端着热水洒在我身上，用被子裹着我，很久才暖和起来。寄居在旅店里，店老板每天供应两顿饭，没有新鲜肥嫩的美味享受。同客舍的人都穿着华丽的衣服，戴着红帽带和珠宝装饰的帽子，腰间挂着白色的玉环，左边佩戴宝刀，右边戴着香囊，光彩照人，像神仙似的；我就穿着破麻布衣服混在他们中间，一点也没有羡慕他们的意思，因为心中有足够快乐的事情，也不觉得吃的、穿的不如人。我求学的辛勤和艰苦，大概就是像这个样子吧。如今我虽已年老，没有什么成就，还是侥幸置身君子的行列里，承受着天子的恩宠荣耀，跟随在王公大臣们之后，每天陪侍着皇上，听候询问，天底下也过誉称颂我的姓名，（我都可以得到如此的待遇），更何况才能超过我的人呢？

> 今诸生学于太学，县官日有廪稍之供，父母岁有裘葛之遗，无冻馁之患矣；坐大厦之下而诵诗书，无奔走之劳矣；有司业、博士为之师，未有问而不告、求而不得者也；凡所宜有之书，皆集于此，不必若余之手录，假诸人而后见也。其业有不精、德有不成者，非天质之卑，则心不若余之专耳，岂他人之过哉？

"太学"：汉朝开始，中央朝廷在京城设立的最高学府，叫作"太学"。明、清两代改称"国子监"。此处作者沿用古代的叫法。

"县官"：太学并不是由县官来管理，所以此处"县官"可能只是代指朝廷。

"廪稍"："廪"本意是粮仓；稍指俸禄。"廪稍"泛指公家按时供给的粮食。

"裘葛"："裘"是兽皮制作的衣物，"葛"本意是一种类似麻的植物，可做衣服，葛衣一般代指夏季衣物。

"遗"：读 wei，四声，给予、赠送的意思。

"馁"：饥饿。

"司业"：太学里的一级官员。

"博士"：也是官职名称，是太学里负责讲授的官员。

"假诸人而后见"：从别人那里借来以后才能看到。

"卑"：指水平低下。

现在众多的学生在太学里学习，朝廷每天供给饭食，父母每年送来冬天的皮衣和夏天的葛衣，没有受冻挨饿的担忧了；坐在广阔的厅堂下面来诵读诗书典籍，没有四处奔波求学的劳苦了；有司业和博士做他们的老师，没有询问了却得不到回复告知，去求教却没有收获的了；凡是所应该具备的书籍，都集中在这里，不需要再像我那样亲手抄录，从别人处借来然后才能看到。这其中如果再有学业不精研、品德没养成的学生，不是天赋和资质低下，就是用心不像我这样专一。这样还学不好，难道是别人的过错吗？

东阳马生君则，在太学已二年，流辈甚称其贤。余朝京师，生以乡人子谒余，撰长书以为贽，辞甚畅达。与之论辨，言和而色夷。自谓少时用心于学甚劳，是可谓善学者矣。其将归见其亲也，余故道为学之难以告之。谓余勉乡人以学者，余之志也；诋我夸际遇之盛而骄乡人者，岂知予者哉？

"君则"：马生的名或者字。

"流辈"：指同辈。

"朝京师"：来京城朝见。

"谒"：拜见，尊敬地请求接见。

"撰"：写。

"贽"：本意是礼物，古人初次拜访长辈尊者时携带的见面礼。

"色夷"："色"是神态，"夷"是平和、平易。

"诋我夸际遇之盛而骄乡人"："诋"是编造坏话来破坏人的声誉。"际遇"指遇到好的时机和运气。"骄乡人"是在家乡众人面前骄傲炫耀。这句是说的谁呢？从前文不妨推断，在马生所写长信里，应该是有作者不以为然的内容，所以此处作者在文末有所指，至于针对谁，总归是作者认为不是知音的某些人吧。

东阳马生君则，在太学中已学习了有两年时间，同辈人很称赞他的道德品行。我到京师朝见皇帝时，马生以同乡晚辈的身份拜见我，写了一封长信作为礼物，文辞很顺畅通达。同马生谈话辩论时，他也言语温和而且态度平易谦逊。马生自己说小时候对于学习非常用心刻苦，这可以称作善于学习的了。他将要回家探望父母双亲，我所以讲了这些治学的艰难来告诉他。说我这样是在勉励同乡来努力学习的，就对了，这是我的志意；如果先是诋毁我，又夸耀他自己遇到的机会之好、受到隆重待遇，然后回到家乡在人们面前去炫耀的，说这样的话，难道是真了解我的人吗？

从 20 世纪 80 年代开始，中学教材里一直都有这篇文章，这是一篇很励志的文章，可以激发同学们勤奋刻苦地学习。

《曹刿论战》

曹刿论战

选自《左传·庄公十年》

十年春，齐师伐我。公将战，曹刿请见。其乡人曰："肉食者谋之，又何间焉？"刿曰："肉食者鄙，未能远谋。"乃入见。问："何以战？"公曰："衣食所安，弗敢专也，必以分人。"对曰："小惠未遍，民弗从也。"公曰："牺牲玉帛，弗敢加也，必以信。"对曰："小信未孚，神弗福也。"公曰："小大之狱，虽不能察，必以情。"对曰："忠之属也。可以一战。战则请从。"

公与之乘，战于长勺。公将鼓之。刿曰："未可。"齐人三鼓。刿曰："可矣。"齐师败绩。公将驰之。刿曰："未可。"下视其辙，登轼而望之，曰："可矣。"遂逐齐师。

既克，公问其故。对曰："夫战，勇气也。一鼓作气，再而衰，三而竭。彼竭我盈，故克之。夫大国，难测也，惧有伏焉。吾视其辙乱，望其旗靡，故逐之。"

《左传》即《春秋左氏传》，是中国古代的史学和文学著作。一般认为，《左传》的著者是左丘明。《左传》的文章没有标题，是按照鲁国纪年顺序编写的，这种记载历史的方式叫"编年体"。后人给书里许多著名的段落、篇章提炼出名字，让我们更容易发现《左传》里的精彩篇章。

本篇《曹刿论战》记录的，是发生在鲁庄公当国君的时候，鲁国与齐国的一次战争的前前后后。这次战争史称"长勺之战"。"曹刿"，人名，春秋时鲁国人，因参与长勺之战而成名。

《左传》是公元前 5 世纪时候的古书，距今已经两千六百年，比起《孟子》《战国策》，从阅读感受上看，它的文字和语法对我们而言更加遥远和陌生一些。幸好《曹刿论战》这篇，在《左传》里算是比较容易读懂的。

> 十年春，齐师伐我。公将战，曹刿请见。其乡人曰："肉食者谋之，又何间焉？"刿曰："肉食者鄙，未能远谋。"乃入见。问："何以战？"公曰："衣食所安，弗敢专也，必以分人。"对曰："小惠未遍，民弗从也。"公曰："牺牲玉帛，弗敢加也，必以信。"对曰："小信未孚，神弗福也。"公曰："小大之狱，虽不能察，必以情。"对曰："忠之属也。可以一战。战则请从。"

"十年春"：按照《左传》的纪年方式，这一年是鲁庄公在位的第十个年头，就记作"庄公十年"，简称"十年"。"十年春"就是这一年的春天。对应公历，这一年是公元前 684 年，这个时候比孔子出生还要早一百多年呢。

"齐师"：齐国军队。

"伐"：进攻。

"我"：因为《左传》是按鲁国纪年所编，所以称鲁国为"我"。

"公"：是指鲁庄公。

"请见"：请在古汉语里，是"请让我如何"的意思。"请见"就是请让我来拜见，可以理解为求见。

"间"：jian，读四声，参与的意思。

"肉食者"：职位高的人。曹刿那个时代，王公贵族才能经常吃肉，所以肉食者就用来称呼那些当权者。

"鄙"：目光短浅的意思。

"衣食所安，弗敢专也，必以分人"："安"是安身，"衣食所安"的意思是衣服、食物那些能使人安身的东西。"专"是独自占有。鲁庄公这句话是告诉曹刿说：衣服、食物那些安定生活的好东西，我从来不敢独自占有，一定是拿来分给身边的人。

"小惠未遍，民弗从也"：曹刿对国君的回答并不满意，认为这只是"小意"、小恩小惠，而且"未遍"，做得不够普遍，不可能每个国民都能分到国君的赏赐。这样老百姓是不会追随国君的。

"牺牲玉帛，弗敢加也，必以信"："牺牲"，这里的意思与今天汉语完全不同，注意这两个字，偏旁都是"牛"，显然都与牲畜有关。"牺"，是指专供祭祀使用的纯颜色的牛，"牲"是一整头牛的意思；"牺牲"一词在这里，就是泛指祭祀用的牲畜。"玉"是玉器，"帛"是丝织品。此处提到"玉帛"，也都是祭祀之用。"加"的本意是增加，此处有夸大不实的意思。"信"是诚实，不欺骗。这句话是说：祭祀时的牲畜、玉器、丝帛物品，不敢夸大虚报，一定老老实实告知上天。祭祀是大事情，古人对此大多心存敬畏。

"小信未孚，神弗福也"：曹刿对鲁庄公的上述说法依旧不是十分认可，他觉得，这是"小信"，是不够大的信用，"未"是没有，"孚"，令人信服。神灵是不会降福的。文中"福"字是动词，保佑的意思。

"小大之狱，虽不能察，必以情"：于是鲁庄公继续提出自己觉得做得不错的第三点：处理案件的态度。"狱"指官司、案件；"察"是清晰、明察；"情"是实情、实际情况。鲁庄公的意思是：大大小小的案件，虽不能做到所有细节都清晰明了，但一定是尊重事实，认真对待的。

"忠之属也"：曹刿终于表扬了国君——"忠"，尽力完成好自己应该做的；"属"是"这一类事"的意思。"忠之属也"是说鲁庄公能尽心尽力做好国君该做的事情。

"战则请从"：这里的"请"还是"请让我"的意思。"战则请从"是曹刿向鲁庄公请求——打仗的话，请让我跟随您一起去。

鲁庄公十年（前684年）的春天，齐国军队攻打鲁国。鲁庄公将要迎战，曹刿求见鲁庄公。曹刿的同乡说："这些是当权者去谋划的，你又为什么参与呢？"曹刿说："当权者目光短浅，不能深谋远虑。"于是入朝，见鲁庄公。曹刿问："您凭借什么打这一仗呢？"鲁庄公说："衣服、食物那些安定生活的好东西，我从来不敢独自占有，一定是拿来分给身边的人。"曹刿回答道："这些小恩小惠不能遍及百姓，战争来了，百姓不会跟从您。"鲁庄公说："祭祀神灵的牛、羊、玉器、丝帛之类物品，我不敢虚报数目，一定老老实实告知上天。"曹刿答道："这只是小的信用，不能让神灵信服，战争来了，神灵是不会保佑的。"鲁庄公说："大大小小的案件，虽然不能件件都了解得清楚，但一定尊重事实，合情合理地去处理。"曹刿回答道:"这算是尽心尽力做好国君该做的事了。凭这个,可以打一仗。开战的话,请允许我跟随您一同去。"

> 公与之乘,战于长勺。公将鼓之。刿曰:"未可。"齐人三鼓。刿曰:"可矣。"齐师败绩。公将驰之。刿曰:"未可。"下视其辙,登轼而望之,曰:"可矣。"遂逐齐师。

"公与之乘":鲁庄公和曹刿同坐一辆战车。

"长勺":地名,在今天山东省中部、泰山东边的地区。鲁国的疆土基本以山东省为核心,今天山东省的简称就是"鲁"。

"鼓之":"鼓"是击鼓,"之"字此处无实意。击鼓是古代作战时发起进攻的信号。

"败绩":指大规模败退。

"辙":车轮碾出的痕迹。

"轼":古代马车上做扶手用的横木。

"逐":追。

鲁庄公和曹刿同共坐一辆战车,在长勺和齐军交战。鲁庄公打算下令击鼓进军。曹刿说:"现在不行。"齐军已经第三次击鼓。曹刿说:"咱们可以进攻了。"齐军大败退。鲁庄公要驾车追赶齐军。曹刿说:"还不行。"说完,曹刿就下了车,查看齐军车轮碾出的痕迹,又爬上战车,登上车前横木远望齐军的队形,这才说:"可以追了。"于是追击齐军。

这一段写长勺之战,作战过程记述得极为简略,重点写曹刿的表现、动作、判断,不像记录史事,而是在刻画人物。

> 既克,公问其故。对曰:"夫战,勇气也。一鼓作气,再而衰,三而竭。彼竭我盈,故克之。夫大国,难测也,惧有伏焉。吾视其辙乱,望其旗靡,故逐之。"

"克":战胜。

"一鼓作气,再而衰,三而竭":长勺战场上表现出典型的春秋时期军队作战的特点,也很有意思——作战双方严格遵循战场秩序,双方击鼓,同时前进,发起攻击。如果敌人攻过来,我方不击鼓迎击,对方会老老实实退回去,然后重新排好队列，再击鼓，再出击……曹刿正是就利用了这一规则的可乘之机，齐军第一次击鼓进攻，鲁军不作任何反应，齐军只好退了回去；齐军二鼓再来，鲁军仍然不动，齐军再退；齐军三鼓，鲁军第一轮的战鼓响了，鲁军攻上去，被折腾够了的齐军于是败逃。所以说，第一次击鼓的时候，是军队准备最充足的状态，跃跃欲试，战斗精神最旺盛，这就是"一鼓作气"，无论是对齐军还是鲁军都一样。"再而衰"，是说第二次击鼓时，军队的气势已经有所衰减；"三而竭"，则是说第三鼓时，斗志已经没多少了。齐军正是如此。鲁军用一鼓的士气迎击三鼓时的齐军，尽管从国力和军队战斗力对比，齐国都强于鲁国，但一鼓作气的鲁军显然获胜概率更大。事实也果然如此。

"盈"：充足。这里指士气正旺。

"伏"：埋伏。

"靡"：倒下。

战胜了齐军，鲁庄公问曹刿取胜的原因。曹刿回答说："作战，靠的就是勇敢的气概。第一次击鼓，士气最为振作，第二次击鼓，士气就开始低落，到第三次击鼓时，士气就耗尽了。对手士气消失而我军士气正旺，所以能战胜他们。像齐国这样的大国，是很推测的，担心他们退军时会设下埋伏。我查看他们的车轮印，痕迹散乱，远远望去，他们的军旗倒下，看得出是真的败退，所以决定追击他们。"

这是一篇好文字，干净利索，三百多字，就勾勒出了人物的特点、性情——曹刿的勇气、逻辑清晰的头脑和战场上的指挥智慧，还有鲁庄公的好国君形象，连同描述长勺之战的那些动态的现场文字，就像现场直播一样，把一场战役的画面生动地呈现在我们眼前。

《曹刿论战》是一个好故事，不同的角度看它，都会有启发。我们可以了解到春秋时候，平民是不参与国家大事的，而曹刿算是一个很有责任感的特例；而鲁庄公也是个不简单的国君，他与曹刿对话过程中体现出的谦逊令人敬佩。

还有关于那个古老年代的战争法则，更是后代战场上无法想象的场景。春秋时代的战争，尚有规矩可以遵守，各国更多时候是在耀武扬威，迫使对方战败认输就好；而不像后来战国时期那些你死我活的灭国大战，充满血腥。

《邹忌讽齐王纳谏》

邹忌讽齐王纳谏

选自《战国策·齐策一》

邹忌修八尺有余，而形貌昳丽。朝服衣冠，窥镜，谓其妻曰："我孰与城北徐公美？"其妻曰："君美甚，徐公何能及君也？"城北徐公，齐国之美丽者也。忌不自信，而复问其妾曰："吾孰与徐公美？"妾曰："徐公何能及君也？"旦日，客从外来，与坐谈，问之客曰："吾与徐公孰美？"客曰："徐公不若君之美也。"明日徐公来，孰视之，自以为不如；窥镜而自视，又弗如远甚。暮寝而思之，曰："吾妻之美我者，私我也；妾之美我者，畏我也；客之美我者，欲有求于我也。"

于是入朝见威王，曰："臣诚知不如徐公美。臣之妻私臣，臣之妾畏臣，臣之客欲有求于臣，皆以美于徐公。今齐地方千里，百二十城，宫妇左右莫不私王，朝廷之臣莫不畏王，四境之内莫不有求于王：由此观之，王之蔽甚矣。"

王曰："善。"乃下令："群臣吏民能面刺寡人之过者，受上赏；上书谏寡人者，受中赏；能谤讥于市朝，闻寡人之耳者，受下赏。"令初下，群臣进谏，门庭若市；数月之后，时时而间进；期年之后，虽欲言，无可进者。燕、赵、韩、魏闻之，皆朝于齐。此所谓战胜于朝廷。

这一篇出自《战国策·齐策一》，讲的是齐国故事。标题为后人所加。

"邹忌"，人名，战国时期齐国大臣，深受当时的齐威王重用。"讽"的意思是用委婉的话来提醒和告诫。"齐王"就是齐威王。"纳"是接受、采纳。"谏"，对君主或上级提出规劝、意见。所以，这个题目应该有两层意思，大意是：邹忌委婉劝诫齐王，齐王接受规劝。

> 邹忌修八尺有余，而形貌昳丽。朝服衣冠，窥镜，谓其妻曰："我孰与城北徐公美？"其妻曰："君美甚，徐公何能及君也？"城北徐公，齐国之美丽者也。忌不自信，而复问其妾曰："吾孰与徐公美？"妾曰："徐公何能及君也？"旦日，客从外来，与坐谈，问之客曰："吾与徐公孰美？"客曰："徐公不若君之美也。"

"修"：长。此处指身高。

"八尺"：战国时的一尺约等于现在的 23.1 厘米，八尺就是 184.8 厘米。

"昳丽"："昳"字本意是午后的太阳，"昳丽"指容貌光彩照人。

"窥"：本意是暗中查看。邹忌身为齐国丞相，又是在自己家里，似乎没有偷偷摸摸照镜子的必要。此处应该是泛指，理解为"观看"更合理。

"我孰与城北徐公美"："孰"，谁；"与"，和；"孰与"二字连用，一般表示"和某某相比"的意思。"城北徐公"字面意思是住在城北的姓徐的先生。从上下文看，"城北徐公"是一个特指的尊称。"美"即指貌美。

"甚"：超过、胜出。

"不自信"：不相信自己，指不相信自己比徐公长得漂亮。

"妾"：古人有一夫多妻制，"妾"是指正妻之外的夫人，地位低于正妻。

"问之客曰"：就是"问客人说"，"之"字似无实意。

邹忌身高八尺多，而且身材、相貌光彩照人。早晨穿戴好衣帽，照着镜子，对他的妻子说："我和城北徐公相比，谁更漂亮？"他的妻子说："您漂亮多了，徐公怎么能比得上您？"城北徐公是齐国的美男子。邹忌不相信自己比徐公美，于是又去问他的妾："我和徐公相比，谁更美？"妾回答说："徐公哪能比得上您？"到了白天，有客人从外面来拜访，邹忌与他对坐谈论，问客人说："我和徐公比，谁更好看？"客人说："徐公不如您漂亮。"

明日徐公来，孰视之，自以为不如；窥镜而自视，又弗如远甚。暮寝而思之，曰："吾妻之美我者，私我也；妾之美我者，畏我也；客之美我者，欲有求于我也。"

"明日"：第二天，次日。

"孰视之"："孰"，同"熟"字，仔细、认真的意思。"孰视之"就是仔仔细细打量观察徐公。

"弗如远甚"：远远比不上。

"美我"：以我为美，认为我好看。

"私我也"："私"字本意是个人的、属于自己的，引申为私心。"私我"就是对我有私心，理解为"偏爱我"。

第二天，徐公来了，邹忌仔仔细细地打量徐公，自己觉得比不上人家；再悄悄照着镜子端详自己，更觉得自己比徐公差得远了。晚上睡觉时想明白了这件事，说："我老婆说我美，是偏爱我；妾说我美，是怕我；客人说我美，是想要有求于我。"

于是入朝见威王，曰："臣诚知不如徐公美。臣之妻私臣，臣之妾畏臣，臣之客欲有求于臣，皆以美于徐公。今齐地方千里，百二十城，宫妇左右莫不私王，朝廷之臣莫不畏王，四境之内莫不有求于王：由此观之，王之蔽甚矣。"

"诚"：确实，的确。

"宫妇左右"："宫妇"指后妃侍女等人，"左右"指侍从近臣，都在王宫之内。

"四境"：四方的边境，指国内所有地区。

"蔽"：本意是遮挡，引申为蒙蔽，此处指所受的蒙蔽。

邹忌来到朝廷上拜见齐威王，说："我确实知道自己比不上徐公美。我的妻子偏爱我，我的妾怕我，我的客人想要有事求我，他们才都说我比徐公美。如今齐国国土方圆千里，有一百二十座城池。宫里的女子们和大王身边的近侍，没有不偏爱大王的，朝中的大臣没有不惧怕大王的，全国境内的百姓没有不对大王有所求的。根据这些来看，大王所受到的蒙蔽太严重了！"

王曰："善。"乃下令："群臣吏民能面刺寡人之过者，受上赏；上书谏寡人者，受中赏；能谤讥于市朝，闻寡人之耳者，受下赏。"令初下，群臣进谏，门庭若市；数月之后，时时而间进；期年之后，虽欲言，无可进者。燕、赵、韩、魏闻之，皆朝于齐。此所谓战胜于朝廷。

"刺"：指责。

"谤"：责备。

"讥"：提意见。

"市朝"："市"指集市，"朝"指官府，"市朝"代指一切公共场所。

"门庭若市"：王宫的门口和庭院里就像集市一样人多、热闹。

"时时"：指经常。

"间进"："间"是偶尔，"进"是进谏、提意见。

"期年"："期"读作 ji，一声，"期年"是一周年，满一年。

齐威王说："讲得好！"就下达命令："所有大臣和官吏百姓，能够当面指出我的过错的，给予上等奖励；呈送来书信规劝我的，给予中等奖励；能够在各种公共场合指责议论我的过失的，只要传到我耳朵里，就给予下等奖励。"命令刚下达的时候，许多大臣都来进谏提意见，宫门和庭院像集市一样热闹；几个月以后，还时常有人偶尔进谏一下；过了一年以后，即使有人想说些什么，也提不出什么意见了。燕、赵、韩、魏等国听说了这件事，都来齐国朝拜。这就是所说的在朝廷之中不战而胜。

邹忌有政治智慧，进谏得当；齐威王有气度，能从善如流，齐国在威王时期能够成为数一数二的大国，是有道理的。

《陈涉世家》

陈涉世家（节选）

[汉] 司马迁

　　陈胜者，阳城人也，字涉。吴广者，阳夏人也，字叔。陈涉少时，尝与人佣耕，辍耕之垄上，怅恨久之，曰："苟富贵，无相忘。"佣者笑而应曰："若为佣耕，何富贵也？"陈涉太息曰："嗟乎！燕雀安知鸿鹄之志哉！"

　　二世元年七月，发闾左適戍渔阳，九百人屯大泽乡。陈胜、吴广皆次当行，为屯长。会天大雨，道不通，度已失期。失期，法皆斩。陈胜、吴广乃谋曰："今亡亦死，举大计亦死；等死，死国可乎？"陈胜曰："天下苦秦久矣。吾闻二世少子也，不当立，当立者乃公子扶苏。扶苏以数谏故，上使外将兵。今或闻无罪，二世杀之。百姓多闻其贤，未知其死也。项燕为楚将，数有功，爱士卒，楚人怜之。或以为死，或以为亡。今诚以吾众诈自称公子扶苏、项燕，为天下唱，宜多应者。"吴广以为然。乃行卜。卜者知其指意，曰："足下事皆成，有功。然足下卜之鬼乎？"陈胜、吴广喜，念鬼，曰："此教我先威众耳。"乃丹书帛曰"陈胜王"，置人所罾鱼腹中。卒买鱼烹食，得鱼腹中书，固以怪之矣。又间令吴广之次所旁丛祠中，夜篝火，狐鸣呼曰："大楚兴，陈胜王。"卒皆夜惊恐。旦日，卒中往往语，皆指目陈胜。

吴广素爱人，士卒多为用者。将尉醉，广故数言欲亡，忿恚尉，令辱之，以激怒其众。尉果笞广。尉剑挺，广起，夺而杀尉。陈胜佐之，并杀两尉。召令徒属曰："公等遇雨，皆已失期，失期当斩。藉第令毋斩，而戍死者固十六七。且壮士不死即已，死即举大名耳，王侯将相宁有种乎！"徒属皆曰："敬受命。"乃诈称公子扶苏、项燕，从民欲也。袒右，称大楚。为坛而盟，祭以尉首。陈胜自立为将军，吴广为都尉。攻大泽乡，收而攻蕲。蕲下，乃令符离人葛婴将兵徇蕲以东。攻铚、酂、苦、柘、谯皆下之。行收兵。比至陈，车六七百乘，骑千余，卒数万人。攻陈，陈守令皆不在，独守丞与战谯门中。弗胜，守丞死，乃入据陈。数日，号令召三老、豪杰与皆来会计事。三老、豪杰皆曰："将军身被坚执锐，伐无道，诛暴秦，复立楚国之社稷，功宜为王。"陈涉乃立为王，号为张楚。当此时，诸郡县苦秦吏者，皆刑其长吏，杀之以应陈涉。

这篇《陈涉世家》，比起《周亚夫军细柳》一文，更能展示司马迁的文字功力。

《史记·陈涉世家》原文近四千字，记述了秦末风起云涌的战争史事。陈涉即陈胜，反秦农民大起义的率先发起者。"世家"是司马迁独创的史书体例，"世家"的意思，是王侯开国、子孙世袭、爵位、封地世代相传的家族模式，所以可以理解为一个封国或显赫家族的传记。司马迁在《史记》中，撰写《世家》共有三十篇，记载从西周以来众多诸侯国的兴衰，以及史上若干强势家族的记传。按这个标准，陈涉既不是王侯身份，也没有后人延嗣，不够资格进入"世家"的行列；司马迁特意写作《陈涉世家》，虽不明说，但这种"破格"之举其实表达了司马迁对陈涉反抗暴秦的极高肯定。陈涉起义是推倒秦帝国的第一张多米诺骨牌，从点燃大泽乡烈火到秦朝崩溃，不过短短三年时间。陈涉对历史的贡献，在司马迁看来，配得上给予一篇"世家"的尊敬。

陈胜者，阳城人也，字涉。吴广者，阳夏人也，字叔。陈涉少时，尝与人佣耕，辍耕之垄上，怅恨久之，曰："苟富贵，无相忘。"佣者笑而应曰："若为佣耕，何富贵也？"陈涉太息曰："嗟乎！燕雀安知鸿鹄之志哉！"

"陈胜"：即陈涉。今天我们所说的"名字"一词，在古代则分为名和字两项。胜是名，涉是字。

"阳城""阳夏"：都是地名，均在河南。

"佣耕"：以佣工身份替别人种地。

"辍"：停下来的意思。

"之垄上"："之"是到、去；"垄上"是田间的土路、小高坡。

"怅恨"："怅"是惆怅、失望；"恨"是怨恨。

"苟"：如果。

"无"：勿、不要的意思。

"若"：你。

"何"：如何、怎么样。

"太息"：长叹。

"嗟乎"：感叹词，类似"唉"。

"安"：怎么能够。

"鸿鹄"："鸿"是大雁，"鹄"是天鹅。也有说法"鸿鹄"是白色的凤凰。"鸿鹄"通常用作泛指，是能高飞于天空的大鸟，用以比喻志向远大之人。

陈胜是阳城人，字涉。吴广是阳夏人，字叔。陈涉年轻时，曾经和别人一起受雇用去耕地，有一次停下来休息时，陈涉走到田埂中间的高地上，失意抱怨了好半天，说道："如果将来富贵了，大家不要彼此忘记呀。"耕地的同伴都笑话他，回答说："你一个受雇耕地的人，如何能富贵呢？"陈胜长叹了一口气说："唉，燕雀怎么能够知道鸿鹄的志向呢？"

二世元年七月，发闾左適戍渔阳，九百人屯大泽乡。陈胜、吴广皆次当行，为屯长。会天大雨，道不通，度已失期。失期，法皆斩。陈胜、吴广乃谋曰："今亡亦死，举大计亦死；等死，死国可乎？"

"二世"：秦朝第二代皇帝嬴胡亥。嬴政自称始皇帝，规定身后继位者称二世，往下称三世、四世乃至万世代，以此希望帝国永固。

"二世元年"：嬴胡亥做皇帝的第一年，是公元前 209 年。上年七月，秦始皇死，嬴胡亥承袭帝位。

"发"：征发、调集。

"闾左"："闾"字本意是里巷的大门，指百姓聚居之处；"左"是左边。秦时规定二十五户人家为一闾，穷苦人家住在闾门以左。所以"闾左"一词代指穷人。

"適戍"："適"，同"谪"，惩罚的意思，"戍"是守卫边境。谪戍是强迫百姓去守边。

"渔阳"：地名，即今天北京密云西南。

"屯"：停驻。

"大泽乡"：地名，在今天安徽宿州一带。

"次"：按顺序，编次。

"当行"：在征发之列。

"会"：恰巧遇到。

"度"：计算、推算。

"失期"：失是失去，错过的意思。期是时间期限，指戍卒队伍到达指定地点的规定时间。

"法"：此处是依法，按照法令。

"谋"：谋划、商议。

"亡"：逃跑，逃亡。

"举大计"：举是发动、发起。"大计"是大事的意思，此处指起义造反。

"等死"："等"是同等、同样，"等死"的意思是同样都是死。

"死国"：为国家的事而死。此处很有意思：陈、吴二人口中的"国"，显然应该不是指秦帝国。他们痛恨秦王朝，绝不会为其送命。那么，这个"国"所指为何呢？从前文介绍陈涉、吴广的籍贯，可知二人家乡都是楚国旧地；再结合下文陈涉提到楚国大将项燕，则知两人所谓"死国"，是为楚国而死的心思。

秦二世元年（前 209 年）七月，秦朝政府征发贫苦人民强制去驻守边境渔阳，九百人驻扎在大泽乡附近。陈胜、吴广按规定这次都轮到要为官府服役，被安排进戍卒的队伍里担任屯长。恰逢天降大雨，道路不通，算下来已经无法按时到达渔阳。误了期限，按秦法规定，所有人都要被砍脑袋。陈胜、吴广于是商议说："现在逃跑也是死，发起个大动静——造反，也是死，同样都是死，那就为了虽然已经不存在的楚国而死，可以不？"

陈胜曰："天下苦秦久矣。吾闻二世少子也，不当立，当立者乃公子扶苏。扶苏以数谏故，上使外将兵。今或闻无罪，二世杀之。百姓多闻其贤，未知其死也。项燕为楚将，数有功，爱士卒，楚人怜之。或以为死，或以为亡。今诚以吾众诈自称公子扶苏、项燕，为天下唱，宜多应者。"吴广以为然。

"苦秦"：以秦为苦的意思，或解作苦于秦的统治。

"少子"：小儿子。

"立"：设立。此处指被立为皇帝。

"公子扶苏"：秦始皇嬴政的长子。

"以数谏故"：因为多次劝谏的缘故。指扶苏多次劝谏秦始皇。

"上"：秦始皇。

"外"：指朝廷之外，地方上。

"将兵"：就是带兵、率领军队的意思。

"项燕"：战国末期楚国大将，秦攻楚，项燕率楚军进行最后的抵抗，楚国灭亡，项燕自杀。灭秦的项羽就是项燕后人。

"诚"：果真，假设的意思。

"以吾众"："以"，把；"吾众"，我们自己的人。

"诈"：欺骗，作伪。此处意即冒充。

"唱"：应作"倡"，倡导、带头的意思。

"宜"：应该。

"应"：响应。

"以为然"：认为是这样。

陈胜说："天下百姓受秦朝统治之苦已经很长时间了。我听说秦二世是始皇帝的小儿子，不应立为皇帝，应当做皇帝的是公子扶苏。扶苏因为屡次劝谏皇帝，皇上就派他去外面带兵了。现在有人听说他本没有罪过，秦二世却杀了他。百姓大多听说扶苏很贤明，并不知道他已经死了。项燕是楚国的大将，多次立有战功，而且爱护士兵，楚国人爱戴项燕。有人认为他战死了，有人认为他逃跑了。现在假如能把我们的人伪称是公子扶苏和项燕，给天下做个起义榜样，应当会有很多响应的人。"吴广认为讲得对。

乃行卜。卜者知其指意，曰："足下事皆成，有功。然足下卜之鬼乎？"陈胜、吴广喜，念鬼，曰："此教我先威众耳。"乃丹书帛曰"陈胜王"，置人所罾鱼腹中。卒买鱼烹食，得鱼腹中书，固以怪之矣。又间令吴广之次所旁丛祠中，夜篝火，狐鸣呼曰："大楚兴，陈胜王。"卒皆夜惊恐。旦日，卒中往往语，皆指目陈胜。

"卜"：占卜，预测吉凶。

"指意"："指"有"打算、意向"之意；"意"是心思。

"足下"：古汉语敬语里下称上或同辈间对"你"的尊称。

"成"：成功。

"有功"：此处应该是占卜的卦辞结果，意思是可以建立功勋。

"卜之鬼"：完整的句法为卜之于鬼，意思是向鬼神问卜。

"念鬼"："念"是想、考虑的意思。"念鬼"指考虑向鬼问吉凶这件事。

"威众"：在众人前树立威望。

"丹"：红色。

"书"：写。

"帛"：丝织物。

"罾"：渔网。此处用作动词，用渔网捕鱼的意思。

"固"：本来。

"又间令吴广之次所旁丛祠中"一句里："间"，暗中，秘密地；"之"，到，去；"次所"，行军或旅途中驻扎的地方；"丛"，树丛，树木茂密处。"祠"，祠堂，祭祀用的房屋。

"篝火"："篝"是竹子做的笼子，"篝火"，此外的意思是用竹笼放置火把，做成灯笼。

"狐鸣"：狐狸的叫声。

"大楚兴，陈胜王"：大楚复兴，陈胜为王。

"往往"：到处。

"语"：谈论。

"指目"：用手指点，用眼睛示意。

于是进行占卜。算卜的人了解了他们的心思打算，就说："你们的大事都能成功，可以建立功业。那么你们向鬼神问卜过吗？"陈胜、吴广很高兴，考虑问鬼神这件事，说："这是教我们利用鬼神在众人面前树立威望的意思罢了。"于是，用红颜色在丝绸上写了"陈胜王"三个字，放在别人用渔网捕来的鱼的肚子里。戍卒们买鱼回来做熟吃掉，发现了鱼肚里的帛书，本来对这事就感到很奇怪了。陈胜又暗地里派吴广躲到营地旁边丛林中的神庙里，到了深夜，提着灯笼，学着狐狸的叫声大喊："大楚兴，陈胜王。"戍卒们整夜都很惊慌害怕。次日天亮后，戍卒中间到处议论，都指指点点，或用眼神示意看着陈胜。

> 吴广素爱人，士卒多为用者。将尉醉，广故数言欲亡，忿恚尉，令辱之，以激怒其众。尉果笞广。尉剑挺，广起，夺而杀尉。陈胜佐之，并杀两尉。召令徒属曰："公等遇雨，皆已失期，失期当斩。藉第令毋斩，而戍死者固十六七。且壮士不死即已，死即举大名耳，王侯将相宁有种乎！"徒属皆曰："敬受命。"

"素"：向来，一向是。

"士卒多为用者"：兵士戍卒大多愿意为吴广出力做事。

"将尉"：军职，此处即代指军官，指押送戍卒的军官。

"忿恚"：发怒生气的意思。此处是"使……忿恚"之意。

"令辱之"："令"是使得，"辱"是欺辱，"之"在此处代指吴广。这句是说，吴广故意使军官发火，来欺辱吴广，以此激起众人的愤怒。

"笞"：鞭打。

"剑挺"：拔出剑。

"起"：跳起身来。

"佐"：帮助。

"并"：一起。

"召令"：召集起来发布号令。

"徒属"：手下的人，指戍卒们。

"藉第令"：这三个字都是假若、即使的意思。

"固十六七"：原本十个里面有六七个。

"即已"：就罢了。

"举大名"："举"是成就，"名"是名声。

"王侯将相，宁有种乎"："宁"，难道；"种"，本意是植物种子，代指天命而生。即君王侯爵将军相国这些高贵人物，难道是天命安排、生来就有的吗？

"敬受命"：恭敬地接受命令。

吴广向来爱护大家，戍卒们大多愿意听他差遣。押送戍卒的军官喝醉了酒，吴广故意多次说到想要逃跑，故意惹怒军官，让军官欺辱自己，来引起众人的怒气。军官果然鞭打吴广。军官拔出剑想杀吴广的时候，吴广跳身来，夺过剑杀死军官。陈胜在一旁帮助，一起杀掉两个军官。陈胜召集戍卒们，发布号令说："诸位遇上大雨，都已经误了期限，误期就会被杀头。假使就算运气好躲过掉脑袋，去守边而死掉的，也本来就有十分之六七。况且壮士不死便罢了，死就该成就伟大的名声啊。那些王侯将相，难道都是天生的吗？"手下众人都说："愿意恭敬听从号令。"

　　乃诈称公子扶苏、项燕，从民欲也。袒右，称大楚。为坛而盟，祭以尉首。陈胜自立为将军，吴广为都尉。

"从民欲也"：顺从民众的愿望。

"袒右"："袒"是脱去上衣露出身体的一部分；"右"指右臂。"袒右"即脱衣露出右臂。

"为坛而盟"："为"是做的意思，此处可解作"搭建"或"筑造"；"坛"是祭坛，祭祀并祈求上天护佑的高台；"盟"是发誓结盟。

"尉首"：两尉的脑袋。

于是假称是公子扶苏、项燕的队伍，顺从人民的愿望。每人脱衣露出右臂，作为起义的标志，号称"大楚"。筑成祭祀的高台并宣誓，用两尉的脑袋祭了天。陈胜自立为将军，吴广做都尉。

　　攻大泽乡，收而攻蕲。蕲下，乃令符离人葛婴将兵徇蕲以东。攻铚、酂、苦、柘、谯皆下之。行收兵。比至陈，车六七百乘，骑千余，卒数万人。攻陈，陈守令皆不在，独守丞与战谯门中。弗胜，守丞死，乃入据陈。

"攻大泽乡"：此处指攻打大泽乡的城池。起义队伍在大泽乡附近起事，率先攻打大泽乡衙的所在地。

"收而攻蕲"："收"指招收人马、扩充队伍；"蕲"是蕲县县城，在今天安徽宿州以南，是较大泽乡更大的地盘。意为攻打下来大泽乡之后转而进攻蕲县县城。

"蕲下"：蕲县被攻克。"下"是攻打下来的意思。

"符离"：地名，在安徽。

"葛婴"：起义成员，陈胜政权的重要将领之一。

"徇"：招抚。

"铚、酂、苦、柘、谯"：都是地名，位于安徽及河南各地。

"行收兵"："行"指行军途中；"收兵"是招收兵员，扩张起义队伍。

"比至陈"："比"是及、等、到了的意思；"至"是到达。"陈"是地名，即陈县，在河南淮阳。

"车六七百乘"："车"是兵车，即四马战车；"乘"是量词，包括四匹战马、三名士兵配属一辆战车，为"一乘"。

"骑千余"："骑"指骑兵，一人一马，称为"一骑"。"千余"，超过一千。

"卒"：指步兵。

"守令"：秦官职名，指郡守、县令。

"独"：唯独，只有。

"守丞"：秦官职，辅助郡守、县令的主要官吏。

"与战谯门中"："与战"是与起义军作战；"谯"是城门上的望楼；"谯门中"即在城门楼上。

"弗"：不，没有。

"据"：占领。

起义军攻打大泽乡城，收编了大泽乡的人马，转而攻打蕲县。蕲县被攻下，于是派符离人葛婴率领军队招抚蕲县以东的地方。主力部队攻打铚、酂、苦、柘、谯各地，都攻克了下来。行军中沿路招收兵员。等到抵达陈县的时候，已有四马战车六七百辆，骑兵超过一千骑，步兵好几万人。攻打陈县时，郡守和县令都不在城中，只有守丞带领守军，坚守在城门楼上激战，抵抗起义军。没有守住，守丞战死，起义军才进城占领了陈县。

数日，号令召三老、豪杰与皆来会计事。三老、豪杰皆曰："将军身被坚执锐，伐无道，诛暴秦，复立楚国之社稷，功宜为王。"陈涉乃立为王，号为张楚。当此时，诸郡县苦秦吏者，皆刑其长吏，杀之以应陈涉。

"数日"：过了几天。

"号令"：发布命令。

"召"：叫来。

"三老"：管理地方事务的一种职务，由具备"三德"的宗族长辈担任，所以称作"三老"。三老多负责道德教育为主，也兼管民间基层事务。所谓三德，包括：正直，能以身作则；刚克，有威信，说话有人听从；柔克，大约是指擅长做思想工作。

"豪杰"：指当地有势力有地位的人。

"与皆来会计事"："与"是参加；"皆"是都；"来"是前来、赶来；"会"是相见；"计"是商议；"事"指管理、治理之事。

"被坚执锐"："被"，同"披"字，即身披。"坚"字本意是坚固，此处是指坚固的铠甲，是形容词用作名词。"执"是手握。"锐"本意是锋利、尖锐，此处也是形容词作名词，指锋利的武器。

"伐无道"："伐"是讨伐，"无道"是指不讲道义、不推行仁德正义之人。

"诛暴秦"："诛"是杀死的意思；"暴秦"指秦朝残暴的统治。"诛暴秦"即推翻秦的暴政。

"复立楚国之社稷"："复立"是恢复重建；"社稷"指江山、政权。

"号为张楚"：号称为了复兴和张大楚国。（另一种解释是：国号叫作"张楚"。不过不能确定。）

"刑其长吏"："刑"是处治、惩罚的意思。"长吏"即长官、官员。

占领陈县后的几天，陈胜发布命令，召集当地负责教化的乡官以及才能出众的乡绅，一起都来相见并参加议事。乡官、乡绅都说："将军身披坚固的战甲，手握锐利的武器，讨伐无道之大，诛灭残暴的秦朝，恢复重建楚国江山，这样的大功，应当做王。"陈胜于是称王，对外宣称要复兴张大楚国。在陈胜起义的同时，许多郡县里吃尽秦朝官吏苦头的人们，都起来反抗，处治当地的郡县长官，杀死他们来响应陈胜。

本文节选至陈胜称王为止，按事件的发展顺序，生动地记述了起义的原因、起义前的谋划，以及起义的爆发和发展过程。其中最精彩处，如鱼肚藏帛和吴广夜扮狐狸两笔，描绘得栩栩如生。既如同历史场景再现，又充满文学趣味，令人不得不赞赏司马迁的文字功底，读来仿佛在看一部津津有味的电影。

这一篇《陈涉世家》值得回味之处，还在于其中的诸多名句。例如："苟富贵，无相忘"，虽是陈涉在田垄上的感慨，却可以体会人性中原本的纯朴；"燕雀安知鸿鹄之志哉"，这是每个出身卑微却胸怀远大者的梦想；"王侯将相宁有种乎"，更成为一切把命运握在自己手中的人们的坚定信念。

　　这是经典的魅力，这样的文字传递给人们的价值，远不止学懂字句本身。诗词也好，古文也好，所有那些打动自己的地方，正是真、善、美的所在。阅读经典的意义，就在于此。

《出师表》

出 师 表

[三国] 诸葛亮

先帝创业未半而中道崩殂，今天下三分，益州疲弊，此诚危急存亡之秋也。然侍卫之臣不懈于内，忠志之士忘身于外者，盖追先帝之殊遇，欲报之于陛下也。诚宜开张圣听，以光先帝遗德，恢弘志士之气，不宜妄自菲薄，引喻失义，以塞忠谏之路也。

宫中府中，俱为一体，陟罚臧否，不宜异同。若有作奸犯科及为忠善者，宜付有司论其刑赏，以昭陛下平明之理，不宜偏私，使内外异法也。

侍中、侍郎郭攸之、费祎、董允等，此皆良实，志虑忠纯，是以先帝简拔以遗陛下。愚以为宫中之事，事无大小，悉以咨之，然后施行，必能裨补阙漏，有所广益。

将军向宠，性行淑均，晓畅军事，试用于昔日，先帝称之曰能，是以众议举宠为督。愚以为营中之事，悉以咨之，必能使行阵和睦，优劣得所。

亲贤臣，远小人，此先汉所以兴隆也；亲小人，远贤臣，此后汉所以倾颓也。先帝在时，每与臣论此事，未尝不叹息痛恨于桓、灵也。侍中、尚书、长史、参军，此悉贞良死节之臣，愿陛下亲之信之，则汉室之隆，可计日而待也。

臣本布衣，躬耕于南阳，苟全性命于乱世，不求闻达于诸侯。先帝不以臣卑鄙，猥自枉屈，三顾臣于草庐之中，咨臣以当世之事，由是感激，遂许先帝以驱驰。后值倾覆，受任于败军之际，奉命于危难之间，尔来二十有一年矣。

先帝知臣谨慎，故临崩寄臣以大事也。受命以来，夙夜忧叹，恐托付不效，以伤先帝之明，故五月渡泸，深入不毛。今南方已定，兵甲已足，当奖率三军，北定中原，庶竭驽钝，攘除奸凶，兴复汉室，还于旧都。此臣所以报先帝而忠陛下之职分也。至于斟酌损益，进尽忠言，则攸之、祎、允之任也。

愿陛下托臣以讨贼兴复之效；不效，则治臣之罪，以告先帝之灵。若无兴德之言，则责攸之、祎、允等之慢，以彰其咎。陛下亦宜自谋，以咨诹善道，察纳雅言，深追先帝遗诏。臣不胜受恩感激。今当远离，临表涕零，不知所言。

《出师表》，写于公元 227 年，由诸葛亮主导的蜀国对魏国一系列攻伐大战，正是从这一年拉开序幕。

"表"是古代臣下给君王的奏章，以公开信的形式来说明某事。"出师"就是军队出发。诸葛亮决定率蜀国大军进攻魏国，以完成统一天下的大愿。出发之前，作《出师表》，呈送给蜀国皇帝刘禅。文中不厌其烦地劝勉这位不太争气的君主，并对战时的大后方逐一安排妥当，字里行间时时表明自己尽忠为国的心志。

先帝创业未半而中道崩殂，今天下三分，益州疲弊，此诚危急存亡之秋也。然侍卫之臣不懈于内，忠志之士忘身于外者，盖追先帝之殊遇，欲报之于陛下也。诚宜开张圣听，以光先帝遗德，恢弘志士之气，不宜妄自菲薄，引喻失义，以塞忠谏之路也。

"先帝"："先"是对逝者的尊敬说法，"先帝"就是已经去世的上代帝王。此处具体指的是蜀国的第一任皇帝刘备。刘备在公元 221 年在成都称帝，公元 223 年去世。

"崩殂"：特指帝王之死。

"疲弊"："疲"是国力衰败，"弊"是处境艰难。

"秋"：时候。

"内"：此处指朝廷内部，下文中"外"对应的是前线战场。

"盖"：此处是连词，表示原因。可理解为"是因为"。

"追"：有"回溯以往"之意，即追念、追忆。

"开张圣听"："开"是打开，"张"是扩大，"圣"是圣明，"听"本意是用耳朵接收声音，引申为接纳的意思。"开张圣听"就是嘱咐皇帝要打开您圣明的耳朵啊，实际就是广开渠道，多听取意见。

"光"：此处是动词，发扬光大的意思。

"恢弘"："恢"和"弘"，本意都是广大，此处作动词，使……恢弘，就是加大、扩展的意思。

"妄自菲薄"："妄"字本意是乱，引申为不恰当、不合理。"自"是指自身、对自己。"菲"是微小、微薄不足道。"薄"是轻视、看不起。所以"妄自菲薄"就是不恰当地轻视自己。

"引喻失义"："引喻"是打比方、做比喻，"失"是缺少，"义"指正确、合理、适宜。"引喻失义"是说，说话做比喻不恰当，缺少正确性。这里应该是对刘禅提出劝谏。

先帝开创大业未完成一半就中途去世。现在天下分为三国，蜀汉国力薄弱，处境艰难，这实在是国家危急存亡的时刻啊。然而，护卫您的臣子在宫廷内丝毫不懈怠，忠心耿耿的将士在外奋不顾身舍生忘死，是因为他们追念先帝的知遇之恩，想要在陛下这里报答。陛下实在应该扩大圣明的听闻，来发扬光大先帝遗留下来的美德，振奋鼓舞有志之士的气概，不应随意地看轻自己，援引不当譬喻而说话不得体，以致堵塞忠言进谏的途径。

　　宫中府中，俱为一体，陟罚臧否，不宜异同。若有作奸犯科及为忠善者，宜付有司论其刑赏，以昭陛下平明之理，不宜偏私，使内外异法也。

"府"：指丞相府。

"陟罚臧否"："陟"，本意是登高，引申为晋升的意思；"罚"，惩罚、处罚；

"臧"，好的、善的；"否"，读作 pi，三声，意思是坏的、恶的，与"臧"相反。"臧否"一词，引申为赞扬和批评。

"不宜异同"："宜"，应该。"异同"，此处是有差别、不同的意思。"不宜异同"意思是不应该有什么不一样的地方。

"作奸犯科"："作"是干出来；"奸"指邪恶坏事；"犯"，违犯；"科"指法令。"作奸犯科"就是为非作歹，违犯法纪。

"付"：交给。

"有司"：负责专职的官员。

"内外异法"："内"指皇宫之中，"外"指的是相府。"异法"则是说法令不一致的问题。

皇宫中和丞相府都是一个整体，晋升、处罚，赞扬、批评，它们的标准不应该不同。为非作歹触犯法令的，以及忠心做好事的，都应该交给专职负责的官员，来判定对他们该惩处或是奖赏，来显示陛下公正严明的治理，不应该有偏袒和私心，导致宫内宫外法令不同。

　　侍中、侍郎郭攸之、费祎、董允等，此皆良实，志虑忠纯，是以先帝简拔以遗陛下。愚以为宫中之事，事无大小，悉以咨之，然后施行，必能裨补阙漏，有所广益。

　　将军向宠，性行淑均，晓畅军事，试用于昔日，先帝称之曰能，是以众议举宠为督。愚以为营中之事，悉以咨之，必能使行阵和睦，优劣得所。

"侍中、侍郎"：官职名。侍郎是侍中的副手。

"郭攸之、费祎、董允"：均为人名，蜀国官员。

"简拔"："简"是选择，"拔"是提拔。

"遗"：读作 wei，四声，留给的意思。

"愚"：我，自谦的称呼。

"咨"：询问。

"裨补阙漏"："裨"，弥补；"补"，修补；"阙"就是"缺"，缺陷；"漏"，破绽，遗漏之处。"裨补阙漏"就是弥补缺陷不足之处。

"向宠"：人名，蜀国将军。

"性行淑均"："性"是品性，"行"是行为，"淑"是和善，"均"是公平。

"晓畅"：通畅的知道、明了。

"督"：军职名，向宠曾担任"中部督"，即京城警卫部队的指挥官。

"行阵和睦"："行"是行军，"阵"是布阵，"行阵"泛指军队管理。"和"是协调，"睦"是友好。

"优劣得所"："优劣"指水平能力的好坏高低。"得所"是各得其所，都有各自的位置。

侍中、侍郎郭攸之、费祎、董允等人，这些都是善良诚实的，他们的志向和心思忠贞纯正，因此先帝选拔他们留给陛下。我认为宫里的事情，无论大小，都要拿来询问他们，然后实施执行，一定能够弥补缺点和疏漏，这样可以获得集思广益的效果。

将军向宠，性格品行善良公正，精通军事，从前尝试着任用过他，先帝称赞他说，是个有才干的人。因此大家讨论举荐向宠做中部督。我认为军队中的事情，都拿来向他询问请教，就一定能够使得军队协同一心，水平高低不同，守好各自的位置。

　　亲贤臣，远小人，此先汉所以兴隆也；亲小人，远贤臣，此后汉所以倾颓也。先帝在时，每与臣论此事，未尝不叹息痛恨于桓、灵也。侍中、尚书、长史、参军，此悉贞良死节之臣，愿陛下亲之信之，则汉室之隆，可计日而待也。

"贤臣"：有德有才之臣。

"小人"：品行低下之人。

"先汉"：指历史上的西汉王朝。下文的"后汉"则指东汉王朝。

"倾颓"："倾"是歪斜，倒下来；"颓"是倒塌。"倾颓"指衰败。

"叹息痛恨"："叹"是感慨，"息"是叹气，"痛"是哀痛，"恨"是遗憾。

"桓、灵"：分别指东汉的桓帝、灵帝。他们在位时，宠信小人，政治腐败。

"长史"：官职名，丞相府秘书长。

"参军"：军队官职。

"汉室之隆"：汉朝王室的振兴。刘备是汉朝宗室后代，所以蜀国自称是继承汉朝正统，再度振兴汉朝天下。

"计日可待"：计算着时间能够等到。

亲近德才之臣，疏远卑下的小人，这是西汉得以兴盛的原因；亲近小人，疏远贤臣，这是东汉衰败的原因。先帝在世的时候，每逢跟我谈论这些事情，对于桓帝、灵帝，没有一次不曾感慨、叹息、痛心、遗憾的。侍中、尚书、长史、参军，这些人都是忠贞善良、能够以死报国的好臣下，希望陛下亲近他们，信任他们，那么汉朝的复兴就能数着时间到来了。

这一段先是回顾远近历史，继而强调复兴的指望在于用对人选。

臣本布衣，躬耕于南阳，苟全性命于乱世，不求闻达于诸侯。先帝不以臣卑鄙，猥自枉屈，三顾臣于草庐之中，咨臣以当世之事，由是感激，遂许先帝以驱驰。后值倾覆，受任于败军之际，奉命于危难之间，尔来二十有一年矣。

"躬耕"："躬"是亲自，"耕"是种地。

"南阳"：东汉时有南阳郡，包括今天河南南部及湖北北部。诸葛亮躬耕之地，当在湖北襄阳一带。

"苟全"：暂且保全。

"闻达"："闻"是出名，"达"是地位高。"闻达"是声名远扬，地位显赫。

"诸侯"：指东汉末年的各路割据势力。

"卑鄙"：指出身低下，见识短浅。"卑"是地位低，"鄙"是粗俗。

"猥自枉屈"："猥"，辱没自己身份的意思，谦辞；"枉屈"，屈尊就卑。"猥自枉屈"是说刘备不惜辱没自己的身份、顶着受委屈的滋味。

"顾"：拜访。三顾茅庐的典故，广为流传。

"感激"："感"是领受好意表示感谢；"激"是情感冲动。相比现代汉语"感激"一词，含义更丰富，情绪也更强烈。

"驱驰"："驱"是骑马奔跑，"驰"是驾着马车快跑，"驱驰"就是四处奔走、效劳的意思。

"后值倾覆"："值"是遇到、赶上的意思；"倾覆"，倒塌，表示兵败。此处是指赤壁大战之前，刘备军队屡败于曹军的经历。

"尔来"：从那时以来。

我本来是个平民百姓，在南阳种地，在乱世中能苟且保全性命就好，不希求在诸侯之中扬名显贵。先帝不嫌弃我身份卑微，见识粗浅，反而辱没自己的身份，委屈自己，三次来我的茅草屋子拜访。征询我对当前天下时局的意见，我深谢先帝的举动，由此十分感动，就答应为先帝奔走效劳。后来遇到兵败，在军事失利时接受任务，在危机患难中奉行使命，从那时算来，已经有二十一年了。

这段诸葛亮自述早年经历，以及对刘备知遇之恩的感念。君臣情谊读来令人感动，而此时把这些讲给刘备的儿子听，用心良苦：让小皇帝安心，自己绝不会辜负先帝。

先帝知臣谨慎，故临崩寄臣以大事也。受命以来，夙夜忧叹，恐托付不效，以伤先帝之明，故五月渡泸，深入不毛。今南方已定，兵甲已足，当奖率三军，北定中原，庶竭驽钝，攘除奸凶，兴复汉室，还于旧都。此臣所以报先帝而忠陛下之职分也。至于斟酌损益，进尽忠言，则攸之、祎、允之任也。

"夙"：早晨。

"效"：功效，结果。

"泸"：河流名，即泸水，在蜀国南方地区，即今云南境内金沙江段。

"不毛"：这里指草木不生的贫瘠地区。

"奖率三军"："奖"，此处指鼓励、动员士气；"率"是带领。"三军"，古代军队编制分左、中、右三支队伍，称"三军"，后以"三军"泛指军队。

"庶竭驽钝"："庶"有但愿的意思。"竭"是用尽、用光。"驽"是走不快的马。"钝"字本意是刀刃不锋利，引申为脑子不灵活。此处是诸葛亮自谦，说自己能力不足，如笨马钝刀。

"攘除奸凶"："攘"和"除"都是去掉、去除的意思，"奸"是奸诈，"凶"是凶恶，"奸凶"即指奸恶之徒。

"斟酌损益"："斟"字本意是往杯中注入液体，"酌"是把液体从容器里舀出。注入和舀出都需要拿捏和把握好实际的量需要多少，所以"斟酌"就引申为考虑的意思。"损"是损害，"益"是好处。"斟酌损益"就是考虑利弊。

先帝知道我做事小心慎重，所以临终时把国家大事托付给我。接受遗命以来，我早晚忧虑叹息，唯恐先帝的托付不能有效完成，以致损伤到先帝的英明，所以在五月，率军渡过泸水，深入人烟稀少的地区。现在南方已经平定，兵员装备已经充足，应当激励、率领全军将士向北方进军，去平定中原，但愿用尽我平庸的能力，清除奸邪凶恶的敌人，振兴和恢复汉朝的天下，回到旧日的国都。这就是我用来报答先帝，并且尽忠陛下的职责本分。至于政务上考虑利弊，毫无保留地进献忠诚的建议，那就是郭攸之、费祎、董允等人的责任了。

愿陛下托臣以讨贼兴复之效；不效，则治臣之罪，以告先帝之灵。若无兴德之言，则责攸之、祎、允等之慢，以彰其咎。陛下亦宜自谋，以咨诹善道，察纳雅言，深追先帝遗诏。臣不胜受恩感激。今当远离，临表涕零，不知所言。

"咨诹善道"："诹"是询问，"善道"指好的治国方法。

"察纳雅言"："察"字本意是仔细看，引申为研究之意。"纳"是采纳、接受。"雅言"是合理、正确的言论。

"不胜"："胜"是承受的意思，"不胜"则是承受不住。常用来作为谦逊的表示。

"涕零"："涕"是眼泪，"零"是落下。

希望陛下把讨伐敌人、兴复汉室的效力机会托付给我，如果没有成果，就惩治我的罪过，以此来告慰先帝的在天之灵。如果没有发扬圣德的言论，就责罚郭攸之、费祎、董允等人的怠慢，来揭示他们的过失。陛下也应当自行谋划，征求询问和一起商讨治国的好方法，研究并采纳正确的言论，深切追念先帝临终留下的教诲。我得到自己承受不起的恩情，为此感动不已。现在我将要远行离开，面对这份奏表热泪落下，思绪万千，已经不知道自己说了些什么。

在另一篇据说也是诸葛亮所作、被称为"后出师表"的文章里，诸葛亮这样评述自己："鞠躬尽瘁，死而后已。"

这八个字，确是诸葛亮一生的写照，从这篇《出师表》里，可以读出印迹来。除了一位鞠躬尽瘁的忠臣，《出师表》的字句间也能读到一位监护人不厌其烦地絮絮叨叨，历史上的托孤之臣，能做到诸葛亮这般，也是凤毛麟角了。再有，就是在文字里还藏着一个说一不可以有二的家长，这个形象使得诸葛亮反而更像现实中的活人，而不是近乎神灵的圣像。

"出师一表真名世，千载谁堪伯仲间。"这句由衷的赞誉来自南宋大诗人陆游，他赞叹《出师表》一文的名不虚传，表达出对诸葛亮的滔滔敬仰。历史的风云变幻总会化作尘埃落定，其间仍有光芒闪耀的，是那些伟大的人格，如星辰般永恒。

课外诵读篇目

［明］仇英 《莲溪渔隐图》

《定风波》

定 风 波

[宋]苏 轼

（三月七日，沙湖道中遇雨，雨具先去，同行皆狼狈，余独不觉。已而遂晴，故作此词。）

莫听穿林打叶声，何妨吟啸且徐行。竹杖芒鞋轻胜马，谁怕？一蓑烟雨任平生。　　料峭春风吹酒醒，微冷，山头斜照却相迎。回首向来萧瑟处，归去，也无风雨也无晴。

有一位大学问家王国维先生，他对苏轼评价最多的就是"旷"，"东坡之词旷"，没有苏轼那样的胸襟，写不出苏轼那样的词。这个"旷"字，说的是胸襟豁达，心怀开阔。有这样的胸襟，再艰难的世事，都能够积极地去面对。苏轼一生历经风雨，但种种的人生不如意从来没有压倒过他，这些遭遇都成为苏轼对生命的体验，然后继续去热爱身边的一切，这样高贵的精神态度不断出现在苏轼的诗词中，令人感叹，为之着迷。

"吟啸"，指高声吟咏，一边吟诗，一边长啸。"啸"是发出又长又清脆的声音，长啸大概能呼出胸中的郁闷来。

"徐行"，缓步行走。吟啸徐行，从容悠闲，何必计较被风雨所困。

"芒鞋"是草编的鞋子，有手里的竹竿、脚下的草鞋，轻快胜过骑马。

披着蓑衣就这样穿行在风雨中，走一生，又何妨？

　　"料峭"是描写带着寒意的感觉，"萧瑟"是风雨吹打树林传来的声响。吹来的风，遇到的斜阳，听见的萧索之声，都无须挂在心上，归去便是，管它是风雨还是晴天呢。

　　"也无风雨也无晴"，能做到的，是有大智慧的人。遇到不如意的时候，就去读苏轼这首词。

　　苏轼被贬官去黄州，是他人生的低谷，在这里苏轼亲自开垦田地种菜，菜地就在住所东边的小坡上，于是从此苏轼自号"东坡"。

　　黄州是苏轼的苦难之所，却也是上天赐给他的文学天堂，苏轼在黄州开启了创作的黄金时代：传诵千古的文章名篇《前赤壁赋》《后赤壁赋》《念奴娇·赤壁怀古》，传世的书法精品《黄州诗帖》，都产生于这一时期。也包括这首赫赫有名的《定风波》。这首词写的是途中遇雨的一件小事，我们读到的是苏轼豁达的胸怀。

《临江仙·夜登小阁，忆洛中旧游》

临江仙·夜登小阁，忆洛中旧游

［宋］陈与义

忆昔午桥桥上饮，坐中多是豪英。长沟流月去无声。杏花疏影里，吹笛到天明。　二十余年如一梦，此身虽在堪惊。闲登小阁看新晴。古今多少事，渔唱起三更。

这是一篇追忆之作，在作者的回忆里，有早年一起把酒言欢的英豪友人，有沦入敌手的山河故里，有曾经悠游花前月下的笛声旧影……然而，这一切都只能在二十年前的梦中了，回到现实里，时刻有劫后惊魂。今昔巨变，兴亡无常，任由打鱼人自编自唱罢！

时代巨变粉碎了无数人原有的生活轨迹，心思敏感的诗人、词人把国家的命运与个人的沉浮写进作品里，尤其令人唏嘘。乱世动荡之下，无数更深刻的文字覆盖了岁月静好的肤浅快乐，在苦难里生长出更优秀的篇章来。

《太常引·建康中秋夜为吕叔潜赋》

太常引·建康中秋夜为吕叔潜赋

［宋］辛弃疾

　　一轮秋影转金波，飞镜又重磨。把酒问姮娥：被白发，欺人奈何？　　乘风好去，长空万里，直下看山河。斫去桂婆娑，人道是，清光更多。

这首词把辛弃疾喜欢用典和化用前人诗句的特色体现得很充分。

"金波"指月光，古人有"言月光穆穆，若金之波流也"的说法；"飞镜"指月亮，古代有文《光赋》里有"银河波暗，金飀送清，孤圆上魄，飞镜流明"的句子；"姮娥"即嫦娥，《淮南子·览冥训》里记载："羿请不死之药于西王母，姮娥窃以奔月"。"白发欺人"是化用了前人诗意，原句为："青春背我堂堂去，白发欺人故故生"，此处用以描写作者白发日增。下面还有"斫去桂婆娑，人道是，清光更多"三句，索性直接把杜甫诗句拿来，杜甫写的是："斫却月中桂，清光应更多。"

其实，只要能直抒胸臆，典故和引用恰如其分，一样是好诗词。

《浣溪沙》

浣 溪 沙

〔清〕纳兰性德

身向云山那畔行，北风吹断马嘶声，深秋远塞若为情！　一抹晚烟荒戍垒，半竿斜日旧关城。古今幽恨几时平！

纳兰性德少年得志，这首词写于他二十七岁时一次奉旨出使途中。此次出使是奉命赴梭龙巡边，十二月返回。作者在词中既面对荒城古关而心生怀古幽思，又因环境苦寒而思恋家乡，下笔苍劲。

《南安军》

南 安 军

［宋］文天祥

梅花南北路，风雨湿征衣。

出岭同谁出？归乡如此归！

山河千古在，城郭一时非。

饿死真吾志，梦中行采薇。

　　南安军的"军"字，是指宋代的一级行政区域，通常下辖若干县。南安军属江西省，江西正是文天祥的故乡。文天祥被元军押赴北上途中，过南安军，作此诗以明心志。

　　故乡远去，山河犹在，宁愿饿死，心志不改。作者在诗中用周初伯夷、叔齐"不食周粟"的典故，表达自己绝不投降的决心。伯夷和叔齐为表示对故国的忠诚，不吃新朝周王朝的食物，自己动手采薇——也就是挖野菜——而食，最后饿死。在诗里文天祥斩钉截铁直言"饿死真吾志"，而且他确实也这样做了。

《别云间》

别 云 间

〔明〕夏完淳

三年羁旅客，今日又南冠。
无限山河泪，谁言天地宽。
已知泉路近，欲别故乡难。
毅魄归来日，灵旗空际看。

这首诗，出自明朝末年一位十几岁的少年，名叫夏完淳。这个名字连同他的诗歌和铮铮铁骨值得后人牢记。

清朝刚入关之时，明朝残余势力还保留着江南的半壁江山。面对外族入侵，南方各地纷纷组织反抗，以保卫个体与朝廷最后的尊严，夏完淳就是其中一位屹立天地间的少年英杰。

"云间"是夏完淳家乡上海松江的古称。夏完淳抗清被俘，作此诗永别故土。在诗里，诗人写生涯飘零，山河破碎，既有誓死不屈的决心，又对故乡流露出无限的依恋，少年才华令人惊叹，气节更是荡气回肠。

夏完淳虽出身书香门第，但清军南下，致使温婉江南充满血雨腥风，斯文的读书声也化作同仇敌忾的抗敌呐喊。十五岁起，夏完淳就随家人一起在家乡带领人马抗击清军，经历父死、兵败、逃亡，最终被俘。

夏完淳被俘期间，流传最广的一段故事是——

审讯夏完淳的，是清朝大员洪承畴。洪承畴本是明朝高官，被清军俘虏后变节投降。洪劝降夏完淳，说一个小孩子造什么反；夏完淳明知问话的就是洪承畴，故意答道：我大明朝有位忠臣洪承畴为国捐躯，他就是我的榜样，我虽然年少，也愿舍生取义。旁边有洪的随从告诉夏完淳，堂上之人就是洪承畴。夏完淳严厉喝道：洪大人早已在辽东战死，明朝皇帝亲自为他主持祭奠，全国皆知。什么无耻奸人，敢来冒充辱没先烈！洪承畴听完，既羞愧又沮丧，无言以对。

公元 1647 年九月，夏完淳与四十三名抗清义士一同被杀，据说，行刑的刽子手面对这位昂然站立的少年，迟迟不忍挥刀。

这年，夏完淳未满十七岁。

《山坡羊·骊山怀古》

山坡羊·骊山怀古

〔元〕张养浩

骊山四顾，阿房一炬，当时奢侈今何处？只见草萧疏，水萦纡。至今遗恨迷烟树。列国周齐秦汉楚。赢，都变做了土；输，都变做了土。

本篇与《山坡羊·潼关怀古》使用同一曲牌名，字数格式上略有不同，属于调整后的变体。骊山与潼关之行是作者同一次的经历，两首怀古都是沿途所见有感而发。骊山是秦始皇陵所在，任凭多么野心勃勃的帝王，都埋在黄土之下；秦王朝当时那不可一世的王朝，也早已灰飞烟灭。

在这首"骊山怀古"中，诗人对王朝兴衰有了更深感悟，奢华盛世、王霸功业，终归尘土。诗人感慨的是历代兴亡，讽刺的是后人仍不思教训、无法摆脱宿命。相比"潼关怀古"，作者所关注的是更为宏大的历史规律，虽不及"兴，百姓苦；亡，百姓苦"那般振聋发聩，却也发人深省。

《朝天子·咏喇叭》

朝天子·咏喇叭

〔明〕王 磐

喇叭，唢呐，曲儿小腔儿大。官船来往乱如麻，全仗你抬声价。军听了军愁，民听了民怕。哪里去辨甚么真共假？眼见的吹翻了这家，吹伤了那家，只吹的水尽鹅飞罢！

这是一首明人所作散曲。

"朝天子"是曲牌名，这个名字来源于唐代的教坊曲《西国朝天》。"朝天"指古代藩属国朝觐中央王朝，即向朝廷表示忠顺与臣服。"子"是"曲子"的省略称呼，意即小曲。在散曲里，朝天子是最常见的曲牌名之一。

题为"咏喇叭"，其实还包含了唢呐。表面是写这两个吹奏器乐，而实际上勾画的是在明朝横行一时的宦官们的嘴脸。宦官就是太监，在明代中期以后，宦官势力嚣张，无论军民和正直官吏，都深受其害。本篇就借喇叭和唢呐，讽刺宦官狐假虎威、残害百姓，字句间掩盖不住对这些祸国殃民者的厌恶。